U0102805

UPRIVER JOURNEYS: Diaspora and Empire in Southern China, 1570–1850
by Steven B. Miles
Published by arrangement with Harvard University Asia Center
through Bardon-Chinese Media Agency
Simplified Chinese translation copyright © 2023
by Social Sciences Academic Press (China)

三榕汛

臨沙灣汛

桂林汛

塘

田

此處新基可以

景

小湘汛

大湘汛

三榕汛

臨沙灣汛

桂林汛

景福圍基

大灣竇

大灣圍

河西量寬二百七十六丈

上游之旅

UPRIVER

DIASPORA AND EMPIRE IN
SOUTHERN CHINA,1570-1850

人口流动与明清以来的华南经略

Steven B. Miles

〔美〕麦哲维 —— 著

韦斯琳 —— 译

社会科学文献出版社
SOCIAL SCIENCES ACADEMIC PRESS (CHINA)

献给琳玲

目　录

致　谢 ……………………………………………………… 001

凡　例 ……………………………………………………… 001

引　言 ……………………………………………………… 001

第一部分　帝国的中间人

第一章　官员：上游边地的帝国代理人

　　　　（1570～1740 年） …………………………… 029

第二章　士子：迁移与科举考试

　　　　（1570～1760 年） …………………………… 067

第三章　商人：商业网络与国家支持

　　　　（1700～1850 年） …………………………… 103

第二部分　流寓家庭

第四章　西江流域的丈夫和妻子 ……………………… 149

第五章　上游定居者与珠三角宗族 …………………… 189

结　语　回望惨淡之旅 ………………………………… 226

注　释 ……………………………………………………… 234

参考资料 …………………………………………………… 282

索　引 ……………………………………………………… 305

致　谢

　　我衷心感谢西江上游地方的诸位人士（也许不包括在从德庆到梧州的长途汽车上趁我盯着窗外美景时偷走我裤兜里钱包的扒手，那是 2001 年，我正进行第一次西江之旅）。恕我难以枚举那些抽出时间来帮助陌生访客的人，他们将我迎进博物馆、办公室和家中，打开祠堂和寺庙的大门，向我展示族谱，带我到山上考察坟墓，让我搭便车，招待我吃喝。他们的善意使这本书得以面世。

　　我对哈佛大学亚洲中心的两位读者不胜感激，他们是何汉德（John E. Herman）和劳拉·霍斯泰特勒（Laura Hostetler）。科大卫（David Faure）、克里斯蒂娜·约翰逊（Christine Johnson）、梅尔清（Tobie Meyer-Fong）和华乐瑞（Lori Watt）也通读了本书的手稿，虽然我没有完全采纳他们的建议，但本书由于他们的细致精读和深思熟虑的建议而有了很大的改进。我在华盛顿大学历史系工作坊的同事审阅了其中两章的手稿并提出了意见。我的中国朋友程美宝、刘志伟、麦思杰、唐晓涛提出了宝贵建议。广东省立中山图书馆、广西壮族自治区图书馆、中国第一历史档案馆、傅斯年图书馆、台北故宫博物院以及日本东洋文库的职员们提供了很多帮助。我要感谢专业而耐心的珍妮弗·摩尔（Jennifer Moore）制作了 11 幅地图，感谢莫拉·海伊（Maura High）细致的编辑工作让本书更加完善，还要感谢亚洲中心的鲍勃·格雷汉姆（Bob Graham）在出版过程中对我的耐心指导。

　　本书的研究和写作得益于南伊利诺伊大学提供的教研资助金，华盛顿大学提供的教研资助金和两项格林旅行奖学金，李约瑟研究所的安德鲁·K.梅隆奖学金，由美国学术团体理事会赞助并通过美中学术交流委员会向美国学者颁发的中国人文研究资助金，以及国家人文基金会资助金。本书所有观点、发现、结论及建议并不代表国家人文基金会的立场。

　　最后，我要感谢麦高琳玲，她是我的人生伴侣，自 2005 年开始和我一起经历了无数次上游之旅。没有她的洞察力、鼓励和耐心，我无法完成本书。而且，如果 2001 年那会儿我就与她结识，扒手也就无从下手了。

凡　例

　　本书正文中的日期是从中国的农历纪年转换为公元纪年的，因为农历纪年的最后一个月或两个月和公元纪年的头一个或前两个月是重叠的，所以很难确定与一些事件发生时间相应的公元纪年。因此，如果一名官员在万历四年获得任命，这一任职时间被记作 1576～1577 年。在注释里，农历纪年的日期如"QL4.11.10"所示，即乾隆四年农历十一月初十。

　　遵循原始材料的写法，本书中的年龄单位是"虚岁"，因为人一出生即被视为 1 虚岁，例如，36 虚岁相当于 35 周岁。

引　言

19 世纪 30 年代末，一位名叫招健升的年老文人踏上了一
次黯淡的旅程。他的目的地是梧州，这是中国南部省份广西下
辖的一座城市，位于西江上游。西江的河面上经常挤满了船只，
从旌旗飘扬的官座船以及为其护航的炮艇，到小型渡船和渔舟，
众多船只显示出梧州作为长途贸易中转港的重要性。这些船包
括：运粮船、运盐船、商船、满载木柴和火折子的驳船、海关
船、客船（河头船），以及载着土妓的小艇。招健升启程前不
久，河面上来过一艘特殊的船——运棺船。[1] 这艘特别的船在经
过梧州时遭到损坏，慌张的船员把十几口棺材放到岸边后就逃
走了，此前这艘船顺流而下，向着珠三角方向航行，那是广西
东边毗邻的省份广东的商业中心。这些被弃之不顾、远离乡土
的尸体和魂魄，来自到上游寻求财富的移民。

其中两口棺木里安置着来自横沙村的兄弟俩，横沙村位于
广东省城广州的郊区，兄弟俩离乡到古宜圩上做买卖。这个地
方位于广西最北边，靠近贵州，是西江支流沿岸的一片山区。
他们在那里染病后死去。招健升是兄弟俩的堂叔，不知怎么在
梧州得知这一噩耗，于是独自到上游去料理两人的后事。他还
要确保其他人的遗体被稳妥地送回珠三角的家人手里，在县志
的列传中，这是他行善乡里的佐证。[2]

作为典型的文人旅客，招健升在其上游之旅中写下了诗作。
尽管出身于一个从长途贸易中获利的家族，他在诗中以少有的

直率评论了亲属们的逐利行为。比如，在得知两个侄儿在"西省"去世时，他写下组诗两首：

相隔数千里，音书达屡难。
忽闻因病莘，谁慰此心酸。
数口家何来，孤孀子更单。
弟昆同饮泣，空怜雁声寒。

本欲谋生理，西游弟继兄。
谁知同死别，一去隔幽明。
有用归无用，关情反绝情。
天涯成梦幻，老泪感纵横。[3]

这些诗句让人注意到作为一种家族策略的商业迁移盛行一时，以及书信往来和汇款在其中起到的作用。招健升的侄儿们在广西的偏远角落亡故，以及他能够得知这一死讯的事实，揭示了广东人的商业和迁移网络从珠三角延伸至西江流域，远达广西及更远的地方。招健升的旅程被形容为一趟非常之旅，但其蕴含的信息恰恰相反，在他的时代，向上游迁移再寻常不过，这也解释了一开始提到的梧州境内西江上船只众多，以及他的侄辈远至上游行商的原因。通过这一典型的流寓诗作，招健升的旅程成为探索本书主题的引子，这一主题包括：16 世纪晚期至 19 世纪中期世界上最大河流流域之一的人员流动；上游边地的流寓活动和明清王朝之间的关系；以及对外迁移活动在维系乡土家庭和宗族中扮演的角色——这种迁移后来演变成世界范围的流寓。

这是一部关于人口流动史的作品，重点关注的是与招健升以及他那不幸的侄儿们有类似际遇的人们。本书追溯的人群活跃在一段遥远的路途上，他们穿梭于面貌迥异的地理环境和文化中，跨过省界甚至帝国的边界。具体来说，本书探讨了广东珠三角的低地居民沿着西江向上游高地迁移的活动，这些高地主要位于广西、在广西正南方的广东西部地区，以及从广西沿着西江的诸多支流继续往上的区域，如贵州南部、云南东部以及越南①北部。这些迁移活动包括前往广西官府任职，到上游的官学就读以参加当地竞争不那么激烈的科举考试，做生意，维持分居的家庭，以及建立地域间的宗亲联系。这是关于移民的研究，但"移民"的定义非常广泛，包括出于各种原因在空间中移动的人们，不管他们是进行为期一个月的旅行还是在新的居住地永久定居。这样的宽泛定义是必要的，因为西江流域的所有活动相互之间都有联系。

　　广东人属于汉族，有一种对他们的定义是把他们看作区域族群，也就是本来就生活在珠三角的居民。在明朝（1368～1644年）和清朝（1644～1911年）②，珠三角大部分地区属于广州府，后者因省衙和府衙的所在地广州城而得名。这一区域族群大致和作为方言族群的"广东人"重合，也就是那些很可能说着标准广东话、居住在广州城及毗邻地区的人。由于《上游之旅》的研究主要基于文本资料，本书的"广东人"指在书面上自称为"广府人"的人们。他们包括在广州府出生的大部分人，但也包括那些声称珠三角是他们的祖籍并在那里有近亲的人。由于"广府人"一词仅仅在用于和广州府之外的人们进行　5

---

① 在本书讨论的时期里，明称越南为"安南"，直至清嘉庆八年改"安南"为"越南"，沿用至今。——译者注

② 清建国于1616年，始称后金；1636年改国号为大清；1644年入关。——译者注

对比时才产生意义，这一概念本身就暗示着人们在异乡活动。[4]

对流寓的定义

从最基础的层面看，本书回顾了广东移民在西江上下游的流动。招健升于 19 世纪 30 年代晚期进行的上游之旅的背景表明了所谓"流动规律"（Circulatory Regime）的复杂本质。这次旅行的缘起是侄儿们的死讯沿着西江传回下游，其后他们的棺木从古宜运回下游，此前他们必定是根据上下游之间已有的信息和商品流动，才决定前往上游行商的。[5]

"流寓"（Diaspora）一词最为贴切地概括了广东人沿着西江流域的散布状态，以及在上下游地点之间建立和维持联系的情况。"流寓活动"的概念意在强调广东人在距离数百甚至数千公里的区域之间旅行的这种跨地域流动。广东人沿着西江流域的分散状态实际上和广为接受的流寓定义有很多共同之处，在近期一篇分析以"流寓"为主题的学术研究日益增多之状况的论文中，罗杰斯·布鲁贝克（Rogers Brubaker）定义了"族群离散"（dispersion）、"乡土取向"（homeland orientation）、"保持区隔"（boundary maintance）三个核心要素。[6] 虽然本书主要使用"流寓"一词来简要描述一群可被认知同时也有自我认知的人——他们在空间上分散并与上游和珠三角两地均保持了联系。布鲁贝克定义流寓的其他核心要素也能在这种沿河的流寓中得到反映。这种流寓在很大程度上（但不完全是，因为西江流域包括了越南北部）是内部的，处于国境之内，虽然这个国家是一个幅员辽阔的多民族帝国。然而，西江流域的广东人流寓活动的确跨越了对人们生活有重要影响的行政边界，同时又横穿了差异巨大的生态环境。当招健升的侄儿们身处古宜时，我们很难想象他们会有生活在家乡的感觉。更重要的是，珠三角这一"乡土"是价值和身份的权威来源。到了本书所研究的 16 世纪 70 年代至 19 世纪 50 年代这一时间段的晚期，在西江流域大部分地区声称祖先来自广东意味着出身名门，而且在上游地区的社会经济生活中，基于珠三角的宗亲关系以及同乡联系继续起着绵延数代的重要作用。

　　"保持区隔"对每一代人来说也很重要。通婚确实存在，尤其在广东男性移民和上游地区的女子之间，然而在这个父系社会中，男方祖先的传承才是重点。而且在上游定居的广东人认为自己和其他族群不同（不管对方是不是汉人），很多人活跃在只接纳广东人的本地组织中，而祖籍依然是重要的身份特征。这并不是说广东人和上游地区本地人的民族界限是固化的，实际上，一些上游地区的家族声称他们是广东后裔的说法为人接受，虽然他们的祖先很可能并不是广东人。[7]但可以在这些区隔中钻空子并不意味着区隔不受重视，上游本地人若能提出广东身份的可信说法，便能在保持差异中获得好处，这种差异以区别广东人与其他族群作为特征。

　　在西江流域流寓的广东人与其他在国境之内流寓的群体一样，在"族群离散""乡土取向""保持区隔"上有共同的特征，其中最突出的例证就是徽州人在中国中部的流寓。[8]但是，广东人的流寓和徽州人的流寓有两处重要的差异，因此和近期两个重要的学术研究领域相关。首先，广东人在西江上游的流寓与帝国边疆的开发重叠，因此，很多广东移民成了帝国的中间人，甚至利用国家的边疆政策实现自身社会经济地位的提升。从西江沿岸广东移民的角度看待明清时期的西南边疆，为帝国在这一地区的统治巩固提供了新的解释手段。其次,与内陆地区的徽州不同,珠三角是国内移民和海外移民共同的故土,也就是说,很多广东人聚居地、宗族甚至家庭是同时向西江上游和海外移民的。了解广东家庭和宗族如何适应上游迁移,为了解广东人的海外迁移提供了重要的背景。

流寓与帝国

在前往上游寻求财富的过程中,来自横沙村的招健升族人也为帝国统治在西江上游的深化和巩固发挥了作用,西江上游流域是一个与明清两代西南边疆重叠的区域。在招健升之前,家族里最出名的人士是招国璘,在清廷平复三藩之乱(1673~1681年)后对广西的征伐中,这个船夫进入行伍之列,并获得了军功和品级。[9] 但招健升的大部分同族移民离开村庄是为了寻求商业财富。族中有传说称招家人开办过十八所商行,名号中均有"隆"字,这在以两个字命名的贸易商号中很常见。横沙村恢宏的宗祠供奉着众多招氏祖先,这显示出该家族的富有和在当地的声望。[10] 招健升所写的很多诗句都反映出这些财富大部分来自移民和商业活动。在写于19世纪30年代末的一首送别侄儿前往广西行商的诗中,招健升提到招家的前几代人通常在中部地区长江边上的汉口经商,但现在侄儿们在西边创造了新的机会。[11] 通过扩大联结上游市场和珠三角的商业网络,招氏商人还促进了上游区域与明清帝国其他地区的融合。同样,不管到上游寻找机会的是官员、考生还是商人,广东移民也直接或间接地扩大了帝国在西南边疆的利益。

通过关注以迁移方式在中国第三大河流流域这一关键地区构建移民网络的区域人群,《上游之旅》有助于解释为何帝国在西南边疆的统治得以成功巩固，以及从更广泛的层面解释，一个疆土辽阔的帝国以及后续的朝代是如何把各区域凝聚起来的。西江及其支流将政治和经济上发展程度不一的区域连接起来。在 16 世纪，只有广东人的故乡——这里指的是除了广州城以外的珠三角腹地——（从中国人的角度看）由一个蛮荒之地变为中华帝国晚期经济最发达的地区之一。[12] 到了 1570 年，珠三角已经完全融入了全国的政治经济体制，但西江上游很多地方并未达到这种程度，这些地区包括也许算是国内偏远地带的广东西部的罗旁，或者广西和贵州接壤处的苗族聚居地等。在西江流域最西边的很多地区，帝国只是通过土司实现间接的统治。广西西南部的一些西江支流发源于明清两朝版图之外的越南。与 16 世纪 70 年代相比，这些地区（除了越南）中的绝大部分在 19 世纪 50 年代与帝国其他地区的融合程度更高，而这与"上游之旅"密切相关：广东移民的流动、广东人商业网络的扩张，以及人们越来越愿意声称自己是广东人后裔的趋势，都是广东人在西江流域移民的重要因素。

詹姆斯·斯科特（James Scott）在主要基于东南亚政权（它们的领土部分与西江流域重合，并与中国西南部接壤）的国家构建研究中，提出中国这类帝国希望让人民成为有固定居所的单一主粮纳税人，从而产生数量明确的人口。[13] 这就解释了人口登记和征税的合理性，这是明清两朝在华南巩固统治的核心措施。同时，帝国的发展和巩固需要人员的流动，不只是去向各异的边境移民，还有人群的常规流动：从知县和士兵等国家代理人到与国家的联系更为模糊一些的人员，不管他们是商人、船夫还是苦力。换句话说，对帝国的构建而言，人员的流动和边疆人民的稳定同样重要。帝国在西江边境的开发让广东移民的上下游流动成为可能，同时也依赖于这种流动。[14]

简·伯班克（Jane Burbank）和弗雷德里克·库珀（Frederick Cooper）提出，广东人沿着西江上游流域帮助帝国深化和巩固统治的活动在各种程度上让他们充当了"帝国中间人"的角色。[15]最直观的例子就是国家代理人，即中央政府派遣的官员。其他希望到上游考取功名或者只是为了行商谋利的广东人则利用了意在稳定边疆的国家政策。但其他人根本称不上是国家代理人——比如，商贩或矿工，他们在国家不希望他们前往的地方活动。而且这些人里也有很多对国家政策造成了破坏。正如伯班克和库珀所提出的那样，帝国"无意中为中间人创造了破坏的可能性，他们可以通过建立另一种网络或联盟来绕过帝国的意图，与其他帝国或者叛乱者建立关系"。[16]西江上游流域的广东人通常采取更不易被察觉的破坏手段，把帝国的意图转换为实现他们自身在社会经济中发展的手段。很多广东移民在有利于自身的情况下接受帝国的律例或身份象征，只是在其他情况下才破坏律例。在更普遍的情形中，广东人在西江上游流域是身份模糊的帝国代理人，他们既没有进入本地精英群体，也不是国家的派出者，至少不是来自帝国中枢的。他们的珠三角家乡在16世纪70年代到19世纪50年代期间本身还保留着边地的痕迹，只不过比西江上游流域更紧密地与帝国其他区域联系起来。

总的来说，帝国能够有效统治西江上游地区是因为明清两代的国家代理人以及广东移民从中得到了好处。虽然广东籍官员、士子、商人和其他移民的利益并不总是和明清朝廷的利益一致，但双方最终都从帝国在西南边疆的统治巩固中受益。本书通过广东人的上游之旅来研究边地，这一分析性视角揭示了一个流寓的群体如何将帝国的开发计划转化为与其目的相符的措施，如何通过利用国家制度来提升广东籍家族的社会经济地位。[17]珠三角的文化精英和商业精英利用国家的物质力量和象征力量，在上游地区构建了一个广东人的外沿地带。从16世纪70年代开始，这一过程变得清晰起来，明清更迭之际在某些方面受到干扰（但在其他方面加速），并且大体上延续至19世纪。

本书没有探索当地人如何纵向地融入中心，而是揭示了一群流寓的精英如何经常性地以国家的名义谋求自身的社会经济利益，从而把各个本地区域横向地连接起来。[18]更准确地说，与西江中游及上游重叠的中国西南边地纵向地融入中心是这一地区横向融入珠三角所带来的结果。在这两个方向上，融合必然导致高度的服从。当纵向融合意味着对帝国的政治服从，横向融合则导致了对广东移民在社会经济方面的服从。因此，帝国在西江上游流域的统治巩固表现为上游的边缘地带在经济上变得依赖珠三角中心，而广东商人则实现了对上游商业的主导。同样地，帝国和广东的文化形式以消解上游本土文化的方式获得了优越性。[19]

因此，本书以探索明清两代特别是清代边疆开发的近期学术研究为研究基础。这类研究大部分把焦点放在包括西江上游流域的西南边疆上。发展中的帝国与本地民众之间的关系成为这类研究中很多内容的主要分析框架。单国钺（Leo K. Shin）聚焦于明朝，研究广西向中央靠拢过程中的代理人，他将中原地区——代表位于中国北部的帝国政治核心——与这个南部的边疆地区进行了比较。[20]其他的近期研究重点关注既不与国家其他地方融合也不发起反叛的当地政府。比如，有一本研究中国北方和南方边缘地带的论文集探讨了"本地群体如何挪用政治中心权威的文化象征，在帝国的支配秩序下建立起各自的地位"。[21] 在对 18 世纪贵州西南地区的研究中，约迪·L. 维恩斯坦（Jodi L. Weinstein）对比了帝国和地方的叙事，描述了仲家人对威胁他们生计的朝廷势力延伸所采取的抵制。[22] 其他学者设想了一种三角关系。邵式柏（John Shepherd）分析的是东南部的台湾，纪若诚（Patterson Giersch）则探讨了位于西南部的云南，两人关注的都是单个区域，并将其定义为国家代理人、当地人和汉族移民这三个群体相互影响的边缘地带。[23]

流寓的概念为帝国在边疆的开发提供了一个新的分析维度。我的研究对象为作为中国移民分支的广东移民，从珠三角的家乡开始，追踪他们从河岸地带到边境山区的活动。此外，作为研究主题的流寓人群来自一个与政治中心截然不同的经济和文化中心。因此，本书使用的分析框架构想了两条在 16 世纪 70 年代初具雏形的边疆进入轨迹：从这个边疆的视角来看，一条轨迹来自东北地区，取道长江，再越过群山进入桂林，产生了政治和文化方面的影响；另一条轨迹来自东面的珠三角，沿西江而上经过梧州，产生了经济和文化上的影响。其中，第二条轨迹在 16 世纪 70 年代至 19 世纪 50 年代这一时期变得越来越关键，这也反映出珠三角与日俱增的重要性。换句话说，西江上游区域发生了变化：在本书研究的时段之前，这一区域与外部世界（或者至少是与中国其他区域）的主要交流，需要取道长江和桂林；到了本书研究时段的晚期，交流渠道则变成了经过梧州和西江流域。[24]

本书的分析框架是广东人的流寓轨迹、明清帝国的发展轨迹，以及西江上游流域场景之间的三角关系，然而承认实际情况比这一结构更为复杂也很重要。首先，广东人的流寓轨迹和明清帝国的发展轨迹是相互交织的。西江上游流域的帝国西南边疆正如何汉德（John Herman）笔下的贵州，当地人民并没有从新的行政和商业制度中获得最大好处，反而是移民掌控了这些体制，其中很大一部分是广东籍官员、士子、商人和定居者。[25]西江的情况更为复杂，因为当国家代理人是广东人时，他们在这一区域有家族利益和本地社会经济利益。因此某种意义上他们是"双重代理人"，即明清帝国的国家代理人和广东人向上游输送利益的流寓代理人。其次，西江上游流域的广东人面临着其他流寓群体的竞争。18世纪，在广西西部和南部新开发的边疆地带，桂林府的士绅精英和广东人为进入府学相互竞争。与之相似的是，在本书研究的时段中，来自海南、江西和福建的移民商人在西江上游流域和广东人既有竞争也有合作。19世纪，广东移民中的精英阶层形成一方，客家移民和处于底层的广东移民形成另一方，双方的紧张关系成为19世纪中叶大规模起义的主要因素。

把关注点放在西江流域的广东移民上，也会让描述发展中的国家与帝国边缘的高地之间的关系变得更加复杂。詹姆斯·斯科特在关于"赞米亚"（Zomia）的近期研究中将中国西南和东南亚大陆上的高地描述为人民逃离国家统治的避难所。[26]① 相较而言，在到上游去的广东人里，躲避国家统治的情况并不那么普遍，他们更多的是推动了国家的整合，至少那些为我们所了解的人士都是这样。这就意味着广东移民即使在寻求自身社会经济利益的同时也发挥着帝国中间人的功能，让国家的统治深入高地。

① 已有中国学者对斯科特的研究提出了批判性意见，可参阅孔迎川《警惕海外区域史研究解构历史中国的企图》，《历史评论》2022年第5期。——译者注

12

流寓与家族

招健升的很多诗作都在思考家庭与宗族为坚持向外迁移所做的牺牲。在一首写于 19 世纪 30 年代的诗中，他以反问的语气"劝诫"一位计划"远游"的同辈族弟："汝家何不有，汝尚将何求？"[27] 招健升表现出文人远离市井之利的常见姿态。但他的男性亲属继续前往上游谋求财富，即使招健升认为他们已经过得足够舒适。在招健升的诗集中始终有一个主题，即自己因不得不替那些远离故土寻求财富的家族成员照顾家人而感到烦恼，但他努力而尽责地坚持着这一任务。在一首写给"远游"的同辈族人为珍的诗作中，招健升于序文处解释道："珍少孤，远出十余年不回，其母弃世，予代治丧安葬，异日珍得信归家，一月复远游。"[28] 尽管招健升在诗作中长吁短叹，但读者仍可以感受到他的族人一定深受逐利精神驱动，男性为了养家糊口、传宗接代而向外迁移的做法发展到了何种程度。虽然招健升对族中男性的迁移颇有微词，但他的诗作揭示了家庭和宗族以何种方式支持作为社会经济地位提升策略的迁移活动。

13　　海外华人最早和最大的分支来自珠三角，通过关注移民以及他们在这一地区的家庭和宗族，这项研究也提供了一个独特的机会，借以探索中国内部的男性迁移和维持家庭之间的动态变化，以及内部迁移与外部迁移之间的关系。西江上游流域的广东男性在珠三角和上游社会中都建立了家庭。和明清两代其他边地的男性移民一样，西江上游流域的广东男性移民通常发现他们工作和生活的环境里很少出现广东女性。[29] 在这种边疆性别失衡的情况下，广东男性经常迎娶当地女性，有时候作为嫡妻，但也许更多时候是作为侍妾。而且正如理查德·怀特

（Richard White）和苏珊·斯利珀-史密斯（Susan Sleeper-Smith）在现代早期北美边疆发现的那样，边疆的原住民女性经常在迁入的男性贸易者从事商业活动时起到重要的推动作用。[30]随着边地汉族男性和当地女性之间的关系近年来得到一些学术关注，我的研究尝试展示上游地区的女性如何融入家庭成员分别在珠三角和上游生活的分居家庭（split families）。我相应地扩大了分析框架，纳入广东男性移民的嫡妻、姊妹、女儿和儿媳妇，以及她们在维持作为家庭经济和社会地位提升方式的流寓活动中所起的积极作用。[31]历史学家徐元音（Madeline Hsu）和孔飞力（Philip Kuhn）利用人类学家孔迈隆（Myron Cohen）关于分居家庭的概念，探讨了海外华人移民家庭结构的影响。[32]他们提出分居家庭是一种共同维持家庭并提升社会经济地位的策略，对男性的迁移有所帮助。这一结构有助于解释16世纪70年代至19世纪50年代广东家庭在西江上游流域如何采取这一策略，不过这种分居家庭的表现方式更加复杂，有时候充斥着上游地区女性作为侍妾和潜在竞争者的融合过程。

迁移制造了在珠三角和上游各有一些家庭成员的分居家庭，同时也对珠三角移民输出地的宗族产生了影响。不管从物质财富还是社会名望方面考量，诸如"本地化"宗族的机制实际上与移民策略息息相关。[33]正如李中清（James Lee）所提出的那样，宗族关系是一种"迁移的驱动因素"。[34]西川喜久子避开了对"宗族"的类型化概括，发现一个生活在珠三角海岸地区的大宗族主要依靠开垦"沙田"获取财富，而所在村庄离西江更近的另一个宗族依靠贸易和金融谋利。[35]特定的宗族和特定的社会一样，可以成为移民的输出源头，从而发展出与男性迁移相关的一套社会经济地位提升策略。

14

思考男性迁移如何制造分居家庭、如何对珠三角宗族产生影响，也能为研究中国国内的跨地域联系网以及跨国联系网提供帮助。族谱是一种特别珍贵的研究资源。王连茂和贾晋珠（Lucille Chia）在各自的研究中均使用了族谱资料以探讨华人的海外移居，他们分别把焦点放在移民输出的宗族和移民输入的当地社会上。[36] 但是，我们必须谨慎看待这些资料里关于世代传承的说法，因为声称是某个宗族的后代是一种"策略性"的做法，而且经常混淆了一个宗族在某个地区和民族中的"真实"起源。[37] 为了突出珠三角和上游地区的联系，我在本书的研究中尽可能结合使用上游和下游的史料，不管这些史料是族谱、其他抄本或者印刷文本，还是纪念性质的铭文或墓碑上的刻文。

在使用"流寓"一词时，我希望突出两者的联系：广东人沿着西江流域的迁移——这是近代早期形成的流寓轨迹，以及与其密切相关的近代广东人和更广泛意义上的华人流寓现象。这些流寓活动是相互关联的，因为向上游输出移民的家庭和当地社区同时也向海外输出移民。[38] 而且广东男性沿着西江流域往上游的迁移与往东南亚的海外迁移以及往美洲的迁移有很多共同之处：从男性迁移背后的行商动机到珠三角的嫡妻在稳定分居家庭中所起的作用。[39] 在华人内部迁移和外部迁移是一种相关现象的观点启发下，本书的目的之一是揭示近代早期的西江流域广东人/汉人移民的"跨区域"行为中，有多少是和近代的海外广东人/华人移民的"跨国"行为产生呼应的。[40]

最后，很重要的是读者要能注意到本书对二分法的弱化，这种方法经常被运用到海外华人移民研究中，它区分了短期的暂居者和长期的定居者。学者提出这种区分是为了强调华人迁移是一种短期策略，与欧洲人迁往美洲或者澳大利亚的模式形成对比，同时突出移民进入的当地社会中存在的排外和接纳问题。[41] 这种二分法在审视内部迁移时仍有分析价值，但不应被滥用，否则研究者会搞不清楚短期移民（暂居者）和长期移民（定居者）归属同一个联系网络的各种方式，以及短期移民和长期移民之间是如何轻易转化的。

珠三角与西江流域

研究华人海外迁移的历史学家在试图阐述特定的连锁迁移模式的成因时描述了塑造迁移轨迹的"沟槽"或"走廊"，这些术语旨在表现亲属和邻居提供的信息和协助网络，这些网络把海外移民和家乡的亲人们联结起来。[42] 在本书研究的迁移活动中，地理在影响迁移方向方面起着核心作用。这意味着广东人在19世纪50年代之前的西向迁移很大程度上是由河运促成的，而河运又是流域的地势所决定的。因此若想追溯晚明和清代的广东人迁移轨迹，比起由省界甚至帝国边界划分的地区，流域才是合理的研究单元。西江流域覆盖的地区与一些学者设想的岭南"大区"并不完全重合，这一"大区"包括东江、北江和西江各条河流的流域，所有这些河流最终都流向珠三角。[43] 本书基于广东移民大致向西行进的迁移，把地理范围限制在西江流域。更准确地说，本书的地理背景也许可被定义为西江的"流域面貌"：河流、岸上，以及周边的群山和低地，这一区域的范围比河流本身要大，但某种程度上比整个流域的范围要小。[44]

这种河流面貌把截然不同的各处风土连接起来，招健升在前去领取侄儿棺木的旅途中注意到了这一点。他的《粤西舟行》是这样开头的：

16

> 急峡争流出，高崖挽缆过，
> 石生横海隘，云拥乱峰多。[45]

　　招健升描述的峡谷是羚羊峡，它是珠三角尽头的标志。招健升提到的珠三角及其上游地区的巨大差异引出了问题：珠三角和它的上游地区、低地和高地之间存在怎样的关系，河流或者更具体地说是沿着河流活动的人和物如何在最初各不相同的地方之间逐渐建立关系的。为了解决这些问题，对广东移民活动的珠三角和上游区域有一些了解是很重要的。

　　本书研究的大部分移民输出地位于一个椭圆形的珠江三角洲地带。这一地区的最上方是广州城，它是广东的省会和广州府的治所，同时也是分治该城的两个县衙的所在地，这两个县分别是管辖东部的番禺县和管辖西部的南海县。招健升的横沙村就在广州城往西不远的南海县。广州城的西南面是工商业重镇佛山，更远一点横亘着桑园围，这是保护珠三角最富裕的区域不受南面西江和北面一条主要支流洪水冲击的一种堤防系统。桑园围内最显眼的标志就是西樵山，其下游是一些生机勃勃的乡镇：南海县的九江、大同、沙头，顺德县的龙山和龙江。其他移民输出地位于西江的南岸，包括新会的治所潮连镇以及高明的县城范州。高明在明清时期属于肇庆府，但它是珠三角的一部分，位于羚羊峡南方。这一椭圆形地区的底部是顺德县的治所大良，大良北面和广州城南面的中心地带则是顺德县的陈村镇和番禺县的一些小乡镇。这个椭圆区域的最东面是东江边上的东莞地区，那儿有东莞的县衙以及位于更东边的茶山镇。

　　顺德县的龙廷槐是与招健升同时代的一位士大夫，他十分清晰地描述过这些地区。

　　龙廷槐在 19 世纪初对广州府各县的经济进行了分类，指出　18
各县下辖的镇区都有特定的经济重要性。⁴⁶从南海县开始，他提
出该县 20% 的收入来自农业（"田地"），60% 来自商业（"商
人"），还有 20% 来自手工业（"织工"）。他在南海县发现的
30 个行当中有很多都与西江的贸易有关，如米行、谷仓、伐木
工坊、灯油坊、草药店、打铁坊、铁器坊、锡器坊，以及最突
出的西货行。至于家乡顺德的情况，龙廷槐提出该县 40% 的收
入来自商业，农业和手工业则各贡献了 30% 的财富。他形容县
衙所在的大良镇附近以及县内南面的土地多山而贫瘠，而东边
地区则依赖开垦平原冲积地带即"沙田"带来的收入来应对赋
税。他认为全县唯一的富饶之地在西北面，包括桑基塘围内的
龙山和龙江，以及陈村，这些地方的人们都以行商为业。

　　在龙廷槐的笔下，新会对农业的依赖度更高（占比 50%），
虽然商业对该县的收入总额仍有显著贡献，占比 40%。他认为
新会县内最富庶的地方是治所潮连镇以及与之类似的镇，它们
都离西江很近。在他的笔下，省会广州城东边的番禺、东莞两
县有 60% 的收入来自农业，30% 来自商业，10% 来自手工业。
他强调番禺县内的富饶之地是位于省城南边两个乡里的村落。
在东莞，龙廷槐强调了石龙镇的商业重要性，石龙位于东江边
上、茶山镇正北方，是省会与广州府东面惠州县之间的主要通
道。他随后描述了分布在广州府北部山地和南部沿海的各县，
这些区域位于我们想象中的椭圆形地带之外，严重依赖农业，
商业化程度不高，只有 10%～20% 的收入来自经商人群。只有
新宁和新安（香港岛北方）两个沿海县的商业收入某种程度上
占比很高，但这些商人从事的是出海帆船贸易。⁴⁷

　　地方志的编纂者和珠三角各县镇的当地历史学者印证了龙　19

廷槐的观点。[48] 那些在龙廷槐和众多地方志编纂者看来社会富庶、崇尚商业的地方，也是史料中向西江输出移民最多的地方，这绝非巧合。珠三角移民输出地的商业化程度往往很高，而这些地方输出的移民普遍富有开创精神，因为他们迁移的目的是提升社会经济地位。但也有一些地方是例外，这些地方比晚明和清代所谓的"沙田"相对要靠近内陆，如大良就是这样。总的来说，本书研究的移民输出地区的人们更愿意沿着河流维持稳妥的沟通和往来，而不是开发沿海的沙田。

招健升的诗很好地反映了广东人的一种观点，即羚羊峡是珠三角重要的分界线，区分了西江流域的下游部分和由此延伸的上游。例如，1825 年龙廷槐的一个儿子龙元任受邀为龙州的一个义冢落成仪式撰写碑文，龙州远在广西南部西江支流边上，靠近中国与越南的国境线。这处墓地专门埋葬那些客死龙州而亲友还没来得及把棺木领回珠三角的顺德人士。龙元任在文中只提及了自己的同乡，他反问道："渡峡而西者何止千计？"[49]文中指出西江是广东移民往西迁移的主要通道，而羚羊峡则是珠三角家乡和他们上游目的地的划分地标。

确认在羚羊峡汇集并流入珠三角的河流不是件易事，因为这些河流的命名方式随着时间和空间在不断变化。很多地方的人们仅仅把流经当地的河段称为"大江"，从最狭义的用法来看，"西江"指的是珠三角和梧州之间的河段。梧州往上，来自广东的旅人有可能转向北边，沿着漓江（也被称为桂江），前往广西的首府桂林。明清文献的作者经常把这段河流的中间部分，有时候则是整段河流，均称为府河，以此突出梧州和桂林之间的平乐府。广东移民在经过梧州后没有北上，而是转向西边，沿着西江干流进入浔州府的治所。一些人从那里顺着黔江前往柳州的府城。招健升的侄儿们继续沿着西江的支流抵达古宜。其他人沿着南路的郁江前往南宁的府城。很多明清史料在提到流向柳州的黔江水系时称其为右江，而将流经南宁继续往上的郁江称为左江。[50] 然而在现代地图上，右江指的是南宁至百色的河段，左江指的是连接南宁和龙州的河段。

为了对这种河流面貌变化形成印象，让我们想象招健升并没有在梧州停下，而是像他的很多同乡那样继续溯流而上，一直抵达百色。当时这个镇子在珠三角上游 1125 公里处，位于广西最西边与云南交界的地方，而且此处的西江支流接近通航高度。珠三角的移民输出地区既有横沙这样的村庄，也有佛山和广州那样的城市，在招健升的时代，每个城市都有数以十万计的人口。虽然西樵山海拔 344 米，但珠三角的人口聚居地很少超出海拔 10 米至 20 米的范围。在招健升看来，梧州可能是个小城市，因为即使到了 19 世纪晚期，这里的人口也只有 4 万至7 万。梧州在规模上和府河北岸的桂林差不多。在梧州的西南方向，顺着西江干流往上约 515 公里的地方，南宁拥有数量相近的人口。南宁海拔 116 米，位于一个土地相对开阔和肥沃的平原，海拔还是不如梧州，虽然像招健升这样的旅行者可能在两座城市之间跋涉时要穿越很多急流湍滩。继续溯流而上大约400 公里是海拔相对高一些的百色，有 195 米，虽然它和之前经过的所有城镇一样都是沿河而建的。百色城内外的人口大约为 1.2 万。从百色开始，海拔骤然升高。沿河继续往上 65 公里的剥隘是广西与云南省界上的商业镇，运货的工具从船只变成了马队，这儿的海拔是 247 米。若说剥隘之外还有什么重要的贸易中心，那就是海拔 762 米的普厅塘土司镇，根据 1882 年来到此地的一位访客估计，这里有两百来户人家。招健升现在已

21

经深入了青藏高原①的山地。[51]

虽然羚羊峡以上的西江流域很多地方的海拔并不比珠三角高多少，但沿河的大部分景观都是起伏的山峦。广东旅人经过羚羊峡后很快就会看到千奇百怪的喀斯特山岩，让他们有一种异样和不祥之感，而这通常取决于他们所在年代以及途经地区的开化程度。在西江上游流域的大部分地区，广东旅人将发现自己活动的地方陌生而多山，是其他民族的聚集地。招健升抵达普厅塘的时候，一定发现自己已经无法使用广东方言了。对19世纪的国内和国外观察者而言，情况也是一样的，这里的人们和他们有很大差异。不管招健升是追随侄儿们的足迹，沿着黔江而上，经过柳州和古宜后进入贵州省，还是从南宁出发往南取道龙州进入越南北部，他都会注意到海拔的变化和随之而来的民族特征的变化。在本书研究的大部分时期里，广东旅人在经过羚羊峡后沿着任何一条西江支流而上时，甚至只是在广东西部和广西东部，都会感受到相似的变化。

总的来说，这片流域的面貌特征是：珠三角的移民输出地海拔较低而人口密集（城市人口达到数十万），海拔稍高处的城市已成气候但规模不大（人口以数万计），而在高海拔的地方则坐落着规模相对较小的镇子（数千人口），它们拥有独特的地形、气候和民族特点。招健升领取侄儿棺木的地方是梧州，在他眼中，梧州从很多方面看都是珠三角的延伸，是一个低海拔的贸易中心。侄儿们去世的地方则完全不同，那里群山起伏、民族混居，是真正的高地边缘，类似詹姆斯·斯科特所说的"赞米亚"。广东旅人在这里遇到的族群和他们自身迥然有别。[52]

---

① 普厅塘即今天的云南省文山州富宁县，按照地理位置，此处应该是云贵高原。——译者注

虽然珠三角低地和西江源头高地在地形、民族和经济上存在差异，但西江水系把它们连接到了一起。这种将河流作为纽带而不是障碍的认知在广东文人的笔下有所反映。正如招健升所述，他把西江比作"海"，这并不是一种诗化的修辞，相反，在整个清代，很多广东文人都以这种方式想象西江。比如，1657 年和 1883 年修撰的九江乡志就把西江比作"大海"和"西海"。[53] 从广阔的历史视角来看，这是可以理解的，因为在明清两代开垦沙田从而加快三角洲形成之前的数个世纪里，很多移民输出地都曾是一个个小岛。[54] 从前岛屿星罗棋布的内海如今成了在纵横交错的堤坝之间流动的河流。与之相似的状况是，直到 1850 年，在珠三角内部和西江流域大部分地区旅行的主要方式还是乘船。因此，珠三角的居民一方面天然倾向于沿海和海外贸易，另一方面又很容易进行内河贸易，这两种贸易轨迹之间的区别可能不如我们想象的那么明显。

西江构成了这本书所有章节的背景。也就是说，本书讲述了西江上下游的活动，讲述了一群活跃在沿岸地区的人的历史。虽然在某种意义上，这是一段由一个地区塑造的历史，而这个地区又被一个水系界定，但这不是一个地理决定论的例子。这里所描述的事件发生的场景，首先是由特定时间框架内的特定人群界定的。通过在史料中追溯珠三角移民输出地的官员、士子、商人、夫妻和定居者的轨迹，本书构建起了研究的地理单位。离开珠三角家乡而又没有前往海外的人们通常会沿着西江及其支流到上游去。这一轨迹从 16 世纪 70 年代到 19 世纪中叶是十分明显的。本书回应了关于世界其他地区河港网络的研究，后者发现河港的"关联功能""既不是稳定、连续的，也不是内在驱动的，而是灵活、不连续，以及经常由外部因素引起的"。[55] 换句话说，本书认为广东移民并不是活跃在一个固定地区内的不同区域，而是在不同类型的地区中活动，而把这些地区联结起来的正是流寓活动。通过人们在空间中的活动，广东人让西江形成了一个系统。

章节概述

23　　下面要讲述的历史属于一群十分活跃的人，他们把自己的影响从下游家乡延伸到了上游边地。在很多地方史研究中，大部分关于城市的研究都突出它把官员、待补官员和商人等人才向外输出的角色，或是作为吸引人们暂住或定居的地方。[56] 本书刚好相反：通过环溯多地的研究，将移民输出地和输入地联结起来；通过追踪在这两种不同类型的社区之间流动的广东移民的活动，"追随人们的足迹"。[57] 和当代的多地民族学研究不同的是，《上游之旅》在地理和观念上都是以西江的流域面貌为边界的。[58] 这样的研究需要最大限度地利用上下游的史料。这些史料包括文集、族谱、地方志等公开资料，还有一些未公开的族谱，以及碑文、祭器和建筑物上的刻字。后一类资料只能通过在珠三角和上游地区的田野调查来获得。田野调查的额外好处是可以实地感知流域面貌的变化，而且比案头工作更有可能深入每个区域。公开的布告、律令和法规，以及存档的奏折、题本等史料则提供了另一个研究维度。这种综合利用史料的方式揭示了流寓活动、中央帝国和广东家庭之间的关系。

　　第一部分的三章突出了官员、士子和商人这组特殊的地域流动人群与国家机关和政策之间的关系，关注了一些规模较大的流动模式，同时指出这些模式如何在个人、家庭和社区的历史中发挥作用。这些迁移出去的广东人在西江上游边地以不同方式扮演着帝国中间人的角色。

第一章探讨了被选派到上游任职的广东人，他们大部分担任广西各县、州和府的地方官员。明代，和其他省份的同等职位相比，被派遣到上述地方任职的广东人特别多。这种情况在清朝统治的头两个世纪有所改变。广东籍官员在广西履职的主要任务是镇压边地的非汉民族反对明朝统治的起义。这一章按照时间顺序，从 16 世纪 70 年代的军事行动说起，通过这些军事行动，新的行政单位被构建起来，很快吸引了广东商人和移民前往。在广西任职的广东官员作为国家代理人，在这些军事行动和行政单位建置中起了重要作用；他们还撰文以推动和颂扬帝国边地开发这一宏图伟业，而他们的珠三角亲属正是在这种开发中得到了好处。王朝的更迭一开始就为参与清朝建国大业的广东人提供了机会，他们在三藩之乱期间加入了清廷对广西的征伐。到了清朝全盛时期，广东人被派到上游任职的机会大幅减少，在把广东人委任到一个正在快速成为同乡聚集地的区域这件事上，朝廷变得谨慎起来。

第二章把注意力转移到渴望功名的士子身上，他们在上游的县或州里注册了户籍，这样就可以入读当地的官学并参加竞争不那么激烈的科举考试。16 世纪晚期到 18 世纪早期，有相当一大部分（某些情况下占一半比例）珠三角本地人士都是通过在籍贯县之外的地方注册户籍，从而在科举考试中取得功名的。虽然这一模式在 17 世纪 40~50 年代中断，但在明清两代更迭之际得到了延续。这些士子在西江沿岸的广西各地注册户籍，尤其是在广东籍官员协助新建的县和州。就这样，这些帝国中间人利用国家试图培育西南边地本地精英的努力来实现或者维持他们自身在珠三角的精英地位。

商人是另一类从帝国在上游地区的统治巩固中获益的人群，25 他们是第三章的主题。通过亲属和同乡的纽带，广东商人与前面两章探讨的官员和士子这一"士绅阶层"的关系并不疏远。18 世纪，会馆在整个西江上游流域盛行一时，这是一种类似于行会的同乡联盟，把广东人在上游的商业活动组织起来。通过这类机构，广东商人控制了海盐在上游的分销，并在谷米和山货向下游的运输中谋利。虽然受国家机制影响最为明显的是官员和士子的流动模式，但商人们的活动也同样与之相关，即使影响并不那么直接。在盐、铜、采矿和谷米的商贸活动方面，国家要么通过特许经营权形成垄断，要么通过建章立法予以规范。最后，国家巩固西江上游流域边地的统治所得到的财政支持，很大程度上来自对西江商贸活动的提倡和征税，而这些商贸活动的主体就是广东商人。通过这些不同的方式，明清两代的国家开发和广东人的商业扩张形成了一种互惠互利的关系。[59]

广东人在西江沿岸的迁移深受家庭和宗族需求、策略以及关系网络的影响，这是本书第二部分"流寓家庭"的主题。第四章探讨了与前三章的广东男性迁移有内在关联的性别和家庭面貌。男性的迁移是广东家庭寻求社会经济地位提升的一种策略。广东男性的迁移继而又构建起一类特定的家庭面貌，这种家庭面貌在 16 世纪 70 年代后变得突出，并在 18 世纪和 19 世纪早期越来越普遍。从留守在珠三角的广东妻子到上游地区的本地女商贩，女性在支持广东男性迁移方面发挥了重要作用。很多迁移到上游地区的广东男性都娶了本地女子，通常作为二房妻子或者侍妾。他们有时候将这些配偶带回珠三角。这种关系通常对广东人在上游的商业活动有所帮助，但也让他们担忧不已：广东的男性文人把上游地区的当地女性想象为危险的妖妇，她们迷住了迁移者，阻止他们携带在上游获得的财富还乡。

　　第五章探讨了长期和永久的移居给宗族带来的压力，以及上游地区的活动对宗族维系的影响。18~19世纪的族谱编纂者对待上游族人的态度反映了移民和宗族之间难以确定的关系。一些编纂者在族谱中剔除了移居者以及他们的后代，而另一些则把上游族人的整个旁支都整合到珠三角的族谱中去。在上游旁支被整合到族谱的情况里，宗亲关系的构建涉及某种交换：上游的族人捐赠从商业活动中取得的财富，或考取功名光耀宗族门楣，而下游的族人则为前者提供广东后裔的实证。这种交换之所以能起作用，是因为到了19世纪西江上游流域的很多地方深受广东人的影响，自称是广东后裔成了社会地位的象征，正如国家象征也为本地人提供了身份象征。财富和地位让上游族人得以进入下游的宗族体系，下游宗族则从功成名就的上游族人所带来的财富和声望中获得好处。最后的结论提出了本书为华人国内流寓和海外流寓比较研究带来的一些启示。

　　19世纪中叶，本书探讨的流寓模式在纷乱的时局中岌岌可危。太平天国运动在广西发端，一开始就把大部分矛头对准广东商人。但在太平天国主力军转向江南地区后，西江沿岸最危险的是珠三角底层移民中盛行的海盗。19世纪30年代，即使在招健升的梧州之旅中，海盗滋扰也构成了一种现实威胁，他搭乘的客船在缓慢地向上游航行的途中尤其容易受到攻击。[60]事态平息之后，广东商人发挥了突出作用，他们努力恢复西江中上游流域的国家统治，同时重新寻求广东移民在上游的利益。这种19世纪中期的形势以及恢复移民和国家利益的努力，将是另一研究的主题。

26

第一部分

帝国的中间人

第一章

官员：上游边地的帝国代理人

（1570～1740 年）

九江地方志里的岑时发小传记载了一桩奇闻。岑时发出生
于这个珠三角乡镇，1723 年中举。一个与岑时发同族的九江鱼
贩在从广西乘船返乡的途中目睹了一次异象。他在岸边某处停
留时偶遇岑时发，注意到这位得过功名的族人"冠发徐行"。
鱼贩问岑时发欲往何处，后者答曰正欲返回江边登船，鱼贩看
到那船头"插帜竖牌"，上书"泗城府城隍"。待他转过身来，
岑时发和他的船已经消失无踪。回到九江时他得知，岑时发不
久前刚去世。[1]

在这个故事里，一位死去的九江文人溯流而上，赴任泗城
府的城隍，而泗城地处广西西北方的高地，位于西江上游流域。
在中国，朝廷管辖下的大部分城市都有一位城隍，在神明的官
僚等级中与该城的最高行政长官地位相当。在整个明朝以及岑
时发所处的 18 世纪早期，朝廷都通过一个恰好也姓岑的土司家
族间接管辖泗城。1727 年，清廷通过改土归流把泗城纳入直接
管治，由中央指派官员。像九江岑氏这样的珠三角望族不会因
声称与西南边地的前土司家族是同宗而增添威望。[2] 虽然一些城
隍可能生前是受当地百姓爱戴的父母官，因此被奉为神灵，但
岑时发从未被授予泗城府的官职。[3] 此外，西江上游也不曾有过

岑时发是泗城府城隍的传说，这则逸闻更像是说给珠三角的百姓听的。

珠三角的百姓之所以觉得岑时发的传奇故事说得通，正是因为很多广东人都到广西当了官，他们参与改土归流，并更广泛地介入国家巩固对边地的控制的过程。这一章探讨的是岑时发于 18 世纪去世前的两个世纪里，明清两朝在西江上游的统治扩张期间，这些广东籍官员的流动情况以及他们的作用。有明一代，很多广东的精英人士都有在西江上游任职的经历，而且自 16 世纪 70 年代开始，不少来自广东的官员主导了朝廷在西江流域扩大直接管辖范围的活动。在这一进程中，他们让广东的精英群体注意到了这一偏远地带。到了 18 世纪初期，虽然在西江流域任职的广东籍官员少了很多，但清帝国持续扩大和巩固其在西江上游的统治，让迁入此地的读书人和商人得益。本书第一部分提到的三类帝国中间人里，在上游任职的广东籍官员是最显眼的朝廷代理人。尽管这样，广东民众往西江上游迁移的效应同朝廷在边地的开发是相辅相成的，和改土归流的关系也是如此。此外，亲属和同乡关系网把在广西的广东籍官员与更广泛的西江流域迁移活动联系起来，这种活动的范围包括广东最西端、贵州南部和云南东部地区。

本章一开始概述了明代晚期广西地方官员的任命情况，其中绝大部分是广东人。然而广东籍官员在广西的任职经历，根据他们是在广东人众多的商埠还是本地人聚居的偏远山区当官，有很大个体差异。之后，我会把重点转向关键的 16 世纪 70 年代。在这个时期里，广东籍官员的关系网发挥了重要作用，在曾经由非汉民族控制的边地建立了新的朝廷管治单元。在描述了明清更迭之际广东籍官员在西江上游任职的情况后，我会把目光转向 18 世纪早期被选派至广西履任的小部分广东籍官员。虽然到了岑时发的时代，在上游任职的广东人大幅减少，但广东移民继续从朝廷统治在西江上游流域的深化与巩固中得到好处。

明代广东官员的任职情况

数量

大量广东籍官员在明代被选派至广西履职的现象，让珠三角的百姓感受到了岑时发传说的合理之处。由于广西西部很多地区由府、州和县的土司衙门间接管辖，广东官员赴任的普通府、州和县一般在广西东部和中部。在一项关于明代官员任命模式的早期研究中，潘瞻睦（James Parsons）发现被选派到广西各府、州和县的官员中，广东人占比最大，占了知府人数的17.9%，在知州和知县中则占 27.5%。[4] 这些从广东来的官员大部分是广州本地人，来自广州府的南海、顺德（1452 年从南海分出去）、番禺、东莞以及新会等县。详细考察《广西通志》，我们可以得到与此相符的数据。嘉靖年间（1522～1566 年）422 名被选派到广西任知州/知县的官员中，至少有 119 名（28.2%）是广东人，而万历年间（1573～1620 年）537 个同类官职中有 158 个由广东人担任（29.4%）。[5] 这些数据证实，在明代前往广西赴任的广东籍官员比来自其他省份的都要多。[6]

缩小范围来考察上游地区的某些特定职位，我们也会发现广东人在广西担任知府、知州和知县是普遍现象，在明代晚期尤其如此。一部南宁府志的职官志列出了自明朝开国以来到弘治年间（1488～1505 年）21 位知府的名字，这段时间也正好和明朝前半期重合，其中只有 2 位（少于 10%）来自广东。但到了正德（1506～

33

1521 年）至崇祯年间（1628~1644 年），43 名知府中有 10 个广东人（20%以上），且任命广东籍知府的现象在 17 世纪初的万历朝尤为集中。南宁上游的隆安县设于 1533 年，其地方志列出姓名的知县一共有 30 人，其中 29 人标注了出生籍贯，至少有 10 位是广东人，且其中 6 位来自珠三角。[7]

正如广西的地方史料所示，来自广东的地方长官比来自其他省份的都要多，而珠三角史料印证了广东人更多地被选派到广西而不是其他地区上任。顺德县龙江镇和南海县九江镇这两个相邻乡镇的相关数据十分充分。有明一代，龙江有 35 名本地子弟被任命为知州或知县，这些人得到 48 次任命，其中 10 次（20.8%）是赴广西履职。27 个九江人得到类似任命，其中大约五分之一的职位在广西。[8]西江上下游的史料都揭示了明代晚期成为地方官员的广东人普遍拥有赴任广西的经历。反过来说，广西这个边疆省份的很多朝廷代理人都是广东人。

广东官员任职情况的地方差异：梧州、融县和思明

到了明代晚期，广东的文人官员赴广西任职已屡见不鲜，然而广东官员担任广西的职位，各有各的棘手问题。考察梧州城、融县和思明土司府这三处广东官员的履职地，我们就会发现这类问题的一些不同之处。展示三地的差异也可以帮助我们认识西江中上游流域的政治和文化地理面貌：从梧州到思明，朝廷对地方的控制越来越弱，各地与广东籍官员家乡的距离也越发遥远，但在三地任职的广东官员同样推动了朝廷对边地控制权的巩固，也促进了广东人社会经济影响力的扩大。

在广东官员眼中，梧州从地理位置和文化上看都是最谈不上偏远的广西地方了。梧州也是明代广东官员在广西最常任职的地点之一（见表 1）。作为梧州府衙和苍梧县衙的所在地，梧

州城能提供很多补缺机会，然而，这些职位越来越多地留给了科举出身相对较高的人士。例如，在明朝大部分时间里担任苍梧知县的广东人都是举人，但自17世纪20年代开始，任该职务的广东人取得进士这一最高等级功名的情况更为普遍。[9]托马斯·尼米克（Thomas Nimick）提出，这个时候的明朝已经确立了一项非正式的政策，即把某些知县职位留给获得进士功名的人。[10]如果17世纪的苍梧县正是如此，那么这很可能反映了朝廷认同梧州是广东海盐在上游分销的贸易中心这一重要地位，以及其在为广西驻军提供财政支持方面发挥的关键作用。

表1 在梧州府县任职的广东籍官员

职位	广府人	籍贯地已知的人士	历任官员总数
梧州知府	10人	49人	61人（截至1631年）
梧州同知	至少8人	36人	46人（截至1631年）
梧州通判	7人（截至1631年）		
苍梧知县	14人	36人	41人

资料来源：《梧州府志》（1631年），卷九，第4页上栏~第5页下栏；《苍梧县志》（1874年），卷三，第7页下栏~第16页下栏。

梧州的战略重要性来自1470年在当地设立的两广总督府①，首任总督推行了一套主要针对盐和木材的商品税收体系，为上游的军事行动提供财政支持。一个世纪后，梧州定期为两大兵备道提供军费，其中一处兵备道负责持续控制连接梧州和广西首府桂林的府河沿岸地区，另一处在广西中部的宾州，分巡南宁和柳州之间动荡不安的山区要地。[11]

---

① 实际上同年设立的还有两广总兵府和两广总镇府，与两广总督府合称"三总府"，标志着影响明清两代的总督制度正式形成。——译者注

35 　　梧州的广东官员因一系列功绩而被人铭记，这些功绩反映了梧州对朝廷和珠三角精英的商业重要性。官员们课税高效公平，采取了总体上对商业有利的财政措施，因而备受瞩目。举人出身的南海人陆任忠就是一个例子，他在1534～1535年被选派为梧州同知。陆任忠在梧州任职八年，因筹措用于攻打安南的军饷而得到嘉奖。[12] 吴应鸿是珠三角新会人士，1598年被任命为梧州通判，为他作传的人提到多位分管盐务的前任中饱私囊，而这些人的下属"借以侵渔行贾"。[13] 在吴应鸿的管治下，宿弊得到肃清，此前"逡巡裹足"的游商如今"麇集如归"。[14]

　　广东方面的列传作者赞扬任职于梧州的几位广东籍官员没有从工商赋税和军需粮草中牟取私利，这也揭示了这些府县职务是潜在的肥缺。[15] 如果说陆任忠是清廉典范，那么很多从梧州离任的官员则赚得盆满钵满；而陆任忠也利用他担任梧州同知期间积累的俸禄在南海购置了房产。[16] 对一些广东人士来说，获得财富的机会和靠近珠三角的地理位置让梧州的官职显得很有吸引力。1598年，吴应鸿在京城参加同知补缺抽签，他一开始抽到的是富庶的南直隶松江府，和他一起抽签的另一人则抽到了梧州。当吴应鸿提出交换任职地时，吏部的官员既好奇又不解，但吴应鸿的解释是母亲年老，若自己在邻近广东的梧州任职可方便照料，因此希望前往梧州而非松江，于是吏部应允了他的请求。[17]

　　除了从省内的赋税中牟取私利外，大体上对商人有利的政策也很可能让官员的广东同乡得益。新会地方志的编纂者赞扬吴应鸿在短短几个月的任期内解除了对商人的禁令并为普通百姓纾困。[18] 梁子璠是一位在1622年获得进士功名的南海人，同
36 年被指派为苍梧知县。据说他在任期间的政绩包括消除腐败，

废除习税，以及请求上级减轻或者废除加诸平民百姓的陋规。我们得知梁子璠的上司体察到他的廉洁，让他负责征收梧州的工商赋税。担任这一职务的梁子璠据说在法定额度外不多取分毫，于是"商旅悦之"[19]——他们大部分是广东人。于是，主政梧州的广东籍官员一方面管理着一套支持朝廷控制广西的国家工商赋税体系，另一方面又推动了对广东商人有利的跨省贸易。

融县（今天的融水）是梧州辖内工商赋税用于军备的地区之一，融县位于广西的最北部，毗邻一条西江支流，这条支流经过柳州府城，和黔江汇合后，在浔州汇入西江干流。在广东人看来，明代的融县必然是一个边远小镇。明代朝廷也认为融县是一个无足轻重之地，因为根据珠三角地方文献，在明代被指派为融县知县的大部分广东人是举人，有时候是等级更低的贡生。[20]虽然已经实施了流官制度，但 16 世纪的融县还残留着土司制度的痕迹。1541 年的《大明一统文武诸司衙门官制》列出了明朝各府、州、县的官职，融县因设置了众多县级之下的巡检司而在广西诸县中尤为突出。这些巡检司共有 8 个，每个的命名都缀以区域，其中 7 个都是"镇"，如西峒镇巡检司，以及寄托了美好祈愿的长平镇巡检司。[21]四年后编纂的《苍梧总督军门志》指出，在朝廷松散的统治下，这些县级以下的地区变成了重要的保留地。原本每个县级以下地区应由一位巡检和一位土副巡检治理，后者是世袭的。到 1580 年前后，这些巡检司大部分已不复存在，4 个被完全废除，其余 4 个仍在列，但附有土副巡检家族已经绝户或者最新的继承者尚未得到承认的说明。于是到了 16 世纪 80 年代，通过低等级土司治理当地人的管理机构变成了过时的空壳。[22]一份 1602 年的史料表明，晚明从"梧饷"中每年拨出 1099 两白银用于融县的驻防，驻防部队取代了旧有的本地军事机构。[23]

到融县任职的广东籍官员接下来肩负着用帝国的规例教化当地人的任务。晚明的广东地方志编纂者特别表彰了两位官员，他们都在嘉靖朝被指派到融县，出色地履行了管理非汉人群的职责。[24]其中一位官员是曾俊，他是南海县九江镇的举人，在嘉靖朝早期被委任为融县知县。在为曾俊作传的南海地方志编纂者笔下，融县有一半是瑶民和壮民，剩下的民众惯于逋赋、好讼无度，而且普遍"梗化"。曾俊通过修黉宫、兴社学解决了这些问题。他撰写文章以"晓示规例"，"诚抚"民众，让他们愿意纳税。[25]另一位知县是翟宗鲁，他出生于东莞，但在相邻的博罗县生活，住在东莞茶山镇东江对岸的一个村庄。翟宗鲁于1549年被指派至融县。[26]广东士大夫庞嵩在为翟宗鲁写的墓志中提到，这位县令上任前的主要问题是八峒瑶民和壮民拦路劫掠，阻截通道（"八峒猺獞盗劫为梗"）。翟知县"单车亲履巢穴晓谕，许其自新"，之后"又为建社学，教其子弟，选稍有资质者送学作养，由是诸峒莫不降服，愿纳粮差"。[27]与他们在梧州任职的广东同僚相比，曾俊和翟宗鲁的任职之地对他们来说更为陌生。融县是他们引导即将被纳入帝国直接统治的当地人接受帝国规范教化的第一线。

思明土司府远在南宁上游，处于中国与越南接壤处，由一38 个姓黄的世袭土司家族管治。[28]然而，广西的广东籍官员和官场的相关人士还是和这里的土司有各种交集。思明土司府一开始和其他土司府、州、县一样，由明朝指派流官担任名义上的副职，以监管当地。[29]担任过思明同知的广东人包括一名在1527～1528年被任命的东莞举人和一名在1605～1606年被任命的顺德举人。[30]另两位在1537年取得举人功名的广东人士也担任过思明同知。其中一位是南海人苏于汲，他一开始在广西西南部的左州任知州，1557~1558 年被提拔到湖广行省任同知，其后调任思明，在那里他"用夏变夷，化俗革弊"；[31] 另一位是张仲孝，来自东莞茶山附近。他从福州同知任上被调至思明，平息被称作"獠"的非汉部族的起义。在广东籍历史学者的笔下，张仲孝和融县的翟宗鲁一样，只身深入敌巢，以朝廷的威严使土著头目"皆弭耳受命"。就像在上游任职的广东籍官员传记中通常提到的那样，当一个"夷妇"想要馈赠 500 两白银给张仲孝时，后者拒绝了。[32]

有几位或在思明附近辖区任职或游历经过思明的广东文官和该地的土司知府建立了政治上或文化上的联系。南海士大夫霍与瑕在担任左江兵备道按察司佥事期间与思明的土司知府黄承祖建立了同盟关系，以孤立被明朝认为影响安定的另一群土司。黄承祖是一个相对"忠诚"的土司，因领兵参与明朝的军事行动而受到嘉奖。卸任后的霍与瑕赠诗给一位前往思明的广东同僚，诗中自矜"思明主人旧相识"。[33] 黄承祖招募广东文人为辖内兴修的土木工程撰写碑记，1572~1573 年，他让下属从广东找来一位姓苏的生员，为洪水之后重修的城隍庙撰碑文。[34] 声名斐然的顺德文人黄士俊于 1609~1610 年为思明府学撰写了碑记，他在文中提到黄承祖是这件事的最初发起人，但直到数十年后思明有了提倡文教的社会舆论，"用夏变夷"，修建官学才得到明朝的支持。[35] 利用这种和黄承祖互动的方式，广东文官通过思明土司进一步推动了对上游边地的教化。

然而，广东文官和黄承祖这类土司之间的关系必定是暗藏危机的。双方在内心深处都认为总有一天会实现改土归流。思明土司只需看看邻近的上思州就能知道是怎么回事了。1505~

39

1506 年，南海人曾昺被任命为上思州同，多年以来该地土司为了继承权争夺不已，曾昺"率民奏改流"，并因此监督了上思建州的基础工作。[36] 改土归流通常被认为有利于"黎民百姓"，其中包括移民，而这些移民自然大部分都是广东人。

　　广东籍官员在上游职位上的管治方式有很大差别，这要视乎他们被分往梧州、融县还是思明等地。总的来说，一个上游地方（任何方向）离珠三角越远，国家对它的控制和广东对它的影响就越弱。然而，作为这些地方的行政管理者，广东人同时推动着帝国的开发和移民的扩迁。

士人关系网与边疆经略：霍韬及其子

　　不管在梧州、融县还是思明，地方官职的任命频率意味着到了晚明时期广东的男性精英普遍拥有到西江上游任职的经历。以南海士大夫霍韬（1487～1540）为首的晚明广东士人关系网可以展现出这种经历的普遍性。珠三角精英家族的男性和整个帝国的同等阶级人士一样，以亲属关系为基础形成紧密的联系，他们有同乡之谊，一起接受本地资助，在文化上相互认同。但这种普遍的上游任职经历，为这类珠三角关系网的形成提供了独特的因素。在整个 16 世纪，霍韬和他的后人不断将自己的利益和才能融入上游边疆地区。通过这种方式，这些广东文官促进了帝国在西江流域的开发与统治的巩固，同时也保护着他们在广西的广东籍同僚，并且加快了广东人士在上游的利益往边疆扩展的速度。霍韬关系网中的几位著名成员和其他广东文官一样，在这种重合的帝国事业与移民活动中发挥了关键作用，尤其是 16 世纪 70 年代，他们的影响力达到了顶峰。

　　虽然霍韬从未在广西任职，但他对如何治理上游地区有一套鲜明的观点，尤其在 16 世纪 20 年代，当时著名的哲学家、政治家和治疆能臣王阳明正率军在西江地区开展重要的军事活动。在针对田州土司的大规模征伐反而引起了两个土司头目的叛乱之后，朝廷让王阳明来解决问题。王阳明先是招抚土司头目，随后提出把旧有的田州土司制改为新的州府制，建立田宁府。此外，他还削弱了田州和思恩的土司制，把土司的大部分土地划分为规模较小的当地巡检司。就这样，王阳明让这个地区的大部分处于朝廷的间接管治之下，同时避免任何一股土司势力独大。与对广西西部土司实施的仁政相反，王阳明于 1528 年率军征剿了广西中部的八寨。[37]

在这些军事行动中，广东人士的作用不如他们在 16 世纪 70 年代那样突出。王阳明与广东精英的关系似乎不太明朗。一方面，他在广西军务中最倚重的下属包括出身于福建莆田的几位人士，其他人则来自南直隶和江西，还有一些广西的当地才俊。[38]另一方面，他必须应对声称熟悉广西的高级别广东籍官员的意见。在王阳明看来，广东精英与广西关系"密切"，在地区事务上具有发言权，甚至也许在该地的势力和既得利益都过于庞大。此外，王阳明是从广东方向进入广西的，在前往上游的途中他穿越了广东，并从梧州调遣军队，而不是从桂林。在一封写于 1527 年关于思田形势的奏本中，王阳明提到了"两广士民"的看法，而这些看法恰好支持了他对西江上游地区采取的策略。[39]

王阳明初次受命从广东前往广西平乱时和"当路相知者"通信，其中就包括霍韬这样的南海士人。[40]霍韬在一次广东士人联名上书的落款中名列首位，上书中提出粤人对广西地区颇为熟悉，并且赞颂了王阳明对田州采取的仁政和对八寨的武力手段。这与霍韬对朝廷制度和珠三角家族在西江流域面临的战略

41

威胁所采取的观点是一致的。霍韬认为强大的土司势力深藏广西西部，与他那完全接受朝廷直接统治的珠三角家乡形成对比。他关注其中动荡不安的地区，包括府河流域，认为需要保持对这些地方的警戒以维护稳定。[41]

在王阳明于 16 世纪 20 年代采取军事行动之后的几十年间，霍韬的儿子霍与瑕，以及几位与其素有往来的知名广东文人，积累起了在西江流域任职的实践经验。1535 年春，霍韬聘请南海文士庞嵩为儿子讲学，霍与瑕一直尊庞嵩为师，直到后者于 1585 年[①]去世。在早期的几次任职后，考取过举人的庞嵩于 1556 年被指派至云南东北部的曲靖担任知府，在三年后的一次官员考察中，他因为年迈不得不卸任。[42]霍韬为儿子聘请的另一位文士是南海生员刘模，他后来考取了举人，并于 1543 年升任广西中部贵县的县令。卸任之后，刘模与庞嵩等士人以及有声望的南海文士何维柏一同组织了一个诗社。[43]

另一位有上游任职经历的南海人是庞嵩的外甥刘汉。1568 年刘汉赴任南宁同知时，庞嵩写了一首送别诗。庞嵩去世时，刘汉同样也总结了舅父的生平行状，而这成了霍与瑕为庞嵩撰写的祭文的文字基础。[44]当霍与瑕和刘汉在隆庆年间（1567~1572 年）被指派到广西西南部任职时，这些私人关系就变得重要了。霍与瑕回忆起自己初到南宁担任广西按察司金事时，作为同僚的代巡李明谷提醒他本地有一名叫刘汉的腐败官员。[45]霍与瑕感到难以置信，坚称自己与刘汉是同乡与同学，因此清楚刘汉不会变质。霍与瑕提出两人的同乡关系必然只会让李明谷更加怀疑他的判断。刘汉后来遭到弹劾，有一份奏折提到刘汉

---

① 在《庞弼唐先生遗言（一）》（广西师范大学出版社，2016）中，任建敏所撰评介绍庞嵩生卒年为 1507~1583 年。——译者注

的同乡上司包庇了他的罪行。在回忆这一事件的文章中，霍与瑕提到刘汉的名誉最终得到了澄清，那些诬告他的人受到了惩罚。[46] 霍与瑕为刘汉辩护，恰恰让人注意到很多省级官员怀疑的情况：他们的下属保护乡党，而在广西的广东人已经形成了规模最大的同乡群体。[47] 霍与瑕和刘汉后来都参与了 16 世纪 70 年代新宁州的建置之事。

和霍与瑕以及刘汉一样，庞嵩的儿子庞一夔也是赴上游任职的官员。庞一夔的首个任职地是商贸河港梧州，他于 1577~1578 年担任苍梧县令。丁父忧后，他在福建有过短暂的知县任期，之后于 1587~1588 年被提拔为广西西南部养利州知州。南海地方志的编纂者赞扬他任职期间在愚昧民众中"定四礼，简易仪节，刻谕俗编行之"的功绩。六年后，庞一夔调任云南永昌府同知。就这样，庞氏父子的仕途都以西江流域以外的云南为终点，庞嵩在东北部的曲靖，而庞一夔在西南的永昌。[48]

一份 17 世纪的文献把庞氏父子描述为治疆能吏。在为庞一夔诗文集撰写的序言的开头，屈大均认为庞一夔继承了家学。　43
他以富有想象力的文笔描写庞一夔在漫长的仕途中不管到哪里都骑象而行，经历着瘴烟的侵袭（这种情况更有可能在永昌而不是苍梧）。屈大均形容庞一夔在二十年的为官生涯中有一半时间身处"夷人"之中，因为"朝廷以之为御魑魅之具"。庞一夔的政绩是教化夷人儿童，给人们冠姓氏以避免近亲通婚。他还延续了父亲在云南任职时启动的一项工作：庞嵩用汉字（可能以表音的方式）与"夷字"对照的方式制作了《三字经》和《大明律》等书，作为当地人的启蒙课本。[49]

和没有上游地区任职经历但提出了相关治理意见的霍韬不一样，霍与瑕以及与他有交情的几位人士有数年的治理实践经验。16 世纪早期的霍韬直率地表达过对西江流域军事行动的意见，而到了 16 世纪后半叶，他的儿子及其身边的人士已经成了真正的边疆事务专家。在 16 世纪 70 年代这一鼎盛时期，这些广东士人以管治者和作者的身份，将自己的才能用于实践。

开发边地：新宁州与东安、西宁两县

明朝在西江流域的边疆政策经常被旨在平息广西与广东西部土民"叛乱"的军事行动打断。其中一些最著名的军事行动发生在明代中期（1465 年、1526 年以及 1537 年），针对浔州上游大藤峡的"猺人"。科大卫认为这些行动"是借机会把朝廷权威置于控制大藤峡的土司之上"。[50] 其他军事行动的对象是广西西部田州、思恩和泗城等地的强大土司。明朝与这些土司的关系是暧昧不清的，朝廷对土司纷争引起的骚乱保持警惕，然而又依赖广西西部土司提供的军队，在针对居住在广西东部和广东西部的西江流域中段的其他土民时，这些被称作"狼军"的部队充当了军事行动的先锋。西部土司之间的实力失衡触发了 16 世纪 20 年代的田州剿乱。我们已经看到霍韬等广东士人如何试图影响王阳明在田州的军事行动和管制调整。然而，王阳明基本上把广东人排除在他的广西核心官员圈子之外。

16 世纪 70 年代，西江流域掀起了一股边疆开发与巩固帝国统治的新浪潮，在广西任职以及卸任返回珠三角的广东士大夫均在其中起了较此前更为重要的作用。[51] 广东人士在广西地方官员中通常占比颇高的情况在这十年的开端变得更为明显。隆庆年间的记录显示，由广东人担任的知州和知县相当多：53 位列出原籍地的官员中有 28 个广东人（占比 52.8%），或者按总数 60 名官员计算，有 28 个广东人（占比 46.7%）。[52] 与之相似的是，霍韬关系网中的广东成员以及其他知名的广东文人在这

段时间均担任过广西的省级官职，并通过文字表达了他们对朝廷以牺牲当地人的利益为代价开发西江流域的支持。

广东的精英人士一直十分热衷于维持上游地区的稳定，不管他们是在上游任职，还是在卸任归乡后保持对上游地区的关注，因为上游地区的动荡会很快沿流而下传入珠三角。作为帝国的区域群体之一，广东人同样从帝国在西江流域的开发与统治巩固中获得了最多的好处。这种互动的痕迹早在 16 世纪初就显现出来了，但直到 16 世纪 70 年代和军事行动同时推进的两次行政变革后才变得更加明显，这两次行政变革旨在把西江流域的领土更加紧密地置于帝国控制之下。[53] 这十年内采取的行动及其后续影响让广东人有机会在上游地区实现社会经济利益，而这是以军事行动和行政变革所针对的当地利益为代价的。到了 16 世纪 70 年代以后，明帝国与广东人移民活动的利益重叠变得越来越明显。

行政变革的第一个例子是 1572 年初在广西西南部建立的新宁州。明朝官员认为太平府和南宁府之间的河段沿岸是骚乱的源头，他们从这个地区中分拆出了新宁州。太平府城东北边的罗阳和陀陵两个土司县以及一个叫木旻的偏远乡村有"盗匪"活动，有可能造成普遍的动乱。[54] 另一个骚乱的源头是附近一个叫四峒的地方。四峒是宣化县的一部分，后者是南宁的府城，同时也包括北边一大片处于帝国松散控制下的土地。16 世纪，除了最后十五年外，四峒的控制权一直在附近的思明府土司和忠州土司之间来回变换。这些纷争中断了南宁和太平之间的信息和与交通往来。[55]1569 年与 1570 年之交的冬天，思明府土司黄承祖呈交了一份奏折，请求将四峒并入思明，这让四峒的紧张局势一触即发。作为回应，忠州土司黄贤相进犯四峒。黄贤

45

相很快就被逮捕并遭处决，但他的儿子得到朝廷允许，可以继承他的土司之位。[56]

通过有效应对广西西南部的动乱以及建置新宁州，广东籍官员获得了展示他们处理边地事务才能的机会。地方志的列传作者赞扬了在该地区任职的几位广东官员，他们提议抓捕黄贤相，包括在 1569 年担任附近养利州知州的区次颜。[57]但与肃清南宁至太平河段并建置新宁州的行动最为密切相关的是霍与瑕。1570 年 11 月黄贤相被抓捕后，霍与瑕受命担任左江地区的按察司佥事。他于 1571 年到任，任上第一年集中精力在广西中部开展行动，[58]其中包括平定位于宾州，以及庆远、思恩两府交界处的八寨。[59]

回到左江地区，罗阳县土司黄金彪谋反带来的威胁构成了 1571 年最大的挑战。明朝官员担心黄金彪加入罗阳和陀陵的势力，让后者获得四峒的人口，这样将导致朝廷难以遏制他们在南宁和太平之间肆虐。其他省级官员提出采取军事行动，而霍与瑕则寻求一种更有效的方式来应对黄金彪。他仍要专注于广西中部的行动，因此仰赖由他的老朋友——南宁同知刘汉提出的计策。刘汉对村里的长者施压，规劝偏远的木旯村投降，由此迫使罗阳和旧四峒屈服。随后的 1571 年秋天，刘汉从忠州（从这里出发的军队由黄贤相的儿子率领）、木旯和旧四峒调拨土司军队，辅以朝廷在南宁的卫所部队。这支朝廷和当地联合的部队挺进罗阳，把黄金彪赶入山中。在饥饿中得知自己的儿子可以继承土司之位后，黄金彪便投降了。[60]

朝廷终于在 1572 年初接受了提议，把原来的四峒改名为四都，作为一个新州的核心地带，从宣化划拨更多的土地至此，让新的州处于南宁府管辖之下。[61]这一想法来自永康县的一名官员，但霍与瑕向省里的上司进行了条理清晰的汇报。在阐明这一提议时，霍与瑕提到在 16 世纪初由南海人曾晷完成了改土归流的上思州是这项计划的先例。为了更有说服力，霍与瑕提到了养利州知州区次颜观察到的情况：四都扼守阻挡盗匪和方便船只通航的战略要道。霍与瑕强调这些提议都是有多年任职经验和极为熟悉本地情况的当地官员提出的，他把这些提议的核心归纳为需要新建置一个州，以控制太平府和南宁府之间重要的沿河通衢。他提出目前在太平和南宁之间没有一个常规的行政区，这让经历五六天上游行程的旅人无法安心。在建置新州的详细提议中，霍与瑕提出要征召商人来改造这条沿河通道。[62] 省里的官员让霍与瑕负责为新的州选择州城地址以及开展建设。霍与瑕捐出了 60 两白银以资助城墙修建。他的一个部下原来受命负责监督这一项目，但被调离了这一地区，这时他把养利知州兼南海同乡区次颜选为副手，替代原来的下属。[63]

1575 年秋，霍与瑕在离致仕还有两年时被调任至江西。[64]他的左江岁月在珠三角的霍氏族谱和新建置的新宁州都留下了痕迹。在提及霍与瑕离任后新宁建起纪念他的祠庙时，霍氏族谱里的记载是耐人寻味的："州民立生祠，送祭田谷米七石户，立霍若祉籍新宁州，至今春秋致祭。"[65] 其中提到立籍新宁州的霍若祉是霍与瑕的一个侄儿，他出生于 1572～1597 年，这两年分别是他的兄长和一个幼弟出生的年份。霍若祉在霍氏族谱中唯一的记载是年少早殇。

为了让西江上游地区处于更紧密的帝国控制下，霍与瑕还向开发边地的广东移民敞开大门，其中就包括他的族人。霍与瑕的一些亲戚因为各种我们不得而知的原因前往广西，比如，他为大房的一个同辈年轻人，以及一个与他同为三房的下一辈

47

人写过送别他们"西行"的诗。[66] 明末霍与瑕任职左江时期，陆续有一些族中二房的亲戚在广西活动。例如，有一个族人1609年在广西去世并埋葬在那儿，留下在珠三角的广东妻儿。[67] 另一个生于1588年的族人娶了佛山女子，去了广西之后再也没有回来。[68] 在霍氏族谱里，至少还能再找到五个这样的例子。[69]

很多广东士人都有数年的上游任职经历，他们与16世纪70年代另一次西江流域的行政变革有显著联系，那就是1577年广东西部两个新县的建置。划入东安和西宁这两个新县的土地在16世纪70年代以前是广东人所知的罗旁地区，即大致指西江南岸、泷水北部的区域，属德庆州辖下。[70] 1537年的德庆地方志形容被称为"猺"的罗旁山民生性好斗、不受管治、尚未开化。[71] 差不多在同一时期，霍韬认为需要对罗旁的瑶民采取军事行动。在该地区经历了数十年的动荡不安后，明朝于1576年与1577年之交的冬天调拨大量军队进入罗旁，据称杀死或抓获了成千上万的瑶民。[72] 从前属于瑶民的地区被改为东安和西宁这两个相邻的县，属泷水管辖，后者已经被更名为罗定并提升到州一级的地位。县里所需的基础设施，如城墙、衙门和县学，都在匆忙中建设起来，与此同时，官员们修订政策，以吸引汉人到这片土地上定居。[73]

由于这一区域位于广东境内，根据任职回避原则，广东人不得担任这两个新设县的知县。然而，这里的管治情况变化与新宁州的情况有很多相似之处。很多在上游更远地方担任广西官员或者族中有人担任这类官职的广东人都被鼓动起来，撰文称颂这次行动。霍与瑕在指挥这次大捷的明朝将军班师回朝时为其撰文称，大明军队东西齐发之时，"若十乘之碾螳螂也，若猛虎之搏孤豚也，若秋风之扫薄雾"。接下来他从这种歼灭敌军的比喻转向具体的数字：超过4万人被捕杀，投降的人达数万，"辟地千里"。[74] 与之相似的是，东莞茶山人、前广西官员袁昌祚为晚明时编纂的第一版《东安县志》撰写了序言，他把罗旁的瑶民比作蚕虫，经常掠夺那些在西江上定期往来的船只。他在县志序言中不太寻常地强调要让百姓登记户籍，以此对抗行踪不定、没有户籍的瑶民。[75]

大部分文章都是为了纪念两个新县和罗定州的建置。一个普遍的主题是罗旁的平定和户籍登记制度的确立。在庆祝西宁县学于1580年落成的文章中，霍与瑕称罗旁地区自远古以来就是动荡之地，近年来成为盗匪的巢穴，如今朝廷的平定和两个新设立的县昭示着这一地区迎来了真正的"开置"。[76] 九江朱氏族谱记载，1592年《西宁县志》的编纂者是这个家族的朱润，他这样写道："按往时猺獞窃居，俗皆侏离，自开辟以来，各郡之民麇集鳞至。"[77] 归休不久的南海籍广西右布政使陈绍儒在纪念1577~1578年修建东安城的文章中赞扬该县官员筑城墙，在城中心修建衙门和祠庙，把百姓安顿在城的四周沿井而居。[78] 陈绍儒还撰文纪念罗定州的"开辟"。[79] 何维柏是知名的南海文士以及庞嵩的知交，他在1581年记录了西宁城的修建。在他的想象中，虽然到了明代中期广东的仪俗和文字已与中原无异，但其偏远地区仍未受到帝国统治和孔孟之道的谆谆教诲。不过，现在情况有所改变：他在文中庆贺官员们为西宁建立了一整套体制，并赞扬他们安置百姓、登记入籍的做法。[80]

在单国钺关于明朝在广西的统治及该地区非汉民族的启发性研究中，人们的印象是明朝的国家代理人在试图巩固对广西边疆的控制以及让缴纳赋税的百姓迁到该地定居时总是不断受挫。[81] 从国家的角度看，这一问题似乎无法得到解决；然而在广

49

东人看来，这也许是一连串可以把握的机会。在 16 世纪 70 年代的军事行动后，广东文士对边地的移风易俗赞颂不已，他们之中很多人曾经在广西任职。他们的这种态度是有特定原因的，正如我们将在后面章节里看到的那样，新的官学，抑或对旅居者开放的官学，让广东籍考生有更多机会考取功名，正如内河运输路线在摆脱盗匪滋扰后让广东商人受益那样。到了晚明时期，到上游地区任职已经成了珠三角本地习俗的一部分。除了广东人获得舍弃松江而选择梧州的边疆能吏新形象外，上游任职的背景也处于变化之中。虽然英勇的官员"身诣贼垒"以教化好斗的当地人是一种流行的说法，但在广西任职的广东人并不孤独，他们融入了新近出现的移民人群，其中包括官员、商人、教师以及士子。

明清更迭时期的官员流动

虽然明清朝代更迭使中国南部满目疮痍，但是，从广东前往上游履职的人口流动并未停止。风雨飘摇的明帝国和扩张中的清帝国都利用了珠三角原有的人才资源，尤其是那些具备边地治理才能的人士。这一才能之所以重要，是因为王朝的更迭阶段在西江流域被延长了，而这很大程度上是由于延续时间最久的南明政权以西江上游和上游流域以外的云南为根据地。广州于 1647 年初被清军攻占，一同落入清军之手的还有珠三角地区；1648 年 5 月清军将领李成栋投靠南明，广东又回到了南明朝廷的控制下，但在清军 18 个月的围困后，广州于 1650 年 11 月再次易手。与此同时，南明永历帝自 1646 年 12 月在肇庆登基后，十年间都是在大多数位于西江流域的各个地方度过的。1648 年 9 月至 1650 年 2 月，南明朝廷在羚羊峡之上的肇庆安顿下来。南明气数将尽时，朝廷辗转到梧州、桂林、南宁等更远的上游地方。1651年秋冬永历帝逃离南宁后，朝廷转移到了西江支流的源头，一开始在云南的广南府，后来到了贵州西南角的安隆，这个时期愿意在永历帝朝中谋得官职的广东人应该很少，而到了永历帝在1656年逃往云南时，这样做的广东人必然寥寥无几了。[82]

南明未亡之时，永历帝的朝廷以西江中上游地区为根据地，吸引了一些广东精英中的支持者。他们之中有些人出于忠诚或投机，前往上游的肇庆或桂林觐见皇帝，或者递交奏折。这些行为都为广东文士所赞许。[83]但这种情况并不普遍，而且与南明对州县级官员的任命相比，西江朝廷的政事对广东人内河移民群体形成的影响要更小一些。这些南明的任命与吸引广东人士及其家庭到上游来的既有任职模式是相符的。例如，在1645年，九江有一位叫关汝蛟的低等级乡绅被任命为北流县的县学训导，关氏族谱的编纂者提到关汝蛟改变了北流的学风，采取措施减轻学子负担，因此被提拔为县令。同时，和关汝蛟一起到北流的儿子里有一位在当地入学，并因文才而享有盛名。即使在王朝更迭的动荡中，一位在上游任职的广东父亲也能为他的儿子创造机会，这显然揭示了帝国的利益与移民活动所带来的利益是密切相关的。[84]

对一个广东家族来说，南明朝廷授予的上游官职所留下的影响，让一名官员的珠三角子嗣与自己祖先曾经任职和死去的地方建立了联系。顺德人邓之桢在南明治下考取了举人，1647年2月，他获得"特用"，被授予兴业知县的官职，这个县位于广西东南部，在郁林和贵县之间的陆路上。两个月后盗匪攻占了兴业，邓之桢被杀。[85]这位殉职县令的后人很自然地归顺了

51

清朝。邓之桢的一个儿子于 1684 年取得举人功名，其户籍登记在德庆州。这位举人的儿子邓太勋当过一段时间的生员，后来在 1713 年考取举人。邓太勋"侨装跋涉"，寻找祖父留下的痕迹，但一无所获，在失望中回到家乡。邓太勋的孙子邓日至是一名监生（通过捐功名成为国子监学生的人），于 1779 年春被聘为兴业县学的讲师。邓日至说明了自己前往上游县城的原因："至生长粤东，与兴邑相距千有余里，初不料授徒于斯也，弥来以领祖骸之故也。"[86]

　　如果对九江关氏和顺德邓氏等家族而言，在南明政权下的任职意味着明代模式的延续，那么在新建立的清政权治下碰运气的其他家族，则从中得到了加速社会地位上升的机会。17 世纪 70 年代，随着清廷在平定三藩时寻求重建对西江流域的控制，这一现象尤为突出。有很多广东人因为在奉命收复广西的抚蛮灭寇将军傅宏烈麾下充当谋士或军人而崭露头角。傅宏烈在 1677 年获授广西巡抚，担任这一职位直至 1680 年被杀害。[87]傅宏烈与莽依图配合，从广东率军收复广西，他取道梧州沿西江而上，为参与这一征伐的广东人提供了机会。傅宏烈在 1677 年 9 月收复了梧州，虽然郁林和浔州的战事反复，但他的军队还是依靠广东的补给在梧州站住了阵脚。1679 年夏的决定性胜利让浔州府和南宁府被彻底收复。到了 17 世纪 80 年代末，广西西南端和柳州地区被最后平定。[88]

　　由于加入傅宏烈对上游地区的征伐并获授文武职位，很多广东人能够出人头地，其中不乏出身低微的人。东莞茶山人林凤冈是其中一位被傅宏烈聘为幕友的广东文士，他于 1679 年被指派担任梧州府同知。[89]傅宏烈还有一位幕僚是 1679 年加入的南海人麦成材。他是地形方面的专家，绘制的《平西指掌图》

展示了敌军的据点和路线。广西西南部被平定后，麦成材于
1682年获授归顺州典史一职。[90]来自南海横沙的招国璘是在傅
宏烈麾下一路晋升的广东人之一，他年轻时以撑船为生，后来
参军并被编入征伐上游的大军。招国璘参与了收复梧州和郁林
的支援行动，其后又随军深入云南，最后驻守在广西东北部的
全州，之后再次调任至贵州西南地区的总兵。直至19世纪，他
都是横沙招氏最知名的族人。[91]这样看来，清政府授予的上游武
职可以转化为下游的物质资源和形象资源。

　　傅宏烈麾下的一些广东武将后来返回了珠三角家乡，但军
事行动也让驻军中的士兵有机会在上游地区安顿下来，最终成
为家族在上游开枝散叶的第一人。

　　南海河清潘氏族谱记录了潘鸣凤成家立业的过程，同时也　53
揭示了在清朝收复广西的军队中服役所遗留的影响，以及广东
商业和宗亲网络存在于上游的事实。由于一个族人在桂平做生
意，潘鸣凤也前往上游并加入了军队，在傅宏烈麾下晋升为把
总。从这时开始，故事由平定三藩之乱转向对连年骚乱的治理。
族谱称平南县附近大乌圩的当地盗匪与24个土司州的瑶民和壮
民勾结，肆虐一方。据说潘鸣凤抓捕了数十个盗匪头目，因此
被提拔为灌阳县守备。最后，潘鸣凤娶了上司家中的一个婢女，
并"侨居"桂平。族谱编纂者称大乌圩百姓很多都是广东人，
他们为潘鸣凤平定这一地区的义举所感动，为他修建了一座潘
将军祠。1867年河清潘氏族谱编纂之时，据说大乌圩附近的潘
家村有上百名潘鸣凤的后人，并且把潘将军祠作为他们的
宗祠。[92]

　　珠三角的族谱和地方志编纂者极少为王朝更迭之际参与建
清大业的人作传，虽然他们也提供信息，让读者得知这些人是

作为清朝的官员和将士而谋得一份生计的。但当一位广东人士加入傅宏烈军中并参与了平定三藩时，事情就变得不一样了。毕竟对绵延数代的珠三角宗族而言，当时效忠的对象已经被区分为南明和清廷。某人追随一位抚蛮灭寇将军，从珠三角出发，取道梧州去恢复西江上流流域的秩序，这样的故事能流传下来是值得称颂的，不管他效忠的是哪个王朝。这意味着征伐对象的标签"蛮"是极为模糊的，它可以灵活地供支持三藩的南明保皇党使用，或是更广泛地指代西江上流流域的非汉民族。招抚或歼灭桀骜不驯的上游居民不仅回应了明代的历史，而且为广东人重新获得上游的利益提供了保证。广东人前往上游充当国家代理人的做法通常创造了提升社会经济地位的机会，这种情况一直从明末持续到清初。

18 世纪早期的上游地方官员

到了 17 世纪 80 年代，明清更迭尘埃落定，被遣往广西任职的广东人数量减少了许多，这一情况延续至 18 世纪。龙江地方志也反映了这一情况，我们以担任知县及以上官职的举人为例。在明朝，最高功名是举人的龙江人有 29 位。这 29 人获得过 37 次知县及以上的任命，其中 10 次是广西的职务。在清朝，19 位龙江举人被指派为知州或知县，只有 1 人到广西任职。[93]1800 年编纂的广西地方志也反映了相似的情况。自康熙二十六年（1687~1688）到 1722 年康熙朝结束，职官表里列出了485 名州级和县级官员的籍贯或旗籍，其中只有 17 人来自广东（占比 3.5%）。[94]

与之相似的是，这些被派往广西的广东籍官员并不像 16 世纪 70 年代的霍与瑕及其他广东人士那样，在改变上游边地的重要事件中发挥了巨大作用，他们更像清帝国扩张机器中的小齿轮。然而，一些广东人士在 18 世纪 20 年代至 30 年代被遣往广西，这是另一个发展高潮，广西西部旧有的土司据点被完全纳入帝国统治。而且清朝的档案对知县们的宦迹记录更加全面，从而展示了清朝在西江上游流域巩固统治的动态画面。政绩突出的知县在清廷的上游开发中成为国家的代理人，从因为广西东部已经受到严密控制而变得较为轻松的职务，调往广西西部更有挑战性及战略意义更重要的岗位。县一级的能吏在上游的调动促进了改土归流这一与之有内在关联的过程，驱散了朝廷认为笼罩在广西西部边地西江上游流域的瘴气迷雾。在 18 世纪 20 年代至 30 年代被派往广西任职的几位广东籍知县中，有三人的宦迹揭示了这一过程。他们的上游任职经历在各种程度上成为他们家乡公众形象中最重要的部分。随他们赴任的还有由乡人和亲属构成的随从幕僚。这些人都与以鬼魂模样出现在本章开头的岑时发处在同一个时代，他们在上游任职留下的痕迹解释了为何在广东传说里广东人会成为远在上游的前土司府城隍。

流官制度在上游的延伸：冯瑚

改土归流一直延续至清代，并在岑时发的年代达到高峰。虽然像晚明时期那样在任上主导这种行政变革的广东籍官员变少了，但其他广东移民还是会从改土归流中获益。17 世纪 60 年代早期，广西西南隅的镇安土司府变成了镇安府；17 世纪 60 年代后期，西北边上的两个长官司原来属于强大的泗城土司府，现在也转为流官管治单位：一个成了西隆州，另一个成了西林县，两者都受思恩府管辖。[95] 处于中国与越南接壤处的龙州于 1725 年被划分为两个较小的行政单位，虽然广东人提

55

到其主城区时还是沿用了旧称。1727 年，广西受云贵广西总督①鄂尔泰的暂时管辖，精力充沛的鄂尔泰指控势力强大的前泗城土知府岑映宸欺压百姓，以此为借口成功推动了泗城的改土归流；1730 年，西隆州和西林县从思恩府划入新成立的泗城府。[96] 通过同样的操作，广西巡抚金铁于 1730 年弹劾岑姓土知州；两年后，他要求该州改土归流。[97]18 世纪中叶对广西岑姓土司政治权力的剥夺以 1747 年湖润寨并入归顺州告终。归顺州土司恰好后继无人，朝廷得以直接控制中越边境上的战略要地。[98]

顺德大良人冯珣处于这种行政变革的最前线。1708 年，他通过乡试后，紧接着进入了知县的候补名单。1724 年 9 月，他作为来自五个省份的人士之一前往广西任职。根据冯珣在担任罗城县署理知县以及其他职位时的表现，广西巡抚于 1728 年初推荐他担任平乐府恭城的知县。[99]1729 年 7 月，冯珣在恭城任职仅一年多后就被调离。巡抚金铁正为寻找合适人选担任崇善县令而焦头烂额，此前吏部驳回了早先的候选人建议。在推荐冯珣担任这一职位的题本中，金铁指出冯珣"在粤年久，熟悉风土"，因此适合从东部县调往西边。[100]

在担任崇善知县期间，冯珣临时受命，接管附近一个叫恩城的土司州，这是属太平府管治的几个土司州之一，分布在太平府的北边、西边和南边。恩城的土知县因为唆使手下的部族头目谋杀亲叔而遭到弹劾。冯珣因此奉命额外接管这一土司州

---

① 原文为 Yunnan-Guizhou-Guangxi governor-general（云贵广西总督）。根据《清实录》卷七五之二，最早出现"云贵广西总督鄂尔泰"的称谓是在雍正六年（1728）十一月，在雍正五年（1727）其头衔只是"云贵总督"，但从回溯的角度出发，以及为了突出鄂尔泰对广西的管辖，翻译时遵循原文，始终称其为"云贵广西总督"。——译者注

的地盘。1733 年，这个土司州被取消，其曾经管辖地被置于崇善县丞的管治之下。[101] 因此，冯瑚在这个改土归流的关键时刻起着取代土司的作用，虽然这个事例中作为独立行政单位的州实际上被取消了。在帝国为直接统治广西西部而进行的行政变革中，冯瑚的作用也许微不足道，但云贵广西总督鄂尔泰实施了积极的朝廷管治政策，使西江源头的一些战略要地处于更严密的朝廷统治下。其结果是这些地区成为广东商人的重要目的地，他们让这些地区进一步融入规模更大的内河运输和贸易系统，以进一步达成朝廷的目的和实现自身的利益。其中一个这样的地区就是位于百色上游的云南广南府剥隘镇。1729 年百色建州，其土地来自田州土司州。1729~1730 年，鄂尔泰奏请改善云南东部和西江流域之间的交通状况。这一计划包括从阿迷州（今天的开远市）沿着南盘江（八大河）开辟一条可航行的水道，通过西隆州和西林县的陆路，与一条直通剥隘和百色的水路（沿着驮娘江）相连。鄂尔泰命令他统管的三省官员"遍告商贾，沿新路行商便利无比"。[102] 虽然这一路长途跋涉至剥隘后，大部分货物都是靠马帮而不是水路运送，但鄂尔泰对这一路线的关心显示了剥隘和百色将在滇粤的铜盐互贸中扮演重要角色。到了 19 世纪，几位广东籍官员将会受命管理剥隘的铜盐互贸事务。

57

　　与之相似的是鄂尔泰对贵州北部的古州采取积极的军事和行政政策，推动了该地区融入广东经济圈。古州位于一条流入广西北部并经过柳州的河流源头上。这个厅的土地由贵州东南黎平府和都匀府交界处以及广西北部的柳州府划出。此前清朝认为这片土地属于完全不受国家控制的"苗区"，而非通过土司间接管治的地区。[103] 为了把这一区域彻底纳入统治，鄂尔泰依靠他亲信的贵州巡抚，命其"开辟"古州周边。在一次军事行动后，古州于1729年建厅，隶属黎平府。[104]

虽然古州建厅后在行政管辖上属于贵州，但鄂尔泰和参与此事的官员已经把贵州和西江流域统筹到了一起。在讨伐"生苗"的军事行动中，鄂尔泰很大程度上依赖从广西调拨的朝廷部队。广西军队在战时往贵州部署的两年间，他们的粮草由西江沿岸的柳州和庆远两府的州县供给。18世纪30年代初古州设置戍边部队，此后继续依靠广西行政区域内的粮草供应，供给地区扩大到浔州府和宾州。这一状况延续至18世纪50年代后期，每年运送的谷米超过一万石，这与广西每年输入广东的谷米相比微不足道，但足以将古州与广西联系起来。[105]比古州从广西输入粮草更持久的是粤盐的流入。广西巡抚金𬭎在1732年试行这一政策后，于次年提出在古州设立盐埠来分销粤盐的政策。到了18世纪40年代，古州已经完全融入了两广的盐业贸易区。[106]这种下游地区供应上游军需的模式留有明代梧州供养融县等地的痕迹，只不过这种运作方式转往了上游更远的地区。

与晚明的霍与瑕等前人或者同期的清朝官员鄂尔泰相比，广东籍官员冯瑚在帝国的西江流域开发中所起作用不大；然而在18世纪20年代至30年代，以牺牲土司制为代价的清帝国的行政变革延续了自16世纪70年代发端的漫长历史。此外，不管在晚明还是清初，迁移的广东籍官员、士子和商人很快就会涌入新"开辟"的地带。

驱散瘴疠：刘观栋的宦迹

随着清帝国将土司管治的区域和苗疆转为实行流官制度的行政单位，流官的分类也发生了从"边缺"或"烟瘴缺"到

"腹俸"的变化。① 雍正初年，皇帝授权广西巡抚将有能力的知县从大部分位于东部下游地带的流官县调任至被认为是"烟瘴缺"的西部县。[107] 在进行这种区分时，朝廷基本上认为西江上游流域的职位比中游地区的更具挑战性。然而，这类"烟瘴缺"并不是恒定不变的，随着改土归流的推进，某些"烟瘴缺"被调整纳入流官制度，这表明 18 世纪早期帝国加强了对西江上游流域的控制。

在清廷的授权下，广西历任巡抚可以把在广西东部流官县任职的能吏调到西部的"烟瘴缺"任上。新会人刘观栋在广西任县令，他的调任就揭示了这一情况。1737 年 9 月 30 日，广西巡抚杨超曾在一份奏本中提出将现任隆安县令的刘观栋调往"烟瘴缺"西林县。在这份奏折中，杨超曾没有一上来就解释为何刘观栋是西林县的合适人选，而是回顾了广西西部四个边疆府的官员任命情况，即"烟瘴缺"的保题调补。[108] 他追溯至一条 1686 年的敕令，其中指出针对南宁、太平、庆远和思恩四府的府州县官职，总督和巡抚可从桂林、平乐、梧州、浔州和柳州五府的相应职位上挑选"熟悉丰富廉能之士"赴任，并通过奏折推荐调任人选。[109] 这一政策由当时的广西按察使提出，其原因是"粤西南宁、太平、庆远、思恩四府，土司杂处，瘴疠薰蒸。官斯土者，病亡接踵"。[110] 这一政策让广西的省级大员可以从东部挑选贤能的官员，把他们派到西边的棘手职位上去，

① 清代官缺制度是官员、岗位（官缺）、地域紧密结合，以实现行政管理资源有效配置的一项人事管理和官员选任制度。清朝订定的此类特殊官缺，主要有台湾缺、沿海缺、烟瘴缺、沿边缺、极边缺、苗疆缺、夷疆缺等多种名目，分布于沿边、沿海及非汉民族聚居省份，因此也统称为"边缺"。张轲风、戴龙辉：《清前期"边缺"与边疆治理述论》，《中国边疆史地研究》2020 年第 4 期。——译者注

还能让他们对预计能熬过数年任期的知县进行调拨。

这种特点将对被派往"烟瘴缺"的官员产生影响。清朝从京师的空间角度出发，把首都之外的官职划分为两种，一种是"腹俸"，一种是"边俸"。在"腹俸"职位上任职五年的官员若无过错就可获准升迁，而在两广的某些"烟瘴缺"以及同属于"边缺"类别的云南、贵州和四川三省"苗疆缺"任上，这一年限可以缩减到三年。在"瘴疠"尤其严重的地方，官职任期甚至可以少于三年。到了1686年，崇善知县以及左州和养利州知州这样的边地职位虽被列为"烟瘴缺"，但也要任职满五年才能获得升迁资格。但其他地区，如西林县和西隆州，则按照三年任期执行。[111]

广西巡抚杨超曾在1737年的奏折中回顾了一项特定任职条件的变化，若无这项条件，广西西部的"烟瘴缺"将毫无吸引力。18世纪20年代，广西的省级和地方官员就何种职位适用三年任期的激励政策进行了辩论。一位曾在太平府任职、其后升任广西巡抚的官员提出，知县的俸禄足以支撑他们在"瘴区"的生活，但县级以下官员的俸禄微薄、情况与知县的不同。他指出自己在太平府以及左江兵备道任职期间，有50%～60%的县级以下官员死于疾病，随他们赴任的许多家人也是如此。不管怎样，到1729年，国家明确了西林县等"极边之地"的知县可以在任职三年后升迁。[112]

除了适用于三年或五年任期的"烟瘴缺"有所变化外，"烟瘴缺"和正常地区职位的区分也并非一成不变。与改土归流同时或在其之后开展的，是一种把"烟瘴缺"纳入常规管理的措施。刘观栋于1737年调任的隆安就是例子。1729年，吏部把隆安县和新宁州划入参照"腹俸"职位管理的类别，其

知县由吏部任命。这一举措回应了金铗的奏请，里面提到隆安
和新宁的变化："近来人口稠密，瘴气尽消。"[113] 18 世纪中叶，
数十个县级及以下的"烟瘴缺"被改为"腹俸"之职。[114] 虽然
原有的流官职位被划入"腹俸"序列管理，因此不属于"烟瘴
缺"，但上游偏远处新建置的行政单位或者新近改土归流的行
政单位可能在一开始就被划入"烟瘴缺"的行列。东兰州就是
这样的例子，该州在 1731 年改土归流不久后由于"水土最
恶"，被划入可选派广西东部五府官员赴任的类别。[115]

　　回顾了"烟瘴缺"的历史沿革后，杨超曾在 1737 年奏折 61
的第二部分转向眼前的问题：一位北方官员不幸被指派到西林
县这个遥远的瘴疠之地，他染病身亡后，知县之位出现了空缺。
杨超曾引用了广西布政使司和广西按察使的结论：西林县"位
处极边，水土最恶"。他使用了每三年一次的知县考察中常见
的评语，提出他属下的省级官员认为隆安知县刘观栋"才情明
晰，政事历练"。此外，自 1729 年 11 月 10 日履职隆安以来，
刘观栋已在广西任职超过七年，因此熟悉当地环境。基于这些
原因，刘观栋是在 1737 年担任西林知县的理想人选。[116]

　　在勾勒清朝对西江流域的管治政策时，我们可以发现行政
单位序列变化体现了上游地区的两种动态。一种是把冯瑚和刘
观栋这样的贤能官员从广西东部调到西部，大部分情况下是从
西江中游流域派往上游的帝国边境以及深入"赞米亚"高地。
另一种是逐渐把东部流官制与西部土司制之间的区别，以及下
游非"烟瘴缺"和上游"烟瘴缺"仍然存在的区别推向上游。
换言之，清朝的行政变革渐渐把剩下的土司制地区和"烟瘴
缺"推向上游更远的地区。18 世纪早期被指派至广西任职的广
东人减少，这也许意味着清廷对将广东籍官员派往一个与他们

有社会经济联系的地区有所警惕，但广西的省级官员依然因为广东人士对上游边地的适应能力而倚重他们。

仕途的异同：刘观栋与何梦瑶

18世纪早期赴任广西的广东籍县令带着各种各样的功名进入仕途，这些情况接下来又影响着他们能在多大程度上把上游的为官经历转化为致仕还乡后的名望。我们可以通过对两位广东籍官员的比较了解这一情况，他们在广西东部有所建树后被调往西部的"烟瘴缺"，一位是刘观栋，另一位是南海文士何梦瑶。刘观栋通过捐功名和买官这种"异途"升任知县，而何梦瑶走的是最受尊重的"正途"，以进士这一最高功名取得知县之位。[117] 在最初受任广西东部流官职位后，两人都被调往西部的"烟瘴缺"。但他们的人生轨迹在广西任期结束后再次分化，何梦瑶通过著书立说，把为官经历转化为某种文化资本。

刘观栋的父亲于1681年考取举人，曾在河南任知县，有三个儿子。刘家宅第在西江沿岸的一个村子里，位于新会县城东北边。家里的三个儿子都是监生，很可能是因捐纳而得。刘观栋的一个弟弟在位于西江某支流源头的贵州西南归化厅任"理苗通判"。1719~1720年，刘观栋以监生的身份在户部捐得县丞一职。五年后，刘观栋再次捐官，以谋求晋升为县令，并被吏部列入了候选名单。1729年5月，他终于抽到了隆安知县的职位，由此开始了一路顺畅的广西知县生涯。[118]

虽然和刘观栋年纪相仿，但何梦瑶是通过声誉最好的"正途"获得他的第一个广西官职的。他出生于西樵山附近的一个南海圩镇。在1730年考取进士后，他和同榜的其他九位新登科进士以"学习"和"候补"的身份被派往广西。他是这群进士中的六名广东人之一，除这六人外，还有两人来自云南，两人来自贵州。[119]虽然在 18 世纪早期入仕广西的广东人比在明代要少得多，但朝廷及官员的共识依然是北方人很难在"瘴区"任职。[120]这种想法让清廷经常采取与明朝相似的政策，从其他南方省份抽调官员到广西西部的"烟瘴缺"。因此，先安排这些省份的一系列待补官员署理广西东部的官职以考察他们的才干是很重要的，这样通过考察的人接下来就可以被调往西边或上游。[121]这十位进士显然不是被随机挑选出来的，而是朝廷认为广东籍、云南籍以及贵州籍人士应该熬得过今后在"烟瘴缺"上的任期。

和监生刘观栋的经历相反，进士何梦瑶在得到广西东部的第一个重要官职前执行过一系列任务并担任了一些临时职务，其中一些能让他的学识文采派上用场。正如我们将在第二章读到的那样，何梦瑶是几次乡试的同考官。他还是广西地方志的编修成员，这部地方志的编写由巡抚金𫓧主持，于 1733 年出版。[122]1733 年 12 月，何梦瑶终于主政，在桂林府西北的义宁县担任一年的署理县令。[123]1734 年 12 月，他被派往桂林东南面的阳朔任署理知县。[124]

在这些不太重要的职务和两次署理知县的任职经历后，何梦瑶于 1735 年夏天得到了第一个重要任命：担任梧州府岑溪县知县。这一任命的产生过程与刘观栋任职于隆安不一样。刘观栋在京城抽签，而何梦瑶已经身处广西且担任过署理知县。如今巡抚在征询了布政使和按察使的意见后，在"学习"的进士中"酌量题补"何梦瑶。也就是说，省里的官员认为何梦瑶在一年又五个月的署理知县任期上为政勤勉，因此提请让他担任岑溪知县。[125]

在岑溪任职期间，何梦瑶利用进士身份附加的文化权威，主持修撰了岑溪地方志，并在其中记录自己的政绩。读者可从这部

63

县志中得知，何梦瑶用自己的俸禄资助了县城附近一座桥梁和一个渡口的重修工程。读者会发现何梦瑶支持一个在崇祯年间被提出但从未被执行的提议，即把一个乡由藤县治下改划为岑溪管辖，因为该地离岑溪县城较近。读者还会发现，何梦瑶在 1737 年清理了强占城西河上一处小沙洲的人员，这处沙洲是岑溪八景之一。这一切到头来又为《南海县志》的编纂者提供了证据，他们声称岑溪的书院、义学、聘请老师的资金以及士子读书的费用，都出自何梦瑶。如果清理盘踞岛上的人员不足以证明何梦瑶的政绩，那么在 1739 年的地方志序言中，他把编纂地方志形容为与岑溪当地文士的合作事业，这彰显了他最重要的意图。刘观栋在隆安没有这样的政绩记载，虽然省里的大员显然认为他是一个有才能的官员，因此值得把棘手的边疆职位托付于他。[126]

1739 年夏，刚刚完成岑溪地方志的何梦瑶就被调往北部庆远府的思恩县这一"烟瘴缺"。[127]或是在去思恩的路上，或是履新不久后，何梦瑶写下一组共九首诗，题为《九君咏》，他在诗中记述了与自己一起于 1730 年中榜后待补的其他进士的命运。他在这组诗的序言中写道："庚戌榜后分发广西候补者十人，未十载而死者三、黜者三、以忧去者二，独子与李宁明在耳。"[128]他提及了九位同榜的名字，把自己所能记得的任职地写在他们的姓氏和名字之间。[129]仍在任上的两人是何梦瑶和一个叫李瑜的广东人，李瑜被派往宁明州任职（位于思明府旧治所的一个新设立的州）。这些"烟瘴缺"都不是两位知县第一次得到的任命。[130]不幸亡故的进士中有一位叫张月甫，与刘观栋来自新会的同一个地方。张月甫在 4 月死于思恩任上，何梦瑶就是他的继任者。[131]何梦瑶提到思恩有一处叫"寒坡"的山岭，

64

在诗中强调自己必须努力适应恶劣的生存环境。[132]

和前任不一样的是，何梦瑶度过了"烟瘴缺"的五年任期（"烟瘴俸满"）。1744年10月，广西巡抚在报告中称何梦瑶已经满足升迁条件。翌年，他如期升任知州，并通过抽签前往中国北部的辽阳任职，那里要寒冷得多，但绝非"烟瘴缺"。虽然何梦瑶熬过了任期，南海地方志的编纂者仍形容他在那儿的主政经历艰难危险。他们记载，当地流行疫病时，何梦瑶开出药方，拯救了很多性命。当壮族匪徒逼至思恩城下时，何梦瑶称愿与城池共存亡，并且在家人偷听到他这番话语而哭泣时斥责他们。[133] 从管治的角度来看，在把贤能官员从东部调到上游"烟瘴缺"的省级大员眼中，刘观栋和何梦瑶都是有建树的官员。但对珠三角而言，何梦瑶的宦迹在乡人入仕上游的传统中分量更重。与刘观栋不同的是，何梦瑶上任时的功名让他得以将广西的任职经历转化为留下的功绩，他的精英地位得以提高。

知县的班底：幕客与吏员

到广西任职的广东籍知县并非独自上路，而是带着亲信之人的，这些人通常是他们的亲戚，充当他们的幕客。这些广东亲戚除了值得信任外，对西江河港城市和方言也相当了解。因此，广西各县、州的行政机关中居停着大量的广东人。晚明时期，很大一部分广西知县是广东人，因此广东人到广西去充当幕客应该很普遍，即便在现存的史料中只能得到只言片语的信息。万历年间一位在岑溪谋事的南海生员，以及一位很可能为广西省级大员充当幕客的南海进士可以作为例子。[134]

18世纪早期，虽然广东人担任广西知县的情况已经不太常见，但关于这一时期较为完备的史料表明，当一个广东人被派往广西任职时，他实际上要依靠广东幕客。18世纪20年代，冯瑚在罗城县任署理知县时请了一个堂弟来评阅乡试的考卷。[135]
与之相似的是,何梦瑶的一个弟弟,也有可能是他的堂弟,是
他在广西为官十年间最信任的幕客。重要的是这个弟弟并没有
跟随何梦瑶到远离西江流域的辽阳任职,可能是因为路途遥
远。[136] 一位珠三角东莞县的进士在 1727 年被派往广西中部的来
宾任知县时,同样也带了一个堂弟作为幕客。[137]

66 除了为上游的知县提供众多幕客以外,广东也是广西衙门
中众多佐杂官员和吏员的原籍地。史料记载,这种现象在晚明
时期出现,并一直延续至 19 世纪。例如,17 世纪 60 年代有一
位罗城知县指出,当地民众多为瑶民和壮民,教育程度足以胜
任胥吏和听差的人数不足,广东移民能写会算,本可充任这些
职位,却因低廉的薪水而止。[138] 北流的百姓在一份 1811 年的请
愿书中抱怨"经管钱粮"的职位被"东省游棍钻充"。[139]

某些地方特别盛行输出精于管理的人士,不管他们的身份
是吏员还是佐杂官员。[140] 在珠三角范围内,龙江输出了大量行
政管理人员,以至于地方志中分出一个部分,列出大部分于 16
世纪升为州巡检或典史的吏员名单。实际上,这些人里有两位
同姓人士都当过罗城典狱,而另两位则当过博白典狱,这意味
着在公职中存在裙带关系。[141] 在高明县,这种特点更加明显。
1631 年的梧州地方志记载,那些舞文弄墨、从府县中谋利附食
的衙门吏员,大部分都是高明人。[142] 在一部高明地方志中,没
有获得升迁的低级官员人数使《龙江乡志》中的记载相形见
绌。高明的名单包括 340 名明代吏员,大部分没有标明任期,
但显示了这些人在 17~18 世纪频繁涌现。其中有 92 人(占比
27.1%)担任过一些广西官职。比如,有几位来自高明范州乡
的谭姓人士在本章提及曾有广东人主政的上游地方任佐杂官员,

包括一名在梧州递运所任职的官员，以及一名苍梧县典史。两位姓何的同村人士在融县担任巡检。[143]

从珠三角前往上游担任幕客、吏员和佐杂官员的人如此之多，说明广西县级和州级的行政机关中有很大一部分是广东人，这在晚明时期尤其明显。即使 19 世纪到广西任知县的广东人少了很多，他们也继续以管理专家的身份在上游谋事。他们在那儿充当帝国的代理人，推动广东人扩大在上游的移民活动。

官员与广东人的移民活动

我们现在更加明白为什么岑时发的传说对 18 世纪中叶的珠三角百姓而言是可信的。在之前的两个世纪里，众多广东精英人士在广西及广西之外的上游地区担任官职。此外，很多在行政机关中充当幕客、佐杂官员和吏员的人也来自广东。在晚明时期，尤其是 16 世纪 70 年代，广西的广东籍官员以及致仕回乡的官员在"开辟"西江中上游流域中发挥了关键作用。虽然在清朝治下的头两个世纪里，到上游任职的广东籍官员数量下降，但明朝留下的上游任职传统在广东史料中依然十分突出。这一传统和 18 世纪被选派至上游任职的官员形成呼应。不管在晚明时期、明清更迭之际还是在 18 世纪早期，广东民众都意识到这些官员取代了上游的本地统治者。到了 18 世纪 20 年代，冯瑚在担任崇善知县的同时取代了被废黜的土司。

从珠三角区域来看，伴随着军事行动和行政变革，明清帝国对西江上游流域的控制程度不断加深，这一区域也越来越紧密地融入了广东经济和社会文化的影响圈。[144]换言之，广东人向上游延伸的移民活动是与帝国巩固在西南边疆的统治同步推进的。概括来说，就是作为国家代理人的广东籍官员驯服了桀

68 鹜的沿河居民，建立了行政机构，呼吁商人和定居者为珠三角的商业移民创造机会。再具体一点，就是我们看到了在上游任职的官员如何与为了其他目的前往上游的乡人和亲戚联结起来。各类广东人前往上游碰运气，进入那些原本受当地统治者控制的地区，并在这一过程中以不同方式扮演着帝国中间人的角色，其中两类人成了接下来两章的主角：士子与商人。

没有任何证据证明泗城府流传过岑时发的传说，而这位来自九江的官员据说成了该地的城隍。毕竟这段传奇在本质上是一个属于广东人的故事，其讲述对象是珠三角的百姓。任何一个在18世纪读到这个故事的广东人大概也听说过很多确实在上游当过官的同乡事迹。而那些只从别人口中听过这个故事的广东人，也应该对邻人或亲戚的上游之旅有所耳闻，不管这趟旅程是为了考取功名，还是为了收购谷米。

第二章
士子：迁移与科举考试
（1570~1760 年）

中国帝制晚期的地方志与族谱中到处可见节妇的故事。在 这类为珠三角各地方和宗族编写的文本中，该主题无处不在，且有时会包括惨淡的上游之旅的故事，故事中的广东男子在准备科举考试时客死异乡。有两则这样的记载可供探讨。

第一则故事是关于妇人王氏的，她是珠三角东莞县人，嫁给了在西江上游东安县的县学就读的生员濮士元，在王氏 27 岁那年，濮士元在赶考路上溺水身亡。得知这一噩耗的王氏多次尝试自杀但被救回，又活了十六年。我们不知道这是什么时候的事情，但另外至少有两名东莞濮姓人士在东安登记了户籍，并在那儿考取了贡生，他们中一位是明朝万历年间人士，另一位是清朝康熙年间（1662~1722 年）人士。[1] 第二个故事中的妇人来自大良的地方大族罗氏，她生于 1706 年，嫁给了另一个大良豪族龙氏的子裔。根据记载，她的丈夫在她 24 岁那年到"水土不宜"的广西参加科考，不久便死于上游的恶劣环境。[2]

这些广东作者利用了节妇这一常见的主题，并将这个主题运用到迁移至上游的广东人以及他们留在珠三角的家人的特殊生活经历中，这种生活经历就是一种流寓活动。这两则节妇的 故事和招健升的传记一样，意在突出叙述对象的品德，但也揭示了常见的行为和观念。濮士元溺水而亡一事让人注意到西上的交通方式是乘船。龙姓士子不能适应上游的瘴疠山地环境则突出了西江流域的珠三角和高地两端截然不同的地理和气候环境。第二则故事还表现了珠三角精英对上游地区的文化构建：如果一个广东人在珠三角去世，那么原因可以有很多种；如果他死在了上游，那就一定是水土不服导致的。在这两则节妇故事中，未被强调的信息暗示着到上游去参加科举考试以获取功名是一种常见行为。

接下来，我们将注意力放在把这些寡妇的丈夫带到上游而导致他们过早离世的行动、机制和政策上。为了让一些家庭成员在上游的州县获得合法户籍，很多广东家庭会投入大量时间、精力和金钱，而到这些地方去的广东人为的是参加科举考试，他们希望能以生员的身份进入官学，并且有机会考取更高的功名。换句话说，珠三角和上游地方之间的空间迁移成为提升家庭社会地位的一种策略。

朝廷的机制和政策影响了珠三角家庭于何时在何地把男性家庭成员往外送的决定。科举考试体系一开始的规则是考生首先取得县学、州学或者府学的入学资格，然后争取获得乡试授予的举人功名，接着在会试中考取进士。由于生员能获得声望和特权，对大部分家庭而言，把一个儿子送进官学足以回报对他的教育投入。当家乡县城的科举考试竞争激烈时，人们就会有在别的县或州获取户籍的想法。对广东家庭而言，这通常涉及购买田产以及让一个儿子暂时住在珠三角以外的某个地方。同时，晚明和清初的一些官员希望培植西江上游流域边地各州县的士绅精英，他们提倡让来自珠三角等地的士子在边地定居。这些官员认为，通过这种方式，定居下来的士子可以成长为边地的本地精英，或者他们至少可以在暂居边地的这段时间里培养或启发当地的士绅精英。这意味着广东移民将充当帝国代理人的角色。然而，广东移民利用朝廷的机制和政策来达到自身目的，把这些机制和政策重新打造成提升广东家庭和宗族社会经济地位的工具。

比起官员任命，户籍注册和科举考试更容易受到人为操纵。因此，这一时期前往上游参加科举考试的广东人数量持续增加，延续了自晚明开始的势头，与18世纪初期广东籍官员前往广西赴任的人数急剧下降的情况形成了对比。于是，通过科举考试，国家机制和政策对广东人流寓活动的促进得到了更大程度上的延续。我们将首先回溯至16世纪70年代的高峰期，那时的流寓活动十分突出。之后我们把视野拓宽，审视晚明和清初的各种普遍模式，同时考察在上游任教的广东人所扮演的角色。最后，我们探讨清初广东迁移士子的对立面，他们是县内充斥着士子移民的广东某县地方官员，是广西的省级大员，是与广东士人竞争的本地精英。在1570年至1760年这段时间，广东的士子移民以及他们的家庭从朝廷旨在加强对西江上游流域边地的统治的国家政策中获得了好处。然而，士子移民对国家政策既有破坏作用，也有促进作用，这就是帝国中间人通常扮演的角色。[3]

十年高峰期之后：新宁、东安及西宁的士子移民

在第一章里，我们看到16世纪70年代在广西担任官员的广东人士如何参与了新宁州这一新行政单元的建置。同样在这十年间，很多有过上游任职经历的广东乡宦被发动起来，为平定广东西部罗旁地区的瑶民叛乱，以及沿着西江新设西宁、东

72　安两县而歌功颂德。这十年高峰期之后迎来的是一波士子移民的高潮，他们从珠三角涌入新宁州以及西宁、东安两县。就在广东作者称颂帝国统治延伸至新开发的边地时，他们的亲戚和邻人利用这一崭新机会，通过在新的州县获得户籍和参加科举来实现社会阶级攀升。

　　我们回顾一下 1572 年的情形，当时省里的官员派南海人霍与瑕监督南宁府城和太平府城之间水路边上的新宁州开置。除了设置州衙门之外，霍与瑕还要求开设一所州学。[4] 另外，霍与瑕还向上级呈报了一系列与新宁州有关的建议，其中包括允许移民在新宁注册户籍。他以观察到的情况作为开头："流寓广西左右江各府州县半是广东流民寄居"，他们中有很多人购置了田产并迎娶当地女子，霍与瑕解释了这些人不能取得当地户籍的原因："盖由土人恐别省立籍，冒此间廪粮贡举。"但霍与瑕认为这种情况不实，因为直到当时该地区还是由永乐年间（1403～1424 年）才设置的军户组成，几乎没有本地士绅阶层。为了稳定新宁州的治安和财政收入，霍与瑕认为尽快把近期到来的暂居者编入户籍十分重要。[5] 而在收录于同一卷的另一份呈揭中，他提出设立一所州学的可能性，但也担心出现与户籍相关的欺诈行为，即未按要求购置土地并在新宁州定居而获得户籍。霍与瑕认为，在"人才未兴，教化未著"的地方，"宜设社学，以教童蒙，学校且未宜立，恐滋冒滥"。[6]

73　　如果霍与瑕一开始对设立州学有所犹豫，那么他很快就改变了主意，与第一任新宁知州一同建立了州学，州学的完工时间是 16 世纪 70 年代中期。官方建立学校的目的是通过培养士绅精英以教化新宁州的黎民百姓，但因此诞生的西宁士绅群体实际上由移民组成。在接下来的十年里，一位新任知州发现州学的近 40 名生员要么是获得户籍的外省人，要么是从宣化县来的冒籍者。[7] 在州学设立的二十年里，一些广东人在新宁考取了功名，这意味着他们在该州购置土地并获得了户籍。移入的士子中有人来自一个东莞家庭，通过让子弟入读州学，这个家庭产生了一名 1596 年或 1597 年的岁贡，以及 1600 年至 1609 年的多名举人。[8] 最引人注意的是新宁州创建者霍与瑕的亲戚霍蒙庠（生于 1576 年），他实际上成了州学里的一名附生。这让我们不禁好奇，霍蒙庠是否利用了第一章提及的霍若祉一家的户籍。[9]

如果说 17 世纪初期来到新宁州的广东人数量不多，那么珠三角的士子移民可谓如潮水般涌入东安和西宁两县。虽然出于任职回避的规定，广东人不能在这两个于 1577 年设立的新县里当官，广东精英们还是撰文赞颂了平定罗旁并建置罗定州和东安、西宁两县的历史。除了纪念衙门、庙宇以及道路的修筑，他们还对设立学校以及涌入这些学校就读的士子移民潮大加赞扬。在《东安县志》第一版的序言中，曾任广西官员的东莞茶山人袁昌祚提到了东安县学中大量的寓居者："今青衿而事弦诵，客籍十九。"[10] 已经致仕的霍与瑕撰文赞颂新宁的首任知州，文中提到"四方游学之士委曲礼遇之，为校正文字考，送州道以作兴之"。[11] 霍与瑕还为 1580～1581 年落成的西宁县学撰文纪念。他在文中间接提到了移民潮，说新县学里"承田之家之子弟从学者云蒸霞集，沨沨然有弦诵之声"。[12] 事实上，这些广东文人庆贺的是广东士子移民获得了新的机会。

撰文纪念这类举措不是广东文人宣传新县学的唯一方式，边地能吏庞嵩曾经是霍与瑕的老师，平定瑶乱和建置新宁州时他已经归休。1592 年的新宁地方志记载，地方官绅邀请他"卜

74

居以鼓民志，讲学以倡士风"。[13] 然而，庞嵩并不具备官方身份，因为他既不是县里的教谕，也并非训导。在列出参与建立县学的诸位人士时，霍与瑕仅仅提到"卜基选胜、辨正方位，则乡耄庞太守嵩盖兴有力"。各个版本的地方志都提到听庞嵩"讲学"的学生既有新宁州的新移民，也有从德庆州划入土地组成新县时一同"拨入"的那些士子。虽然县里有官方任命的学官，但庞嵩必然产生了重要影响，因为新宁学子在 1590 年为他建立了祭祠。[14]

朝廷建置东安、西宁两县约一百五十年后，两县县学中能够获得贡生身份或者更高功名的士子几乎全是广东人。晚明时期东安县的 13 名举人中有 12 名来自南海、顺德、东莞或新会。[15] 剩下 1 人是 1594 年的举人冯执中，但甚至连他的家庭也是不久前从珠三角西南部肇庆府恩平县迁入的。[16] 在西宁，7 位明代举人都是寓居者，主要来自顺德和南海。[17]

很多在东安和西宁通过科举考试的广东移民都有亲属关系。来自顺德陈村的兄弟俩在西宁获得了学籍，并且要到上游远处的广西任职。兄长欧达政于 1595 年成为岁贡，随后被任命为梧州同知，分管赋税。弟弟欧达勋于 1594 年考取举人，之后任太平府同知。[18] 这一模式延续到清初，比如，南海沙头莫氏家族里同一房的两人也是如此。两人的父亲和祖父都没有在明代取得过功名，但莫光斗在 17 世纪 50 年代获得了廪生身份，1670 年成为岁贡。而莫维斗是 1674 年的西宁县岁贡。[19] 莫氏的例子说明，珠三角精英在新的朝代统治下以寓居上游的方式提升了地位。

珠三角族谱和地方志中散落着关于上游士子的常见记录，这意味着还有很多珠三角子弟进入了东安和西宁的县学，但没有取得更高功名。[20] 明朝末年，九江朱氏有多达 12 名族人入读西宁县学，他们中绝大部分是朱氏三个分支之一的近亲。而且，在西宁建县之前，寓居上游以取得功名似乎已经成为朱氏的家族策略：朱氏有三名族人，其中两人是兄弟，在原来的泷水县获得了生员身份，而罗定州正是在泷水的土地上建立起来的。但在1577年朝廷征讨罗旁并建置西宁县后，这道方便之门才真正敞开。据说是1592年西宁地方志编纂者的士子移民朱润在西宁成为廪生，随后于1602年获得岁贡身份（西宁地方志并没有说明他是寓居者）。朱润的侄子朱继凤也在西宁县注册了学籍，一篇为他撰写的祭文解释了为何有如此之多的南海九江朱氏族人迁居西宁。作者称在平定罗旁之后，官员"征我广南海人士为庠序光"。[21] 因此，在罗旁之役后，为数众多但确切人数不可考的广东人士为了参加科考而迁入西宁和东安。

一些在新的边地官学中就读的士子移民与宣扬并主导朝廷控制罗旁地区的知名士大夫有亲属关系。就在霍与瑕撰写纪念文章之时，他的长子霍若祺成了西宁县学的廪生。和很多士子移民一样，霍若祺似乎并没有在西宁定居。霍若祺于1586年去世时年仅25岁，他的妻子来自另一个南海望族，一直为他守节，抚养两人的孩子，后来孩子以南海学子的身份考取了功名。[22] 霍氏家族还有另一房的族人在万历年间以附生的身份进入西宁县学。[23] 与之相似的是，庞嵩的几名远亲也利用了上游的新机会。一份族谱集中了十个南海家族的分支，皆声称他们移居当地的祖上是庞嵩，其中至少有四名族人在万历年间注册为西宁户籍士子。[24]

和其他移民网络一样，霍氏和庞氏的例子也意味着，家庭与亲缘，甚至是虚构的亲属关系，都使他们更容易获得和上游机会相关的信息。邓文栋是顺德水藤邓氏家族一员，他的经历

76

揭示了这些联系的重要性。以东安考生的身份参加了广东西部的道试之后，邓文栋由于染病而回到家乡。道试放榜、文栋高中的消息传到水藤时，他已经去世。邓文栋之所以能够参加东安的科考，是因为他去世前与一名龙江邓氏的族人关系甚笃。此人的叔父邓绍禹于 1609 年中举，是崇祯年间的浔州州判。邓绍禹"有东安籍"，是晚明时期 13 名在东安考取举人的珠三角人士之一。通过这层关系，这位友人（抑或友人的叔父）邀请邓文栋到东安"招公往试"。[25] 换句话说，一位水藤邓氏的族人摇身变为龙江邓氏子弟，又通过合法的户籍身份，让自己成为东安邓氏的一员。

科举移民策略涉及对户籍登记等朝廷体制的操纵，其程度从有计划、有策略地改变姓氏的事例中可见一斑。以东莞张氏的一名族人为例。此人叫张维熙，在 17 世纪 80 年代早期用林姓成了东安县学的一名生员，1706 年成为岁贡。1911 年的东莞地方志对他的记录是"张维熙，按姓林"。在东安地方志中，他只是取得东安"附籍"的东莞人士林维熙，1706 年考取岁贡。这种在张姓和林姓之间变换的把戏持续超过二十年。[26]

77 　　对大部分在 17 世纪的东安和西宁考取功名的广东人士而言，珠三角仍是他们的活动重心。有足够的信息表明，在东安和西宁县学中取得士绅身份的大部分考生并不在这两个新设立的县里定居。[27] 在上游各县登记户籍并取得较高等级功名的士子移民尤其如此。清初东安最出名的士子是 1685 年中举的李朝鼎，在东安地方志编纂者笔下，李朝鼎是一位"少居新会"的东安本地人。然而在选举表中，李朝鼎仅仅被列为"由新会入籍"的人士。短暂供职于翰林院后，李朝鼎引退回到广东，并在 1692 年之前花了不少时间留在东安参与地方志的修撰。[28] 与之形成对比的是，李朝鼎在珠三角史料中是新会人士，"少馆寓东安"并在那里入读县学，史料强调他致仕之后回到新会，并在那里住了三十年。[29]

几乎所有进入东安和西宁县学的"四方游学之士"，以及进入新宁州的"廪众"中的几位，显然都是广东的士子移民。晚明西江边地的新建县学之所以能运作起来，很大一部分原因是学子来自珠三角等朝廷控制更为充分的地区，他们认为新建县学与自己的利益极为契合，自己可以借此获得户籍并参加边地科考。旨在培育边地文士精英的朝廷政策实际上给帝国核心区域希望借此提升社会地位的家庭提供了可乘之机。

科举考试中的横向迁移

这些东安和西宁士子移民的行为让一种时空范畴更为广泛的类似模式变得更加引人注目。士子在处于同一行政等级和科举考试等级的地方之间流动，这一现象开始得比较早，但 16 世纪 70 年代之后才显得十分突出，成为广东家庭中的常见现象。为了进入官学而迁移成为一种提升社会经济地位的普遍策略。换言之，在"青云之路"上的纵向攀登经常需要珠三角与上游地区之间的横向迁移。广东家庭最频繁的横向迁移出现在清初的康熙年间与雍正年间（1723～1735 年）。[30]

数量与目的地

在选定的珠三角诸县中简要考察士子移民的模式，就会发现这种横向迁移的行为到了康熙年间是多么流行。记录与实际不符的情况通常是由于士子的身份不详而修撰者又粗心大意，这意味着地方志中提供的数字并非十分精准。但混乱的数字只会进一步表明我们提出的观点：户籍变化以及由此带来的学籍变化相当

78

普遍。南海县在康熙年间出了142名举人，其中只有53名本地人在南海县学中举，另有33名南海人以珠三角其他县学士子的身份获得功名，17人在珠三角以外的广东地区（包括东安和西宁）就读，还有5人在广西各县注册了学籍。最后，南海县学的士子中超过30人是珠三角其他县人士，大部分来自顺德。[31]

与此类似的是，康熙年间有61名新会人在新会县学中举，而在其他县学中考取举人的新会人有43名。和南海的情况一样，这些新会以外的县学包括珠三角以及其他位于广东西部州县的官学，还有一些在广西。至少有9名外县人士在新会县学考取举人。[32]康熙朝的岁贡人数揭示了更大的士子移民规模。顺德籍的岁贡中有105人在顺德县学考取功名，而通过外县官学上榜的有140人。[33]在新会，有149人通过外县官学成为岁贡，相较而言，在本县就读而获得岁贡身份的只有37人。[34]族谱的记载展示了相似的模式。在东莞张氏族谱的列表里，从康熙年间至乾隆年间（1736~1795年）共有17名岁贡，其中14人在东莞以及广州府以外的官学考取功名。[35]可以说，康熙年间以非出生县的户籍身份在科举中获得功名的广东人数量惊人。

80　　除了珠三角的其他县，士子移民的目的地大部分是广东西部各州县。在珠三角以外的这些地区中，最常见的选择是广东西南部沿海、西北部山区，以及西江走廊沿岸。在西江走廊一带，除了东安和西宁以外，另一个吸引士子前往的地方是两广交界处西江北岸的封川县。封川并不是一个经常有士子考取功名的地方，县学的学生没有一个通过乡试，直到1696年才有一个新会人和一个南海人考取了进士。在接下来的1699年乡试中，这个上游县突然产生了四名举人。他们之中至少有三人是珠三角人士：两个顺德人和一个南海人。二十年毫无动静后，这个县终于在 1720 年再出了一位举人，这次是一个番禺人。[36]
在珠三角的族谱里，通过封川县学至少考取了生员的人士不胜
枚举。[37]

　　虽然最受广东士子移民欢迎的目的地是广东省内，而位于
本府之内尤为理想，但广东之外的地方还是提供了另一种可能
性。几乎所有在本省以外登记户籍的广东人都选择了广西。这
种现象非常普遍，1822 年的广东地方志编纂者是这样写的：
"粤东人士由粤西籍举乡试自康熙五年顺德莫瑛始，嗣是历科
多有之而尤多顺德人。"[38] 地方志编纂者发现的情况也反映在广
州地方志的选举表里。选举表显示 15 世纪有 2 名广州府人士
在广西考取了举人，16 世纪有 14 人，17 世纪有 23 人，18 世
纪有 47 人（1720~1730 年尤其集中）。虽然这些数字并不精
确，因为其中排除了一些在广西考取功名的广州人的数量，又
包括了第二、三代移民者数量，但还是准确显示了广东科举移
民的轨迹。[39]

　　鉴于乡试的选拔性质，在 19 世纪早期通过广西科举考试的
学子人数占 1%~2%，肯定有更多未能取得更高功名的广东人
进入了上游州县的官学。[40] 珠三角族谱和地方志的信息证实了这
一印象。东莞张氏有一支族人活跃在 18、19 世纪之交，他们通
过广西的官学考取了生员，其中至少两人入读柳州府学。[41] 在 18
世纪早期的广西西部边地，来自佛山附近蔡氏一族不同分支的
两人分别成了西隆州学的廪生和附生。[42] 因此，不止举人和贡
生的名单显示广东士子移民的目的地是广西的西江上游，分散
在族谱和地方志中的记载也表明他们不是孤独的旅行者，在
18 世纪初，必定有成百上千的广东人士为前往广西赶考做好
了准备。

82

与制度博弈

为什么有如此多的人迫切地离开家乡，通常到那些被朝廷认定为"烟瘴之地"且移民本身也不愿前往更遑论定居的地方去？简而言之，在科举考试体制中一路攀升需要前往很多地方，不单是从县、府、省一直到京城的向上移动，对很多广东人士来说，这也意味着在同一级别的不同行政单元间移动。正如本章开头的两个故事所揭示的那样，广东人视科举移民为畏途。在族谱和地方志编纂者的印象中，能熬过上游之旅的士子移民都是坚韧不拔之人。比如，一部东莞族谱的编纂者用"不敢惮劳"来形容一名生活在18、19世纪之交的族人前往广西东部的贺县参加科举考试并考中生员的事迹。[43]

族谱和地方志编纂者们称颂那些为了获取士绅地位而离乡远行的勇敢青年，但他们的上游之旅显然是一种提升社会经济地位的家族决策。一位劳姓佛山人的几个儿子正是这样。他有两个儿子生于17世纪50年代，是封川县的岁贡；另两个儿子在17世纪60年代出生，也获得了岁贡身份，其中一人就读于琼州府（现在的海南）的一个县学，另一人在珠三角西北边的广宁县学。最小的儿子生于1673年，是广东西北部连山县的增生。[44]虽然《劳氏族谱》里并没有体现父亲扮演着给儿子分配目的地的角色，但类似史料中的其他例子突出了这一角色。18世纪早期，一个东莞人在家乡县学考取了生员，随后又经商致富，他花了一大笔钱为子侄们在广东北部的花县购买户籍，"以广仕路"。[45]在这些例子中，迁入某地以参加科举显然是家族维持社会经济地位的策略之一。

从南海人关用相的回忆录中可以发现，在科举之路上成功通关需要大量横向迁移。在描述了自己早年的求学经历后，关用相这样回忆道：

> 十二三四……师济之叔，十六始应童子试，十七丙子
> 从济叔……是岁及丁丑两试皆不售。戊寅之冬，从济叔往
> 东安应考，余县列第七，送州又见遗，抵家已腊月廿九，
> 越岁己卯正月人日赴省，值各县府试已毕，而新会案送太
> 迟，因购得一名曰"李选中"，遂与府试。[46]

关用相连续通过了府试和在广州府城的院试，因此可以用买回来的名字在邻近的广东新会县获得生员的身份。他不是最后一个这样做的人。[47]在这些例子中，渴望功名的士子为了自己的目的而利用科举体制，他们在行政区域间灵活迁移，甚至改名换姓，这一切都是为了增加取得功名的机会。

虽然关用相在新会通过较低等级考试的可能性不一定比在广州府的其他核心县大，但东安这种地方的应试竞争显然没那么激烈。没有现存的记载可以提供某个年份里寻求进入西江流域县学的童生的准确数字。此外，在各种史料中通常能找到的分散记录可能会压低县学里的学生人数以引起官方对教育的重视，或者夸大数字以显示本地文风兴盛，抑或是将其作为阻止外来者进入本地县学的充分理由。然而，民间证据表明，有资格在珠三角各县参加较低等级考试的人确实比在上游的广西诸县的要多。以东莞这个典型的珠三角核心县为例，一份史料表明 18 世纪 20 年代参加县试的考生不少于 3000 人。而广西各州县的考生人数高峰可以从一份 1755 年的奏折中获知：超过 1000 名童生在宾州参加考试，而在上林县是 800~900 人。在人数低谷方面，18 世纪 50 年代的一名武宣知县注意到县内参加科举

84

考试的人比浔州府其他县的要少，在他任内参加考试的人数从三四十人增加到了六七十人。[48] 这些数字表明，不那么激烈的科举竞争是促使广东士子移民至广西上游的重要原因。

正如我们在东安和西宁的考生例子中发现的那样，很多为了通过科举考试而进入上游官学的广东士子从未想过在当地永久定居。对很多人来说，进入一所上游官学后的理想结果是转回他们家乡的学校。虽然珠三角也会出现这种情况，但上游官学的广东人更希望重新回到原籍地。[49] 甚至家族在上游定居超过一个世代的人还是会采取这种做法。一部顺德地方志收录了"顺德横岗人"伍尹遇的小传，他的父辈以及往上的祖先都在广西登记了户籍。他的祖父于 1717 年以来宾县户籍身份成为拔贡，虽然顺德地方志把他列为本地子弟。伍尹遇的父亲是来宾户籍的岁贡。伍尹遇是家族中第一个回到祖籍的人，并成为顺德官学的一名学生。[50] 伍氏家族以平民身份前往上游，经历几代人以后以士绅身份返回珠三角。

当在珠三角各县考取功名的广东人被派往上游各县担任学官，或是以上游居民的身份取得功名后被派往珠三角各县时，他们就有更多机会利用制度为乡邻和亲戚谋取利益。珠三角的史料并不会称颂担任上游学官的本地子弟为自己人在科举考试中提供便利的行为，然而，有一篇悼文强调了一个珠三角子弟的正直无私品格，因为他平生并无此种行径，这种情况暗示着这样做的人可能很多。这篇悼文的对象是九江人关骥，文中提到他于 1622 年担任广西学政。"两粤交界，于是乡人士多占籍"，悼文作者如此写道。然而关骥把这些人从官学中除名，于是 1624 年（这一年没有广东移民中举）和 1627 年广西乡试中的很多中举者都是关骥不认识的士子。[51]

广东的士大夫也有机会担任广西乡试的考官。在极少数情况下，他们会担任两名主考官之一。[52] 更为普遍的情况是他们在公众监督压力较小的情形下被任命为同考官。比如，在1732年的广西乡试中，就有两名南海人和一名顺德人担任同考官。其中一位是政绩出色的南海籍广西知县何梦瑶，他至少担任过四次同考官，时间分别为1732年、1738年、1741年和1744年。[53] 另一位是顺德籍进士、担任崇善县令的冯瑚，他在1729年和1732年的乡试中担任同考官。[54] 如此一来，广西的广东籍官员便具备了为参加广西科举的广东士人提供便利的条件，这是另一条与科举制度博弈的可能途径。

地盘之争

对广东考生及其家庭来说，把科举考试作为社会地位攀升的工具意味着和更大范围内的一系列人士合作，以地区精英的身份保护共同利益。这使他们对踏足本地的外来者隐瞒珠三角官学的人员名额，同时在珠三角以外的州县寻求机会。早在晚明时期，广东士人就已经联合起来指控一名福建人"冒粤籍中式"。[55] 这种地方保护主义在18世纪50年代早期重现，东莞士人抗议可能是"客家人"的外来者，提出"客民占籍冒考"的指控。[56]

从浙江北部来的竞争者构成了另一种威胁。1723年，一名叫关陈的翰林院学士呈递了一份奏折，提议取消广东的"商籍"注册。设立这一序列是为了让盐商子弟入读经商之地的官学。这一政策自1721年开始实施，推广至广东。在关陈的陈诉中，20名"商籍"学生通过之前一年在广东各地举行的院试进入了广东的各所官学，然后设法转回广州府学，他们之中有些人曾经在广东以外的原籍地的官学就读或者捐过生员，后来因为父亲、兄长或其他亲戚到广东做官，他们又跟随前来，改名换姓以参加广东的科举考试。至于其他人，关暶认为他们以幕客身份来到广东并"顶名冒考"。关暶接着列举了有过这种行为的人员名单，其中大部分来自浙江北部的绍兴府。[57]

为了引起朝廷对寓居广东的商人不法行为的注意，以及在更大程度上保障广东人在珠三角的势力范围，关暶无意间揭露了广东人也在科举中采取的一些舞弊手段。他列举的 20 个不法分子中有 2 人实际上是广东人。其中一个李姓南海人冒用冯姓，在封川县获得了商籍。关暶本人也曾在科举中舞弊。他于 1751 年考取进士，是一名在东莞县学就读的南海人，而且和他所指控的其中一名移民一样，关暶原来姓周，不姓关。[58]

在上游地区，尤其在广西，广东的士子移民面临着来自其他地区的移民的竞争。我们将在本章后面的内容里看到这种情况在 18 世纪是如何表现的，但地区人际网络在 16 世纪 70 年代已经十分明显。1567 年，南海人郭才华以思恩府学学生的身份通过了广西乡试。在经历了一次会试落选后，他于 1571 年再次踏入考场。虽然同考官提出他的试卷通过考核，但来自临桂县的主考官吕调阳否决了这一提议。由于认为自己不能通过 1574 年仍由吕调阳主持的考试，而 1577 年和 1580 年正值吕调阳及其支持者张居正掌权期间，郭才华甚至没有上京赶考。[59] 郭才华由于通过了 1567 年的广西乡试而触犯了桂林士人的利益，与此同时，几个福建人由于在 1570 年做了同样的事情而引来了不必要的注意。那一年广西乡试的 54 名上榜者中有 3 名福建晋江县的子弟。这三人里的李任春和郭才华一样，都是在思恩府学就读的学生。这些士子移民也许得到了另一个晋江人的保护，即南宁知府林乔相。一名纠察广西的御史指控李任春"冒籍"，导致他被革除功名，遣返至原籍地，林乔相被罚离时任职位。[60]

如此一来，同乡关系便变得好坏参半了。同乡关系可以让士子参加科举考试的过程变得畅顺，但也会让与之竞争的移民群体中的官员和百姓质疑。从珠三角沿上游直至广西，希望在县学中获得学籍并继续考取功名的广东人面临着其他地区群体的竞争。在维护珠三角各县名额不被外来移民占用的同时，广东的士子移民也在上游的行政区域中谋求一席之地。士子移民会通过讲学来维持生计，教师移民则有可能获得户籍并参加科举考试。

旅居的教师

上游地区在吸引广东士子移民的同时也引来了广东籍的教师。早在1592年就有一名宣化县的文人提到广西学子有时候会跟随从广东来的旅人学习。[61]实际上，士子和教师这两类旅居文人有一定程度的重叠。士子移民可能通过讲学来维持生计，而教师移民也许能获得上游户籍并参加科举考试。自晚明开始，很多作者就用意味着"漫游、漂泊"和"修学、教学"的"游学"一词来形容广东文人移民的活动。[62]例如，1639年，一名南海人"游学西粤"。[63]从晚明起，广东移民在广西"修学"或者"讲学"的现象变得越来越普遍，这代表着广东人的影响和名声往上游延伸。

明清更迭之际的数十年间，几位广东文人因动乱逃离至上游，他们改变身份成为传道授业者，以一种扑朔迷离的隐士角色出现。其中一位是张穆。他是东莞茶山镇子弟，在17世纪早期曾任广西知县。张穆颇有侠义之风，曾参加抵抗清军攻打广东的战斗。当抵抗已经不起作用时，他遁入道家，顶斗笠、挂藤杖，在东安县城外的山间结庐隐居。后来的东安文人把这座山视为能保佑文人科举中榜的吉祥象征。[64]

张穆在迁往上游之前与邝露等珠三角文士过从甚密，因此成了广东精英文化圈的一员。其他上游隐士在珠三角留下的痕迹不多，但以教师的身份在上游的坊间谈资中占有一席之地。其中一位便是南海人胡仲康，他于1642年中举，当时必定在珠三角小有名气。然而，当他在广州府城内的家被清军摧毁时，胡仲康人在浔州。其后他在浔州一处贫民窟住下，混居在山地瑶民中。在此期间，他以"空山樵父"的别号自居，还将有志向学的本地文人收为弟子。[65] 一位更不为人所知的人物是顺德人龚重光。上游地区的文献称他在永福县游学。他在那儿被一名在明朝末年成为贡生的永福文士聘为讲师。龚重光因为在永福县城地标凤凰山上的摩崖而留名，之后他回到广东，据说通过了科举考试。[66] 然而形成对比的是，张穆的上游旅居经历增加了他在珠三角的名望，而胡仲康和龚重光在上游被传颂的同时却依然是珠三角的无名之辈。这三人为广东教师移民在上游的声望积累做出了贡献。

17世纪末，朝代更迭的动荡大部分已经平息，取代这些神秘隐士的是教师移民，他们指导自己的学生进入新朝代的科举考试。梧州是这些教师青睐之地。一位姓冯的大良人在新会登记户籍，并用张姓通过了1672年的广东乡试；他被一位苍梧县令聘请为"教士"。[67] 18世纪，顺德人何日跻在梧州收徒，他的一位于18世纪30年代在广西做过幕客的叔父用送别诗记下了何日跻的离去。[68]

广东籍的教师移民在上游获得了名气，当他们的学生考取了较高等级功名的时候名气更见涨。18世纪早期，顺德龙山乡的柯檀在武宣县城外的台村"设教"。[69] 他的两名学生——陈旭和陈仁这一对堂兄弟——后来在 1733 年考取了进士。台村的陈氏家族宣称他们是 17 世纪从广东东北部客家山区迁入的移民后裔。因此我们可以认为，陈氏家族是客家流寓人群的一部分。与广东人沿着西江的流寓活动不同的是，这更像一种从山的这头到那头，在西江沿岸山区中延伸的流寓活动。[70] 虽然广东人在珠三角捍卫着自己的地盘不受客家人侵犯，但在上游的台村，柯檀和陈氏族人达成了双赢的交易。来自不同地区或者操不同方言的移民个体既有合作也有竞争。

根据陈仁的说法，18 世纪 20 年代前后，浔州府和南宁府的士子争先聘请柯檀为师，但台村陈氏把他迎了回来。这必定是一个热衷于科举功名的家族，18 世纪 20 年代后期重修武宣县学的 50 名捐助者中有 15 个陈姓人士，其中好几个就是台村陈氏族人。[71] 陈仁的父亲为庆祝这一工程落成的石碑撰写了碑文。[72]

柯檀的事迹被保留在陈仁的诗文里，甚至在如今台村陈氏的祠堂里也有记载，这说明了广东籍教师即使不在桂林，也在广西这一地区享有很高的声誉。柯檀这位龙山边缘人士在上游成了出色的教师。他并不是唯一培育上游学子取得乡试甚至会试功名的广东籍教师移民。[73] 这类成功是某些清朝官员对教师移民的期待，希望他们成为教化边地过程中的代理人。然而，广东籍教师移民前往台村以及其他上游目的地必定不是为了巩固帝国在边地的统治，吸引他们的是获聘教席以及提升名望的机会。在这些例子中，帝国与流寓群体的利益有所重叠，然而情况也不总是这样。

90

反对士子移民的精英和官员

不管在珠三角、广东西部还是广西，广东士子移民都需要衡量迁移策略的好处是否能抵消心怀不满的当地精英的攻讦，以及警惕这种行为的朝廷官员的惩罚。虽然这种行为很常见，但即使在珠三角地区的邻县注册学籍也会让有竞争关系的当地精英愤愤不平。比如，一名东莞茶山的士子在 1751 年的增城考试中名列榜首，因此成为声讨对象。[74] 为了科举考试而进行迁移的决定总会招致这种风险。

士子移民还面临着雍正帝治下朝廷愈加严密的监控带来的压力。1728 年，礼部指出，广东的广州府和潮州府是官学和科举考试问题集中的地区："此外隔府隔县混冒入学者甚多，童生取进后各归本籍，教官多不识面。"礼部官员给予有此行径的士子两个月的自首期，在自首期可以免受惩罚。[75] 五年后礼部再次把矛头对准广东，指出学官存在的问题：他们利用外县士子的身份考取功名，随后被指派到自己家乡的县学去。那些拒绝自首的学官会被罢黜并受到其他惩罚。1734 年，由于广东布政使的奏章，皇帝批准了户部的一项奏请，惩罚那些"冒籍"的学官。[76] 朝廷出台这一法令并不仅仅是因为不信任它的官员。早在 1670 年，一名以西宁户籍考取举人的东莞人就被任命为东莞县学的教谕。[77] 大致在同一时期，根据沙头莫氏家谱，通过西宁县学获得岁贡身份的莫光斗两次在他的家乡南海署理县学。[78]

这样一来，广东士子移民便面临着由目的地地方精英和朝廷地方官员设置的一系列障碍。为了绕开这些障碍，广东士子移民利用了上游地方官员和精英之间争逐利益时产生的空子。

我们可以探讨两个事例：在其中一个事例里，曾经让广东士人移民在西宁有机可乘的考生类别被取消；另一个则探讨了士子移民破坏西江上游流域边地政策所遭受的批评。两者都揭示了广东士子移民如何在朝廷和当地的层面应对上游精英的抗议和政策的变化。

西宁的"土生"和"附籍"

　　来自南海县和其他珠三角地区的士子移民大量涌入西宁县学，这显示了国家动员在地方层面的影响。这股移民潮是在西宁 1577 年建县不久后实施的一项边地政策的结果。当地官员针对希望进入县学的士子设置了两个不同的类别，即"土生"和那些在西宁"附籍"的学生。这一政策的目的是尽快培植蒙受国家恩惠的西宁精英群体，从而巩固帝国对曾经动荡不安的罗旁地区的统治。我们已经知道，自清朝以来，西宁的大部分贡生和举人都是很可能被归入后一类学生的广东士子。在西宁知县和真正的本地精英看来，问题在于这些"附籍"的学生基本上和西宁没有任何联系。早在 1636 年就有一位知县在纪念一所新书院落成的文章中抱怨县里的文士相当稀少，因为他们之中有很多人来自其他县份，并且"得售则去"。[79]

　　西宁的本地士绅似乎对县学为他们保留了位置很满足。但在明清朝代更迭之后，即使这些席位也几乎不保。从 1668 年开始，区孟贤和其他当地士绅一直促请县里的官员恢复前朝划分"土生"和"附籍"两类学生的做法，同时在这两类学生中平均分配新的本地生员名额。区孟贤在陈情中强调，本地家庭在最近的动乱中逃离西宁，而"冒籍"的外来者趁着本地人还没在局面安定后回到西宁，已经涌进来占据了可用的学籍。比如，在 1657 年的县试中，能够进入西宁县学的新生名额有 9 个，其中只有一个本地人，即区孟贤本人。到了 17 世纪 60 年代，"土生"和"附籍"之间的区别经常被忽略，导致外县人"冒籍"占用了西宁县每一次县试的全部名额。现在区孟贤和他的西宁士绅朋友向知县施压，希望恢复以往的分类做法，这样就能保证至少有一些本地人进入县学，否则西宁本地人根本没有机会与来自"广属之五大县"的移民竞争，这五大县很可能是南海、番禺、顺德、东莞和新会。[80]

17 世纪 80 年代，一位新上任的西宁知县和广东学政一起重新审视了这一问题。他们重申了"土生"和"附籍"的区别并希望维持两者之间的平衡，而且试图强调"附籍"人士需要满足在西宁拥有房产以及长期居住这两个要求。他们回应了人们在 1636 年对士子移民在通过县试后很少踏足西宁所提出的抱怨。

然而到了 1708 年，另一位知县采取了新的措施。首先，他认为每次县试有 500~600 名童生参加，而进入县学的名额只有 8 个（不久前还是 9 个），根本无法满足本地人的需求，更不用说在包括外县人的情况下本地人的名额所剩无几。换句话说，这一曾经有效地培育了西宁本地精英的前朝边地政策目前用处已经不大。而且当前维持"附籍"学生的序列只会导致"无论其家住何府何县，往往今年买田，明年即考，一人买田，举族皆考"的情况。这位知县声称已经到了永久取消这一类别的时候。学政批准了这一呈请。[81]

在这位西宁知县看来，"附籍"序列是县内户籍和科举考试记录混乱的源头。只要取消这个过时的序列，就能修正人员的姓名，恢复明了的管理。但事情绝不像这位知县想象的那么简单。区孟贤竟然也不是一个货真价实的本地人。他的原籍是西江沿岸新会县的潮连镇。在一部后来修撰的西宁地方志里，编纂者确认了这一情况，把区孟贤列为1666年在西宁中榜的举人，但原籍为新会。[82] 总而言之，利用"附籍"序列是进入西宁县学最简单的方法，但"土生"序列也被广东移民占用。虽然广东人还是能够继续想方设法参加西宁的县试，但在1577年至1708年这段时间里，帝国与流寓群体的利益结合尤其突出。

西江上游流域的边地政策与士子移民

西江上游更远处的广西西部和西宁的情况一样，在不久前完成了改土归流的各府、州、县里设置官学是帝国政策的有机组成部分。[83] 一些广西省级和地方官员认为，在边地培育忠于朝廷的地方精英的最佳方式是鼓励人们从（至少是清朝官员或者汉族文人所定义的）文风鼎盛的内地起码暂时移居到这些地方。在没有新建边地官学的情况下，这样做的问题是只会让没有意愿在边地定居和教化当地的移民投机取巧。

1576年，明廷已经认识到这个问题。当涉及广西、云南、贵州完成改土归流的各个土司州县时，朝廷要求官学负责人员保持警惕，只允许本地人参加当地的科举考试，其他地区的文士和平民不得"冒籍滥入"。[84] 朝廷在同年下达了另一道命令，专门处理广西西南部养利州的同类问题，该地的知州希望朝廷允许他建立官学。在上奏的过程中，广西官员对比了养利和附近的左州这两个同属太平府管辖、不久前刚完成改土归流的地方。他们指出，左州虽然比养利更加偏远、面积更小，但前者已经有了一所官学，而后者没有。礼部的回应是准许养利设置官学。但万历朝还下了一道命令：即使入学人数可能不足，官学负责人也要重点关照"土生"，严禁外乡人"附籍"成为新官学的生员。[85] 翌年，养利得到了7名贡生和7名附生的名额。

94

但明朝和后来的清朝统治者似乎并没有对养利的情况保持关注。1694 年的养利地方志记录了 1579 年至 1690 年间考取举人的 9 位人士，其中只有 2 人是"本籍"，其余 7 人的祖籍被注明为广东，其中至少有 3 名南海人。[86]

清朝初年，广东移民继续进入广西西部各州县在改土归流后新建的官学。1684 年，上思的知州夸耀自己修葺文庙的功绩，这所文庙附设的州学已经出了一些成绩。知州指出，在文庙完成修葺的这一年，一个名叫叶开运的州学学生在乡试里中了副榜。知州赞叹道："岂非崇建学官启发文明之兆矣。"[87]事实上，这位在 1690 年又中了举人的叶开运据说是东莞子弟。[88]西隆州更受广东移民的欢迎。1711 年，清廷批准了西隆知州的奏章，这份奏章由广西巡抚转呈，提出要设置州学，每场科举考试允许 6 名生员参加。二十年后，西隆开始产生举人，他们全都是广东人：1732 年的举人是南海人；1735 年的是南海人和新会人；1736 年的是顺德人和新会人，后者还换了姓氏。[89]明清换代并不能阻止士子移民涌入边地的新建官学，如果说有什么变化，那就是这股潮流在 18 世纪早期变得更大。

士子移民涌入西江上游边地官学的浪潮并非畅通无阻的。南海九江人陈奋就是其中一个例子。早年在九江求学后，他在广西西北角的西林县获得县试第一名并进入了县学。虽然西林县学在 1711 年就已经设立，但直到 1723 年该县才获得在每场科举考试中可派 4 名生员参加的配额。陈奋必定是头一批获得这些名额的学生之一，因为他以西林生员的身份参加了 1726 年广西乡试，并于 1727～1728 年从西林出发赴考。根据九江地方志中的小传，陈奋名声渐长，引来他人妒意，导致他未能获准参加 1729 年的乡试。[90]陈奋的经历既揭示了帝国与流寓群

体的利益重合程度，又体现了这种共同利益的局限性。鼓励陈
奋这样积极进取的士子移民是官员们快速培育边地县域文人精
英的权宜之计，然而官员们的做法也伴随着风险：既可能引发
对移民的仇视情绪，也许还会进一步导致对朝廷的反对和
怨恨。

两地精英之争：广州与桂林

如果说广东的士子移民占领了原本为培育第一代边地精英
而设的官学，那么他们与桂林府士绅精英的竞争则更为激烈。
在这一问题上，谢济世是发声最为强烈的桂林精英。1736 年 3
月，谢济世利用他在江南任御史的职责，递交了一份与家乡广
西有关的奏本，促请皇帝取消允许外省人获得户籍以及参加科
举考试的政策。[91] 翌年，谢济世为陆绍琦撰写了一篇祭文，后者
于 1723 年至 1726 年任广西学政。谢济世以这类文章的典型笔
法堆砌了对陆绍琦的溢美之词，他认为陆绍琦的一位前任明察
秋毫，另一位公正无私，而陆绍琦身上同时具备了这两种美德，
是政绩最为显著的广西学政。接下来，谢济世笔锋一转，在这
篇严肃的文章中抨击陆绍琦之后的各个学政，他们其中一人
"召游客冒土著"。[92] 我们可以从不是由谢济世撰写的陆绍琦祭
文中了解到为何谢济世如此推崇陆绍琦。墓志铭的作者指出，
清朝初年广西西部的柳州、庆远、太平和思恩诸府几乎没有考
生参加科举考试，名额被其他州府的"飞拨"文士占据。陆绍
琦的前任们对此视若无睹，而身为学政的他禁止了这种行为。
作者说陆绍琦独自解决了这一问题，没有寻求朝廷的帮助。[93] 虽
然这一政策让桂林士子更难入读广西西部的官学，但也阻止了
外省人前去入学。谢济世在祭文中这样写道："前无偶也，后

96

无继也，抚我者去而虐我者来也，来者不死而去者死也，如之何不哭也！"[94]

我们姑且不考虑谢济世把问题推到风口浪尖的娴熟手法，他的一些尖锐抨击也许由于他代表着桂林地方精英，这个群体与扩大至广西的广东流寓精英群体有竞争关系。18 世纪 20 年代，谢氏家族扎根于桂林府辖下的全州，族中男性成员估计不少于 100 人。到了 18 世纪早期，谢氏族人在科举考试中经常考中，在通过乡试的几位族人中就有谢济世的父亲谢明英。谢明英于 17 世纪 80~90 年代先后担任永康州学正和思恩府教授。在这两个任期内，他肯定对来自广西之外的士子移民在广西西部边地获得户籍并参加科举考试的事实有深刻体会。[95]

谢济世属于一个更广泛的桂林府精英群体，又是全州人士，他很可能不必担心来自永康或者思恩士子的竞争。桂林考生往往占据着乡试名额的一半。从 1702 年到 1723 年的 9 次科举考试中，每年广西举人中桂林考生的占比在 45%~67.5%，只有一次掉到了 50% 以下，平均占比为 56.6%。来自广西省治所兼桂林府城临桂县的考生表现尤为出色，然而全州子弟也毫不逊色。在 1800 年的前后十年里，每次科举考试基本都会诞生约 10 名全州举人。在全州子弟中，谢氏一族的表现十分突出。谢济世在 1708 年的考试中名列榜首，一同中榜的还有另外两名全州谢姓人士。[96]桂林士子的优异表现解释了为什么入读桂林府学的广东士子移民寥寥无几。[97]

谢济世在 1708 年通过乡试时，桂林文士还不太关心竞争问题。但到 1736 年呈递奏折时，谢济世想必已经意识到竞争即将到来。约十年前，一位广西巡抚注意到参加乡试的考生不足 2000 人（1724 年），但 1736 年参加乡试的人数增长至 3060~

3070 人。[98] 这种人数的增长一部分是由于在广西各州县获得户籍的外省士子移民数量增加。与日俱增的竞争反过来又可能导致桂林考生的优势地位逐渐下降以及全州考生的表现迅速下滑。在雍正朝的五次科举考试中，桂林考生在新榜举人中的平均占比是 44%。虽然桂林士子没有失去统治地位，但必定丢失了一些名额。[99] 全州的表现更加令人担忧，只在 1732 年贡献了 5 名举人。[100] 桂林府的运势轻微下滑，而全州则落到了危险边缘，这必然促使谢济世在 1736 年写下他的奏章。

广西的一些省级官员要对桂林的衰落负责，因为他们鼓励外省士子迁入桂林，这些官员大部分是广东人。谢济世特别指出 1731 年实行的一道定例是当前问题的根源。这道定例源于广西巡抚金𬭚的一份奏章，内容是解决广西西部太平、庆远、泗城和镇安四府民众文化水平低下的问题。金𬭚注意到在这些地区的官学通过乡试的学生，要么是来自湖广、江西以及广东的"飞来生"，要么是桂林等其他广西各府治所的"拨学生"。他进一步指出，学政卫昌绩在 1728 年把外省人驱逐出去（很明显他漏掉了西林县的九江人陈奋）并把桂林士子送回原籍后，西部地区有才华的文士所剩无几。在 1728 年的奏章里，卫昌绩反复强调广西山水美景，同时借机宣称广西"冒籍甲御天下"。但是，金𬭚采取了不同的方针。他提出今后愿意在太平、庆远、泗城及镇安四府参加考试的所有外省人都可以和本地人一样获得参考资格：考卷将注明"本籍"或"入籍"，两类考生进入官学的名额相等。如果"本籍"考生不足名额的一半，则准许更多的"入籍"考生入读。外省人的父系亲属入读官学后也可以参加上游的考试，成为贡生后不得转回原籍地的官学。金𬭚还建议，来自桂林、平乐、梧州、浔州、柳州和郁林等东部州

98

府的学生若愿意前往广西西部"烟瘴之地"的州县参加考试，也可以获得允许。[101]

金𬭚在一份 1731 年的奏章中重申了他的建议。他回应了卫昌绩发现太平、庆远两府实际上有超过 1700 名童生参加考试的说法，承认这一数字对这些地区来说相当可观，用不上"入籍"政策。但他坚持泗城和镇安两府迫切需要采取这一措施。这一次金𬭚的建议得到了采纳。除了这两个府之外，这一政策也适用于庆远府辖内的荔波县（不久后将被划入贵州）和东兰州，以及太平府的宁明州。允许移民进入这些广西西部官学的官方说法是"即为土著童子之师，使之熏陶渐染，以开其愚"。从这种意图出发，这道定例规定这一政策将在十轮科举考试后撤销。[102]金𬭚推行这一政策的目的是短期内鼓励腹地的士子迁移至边地，这些移居他乡的专业人士可以通过激励、教化那里的第一代本地精英，拓展帝国文明辐射的区域。

在谢济世看来，这为外省移民滥用政策开了一道口子，暗地里损害了桂林文士的利益。于是他在 1736 年呈递的奏章中攻击了这道 1731 年的定例。他一开始就提醒读者，原有的长期定例是考生在取得当地户籍二十年后才能参加科举考试。那些没有满足二十年条件的考生将被视作"冒籍"的犯法者。[103]接下来他转向 1731 年的定例，指出这一政策允许外省移民在泗城和镇安两府完成了改土归流的地区以及东兰、宁明两州获得户籍并参加考试。"其立法非不善，殊不知化导移风俗必有其渐，以土改流之处，止用本省异府之人已足，何必外省"，谢济世得出如此的结论。[104]他继而以 1735 年广西乡试前五名的其中两人为例子。位居榜首者来自浙江北部，到广西来充当幕客，并通过他所说的"冒籍"方式在东兰州参加科举考试。获得功名后，此人就离开了广西。谢济世指出，乡试第三名的何希尧是广东肇庆府人，此人"冒太平府籍捐纳岁贡，未经学臣考送，公然入场中式"。关于何希尧的情况，谢济世出了点小差错，前者实际上是顺德人。但在一个名字和户籍可以变换自如的世界里，谢济世搞不清状况也是可以理解的。[105] 他继续写道：

> 此二人者，与移家入籍之例并不相符，其为冒籍明甚。五名之内便有耳鸣，则一榜可知。此一榜不过占去举人数名，此例一开，将来广西举人、进士必尽为外省人占去……何外省之人皆得沾广西之皇恩，而广西之人不得尽沾本省之皇恩也？

谢济世在文末请求礼部取消这些用假名在广西官学注册的外省人的功名。[106] 对他来说，这一问题的关键不在于外省人对科举制度本身的操纵，而是外乡人非法侵占了广西人的名额。实际上，谢济世为一位父辈亲戚作传时提到此人在服母丧时用了另一个族姓进入州学，后来还在1731年跻身为全州谢氏举人中的一员，而谢济世对此一点疑问也没有。[107]

谢济世的奏折对随后取消1731年定例起了多大作用我们不得而知。他本人经常惹怒朝廷，因此没有高级别的官员敢为他出头，从而推动政策调整。然而在金鉷的继任者杨超曾的推动下，这一政策很快就有了变化。杨超曾之所以注意到这一情况，可能部分缘于他曾任顺天府学政的经历，顺天府是京师所在地，杨超曾在那里调查过1729年的科举考试冒籍问题，其后向皇帝递交过奏折。顺天府也许是这种行为最为泛滥的地区。[108]

主政广西两年后，杨超曾于1738年呈递了奏折，汇报了关于边地"入籍"制度的不法操作,请求朝廷终结这种外省人冒籍参加广西科举的情况。他在开头处回顾了 1728 年卫昌绩驱逐广西西部"烟瘴之地"各府士子移民的做法,以及金锳在 1731 年鼓励士子移民到泗城、镇安、东兰和宁明来教化当地学子的政策。接着,他描述了金锳的策略带来的后果:

> 三科外省窜名冒籍者纷纷不绝,不但岁科两试所取多外省之人,土著童子十难得一,且乡会试中式者竟有数人。然此辈来粤就试之时并未携家入籍,及其入学中式之后,仍自各归故乡,并未安居久住。土著士人何从而受其教益。

101　　杨超曾提出,如果朝廷按照 1731 年的定例继续让这一政策实施至十轮科举考试结束,那么超过一半的广西院考席将被那些冒籍者占据,因为"冒籍之子"已经进入了官学而且无法阻止他们参加县试。杨超曾请求马上终止这一政策。朝廷采纳了他的建议,1731 年的定例被撤销。[109] 在杨超曾看来,当时的情况是士子移民只不过在利用朝廷的边地政策获取功名,然后回到腹地的家乡,远远谈不上帮助朝廷培育第一代边地精英。因此,他倾向于结束这种对朝廷目标的破坏行为。

　　但是,为了考取功名而进行迁移的行为是难以令行禁止的,1739 年的一份事后报告指出泗城、镇安、归顺和东兰的情况如下:

> 外省入学之文武生六十余名,非现任官之子弟亲戚,即各衙门西席幕宾,求一实在入籍教导土著之人,杳不可得。[110]

虽然报告的内容显得很悲观，但废除 1731 年的定例似乎让士子移民打消了涌入改土归流的广西西部辖区的念头。边地官学的广东人数量再也没有达到 18 世纪 20~30 年代的水平，至少那些由于考取了较高等级功名而被写入历史文献的人没那么多了。然而，这股潮流并没有完全结束。18 世纪 50 年代早期，三个来自顺德龙江的人以西隆州居民的身份考取了举人，一个名叫唐良济的新会人以周文华的化名成为 1752 年的西隆州岁贡。一个广东人用湖润寨户籍考取了 1756 年的举人，湖润寨于 1747 年改土归流，并入归顺州。[111] 就这样，18 世纪 50 年代，珠三角的士子移民继续把西江上游流域的新建官学视为目标。 102

1760 年，广西学政递交密折，促请朝廷对冒籍行为采取更有力的措施，这让朝廷对广西士子移民的监控达到了一个新的高度。这位学政的说法某种程度上反映了谢济世最关心的问题：

> 本省府县相邻之人冒考者固有，而浙江、江西、湖广、广东等省之人冒考广西者尤多，大抵或因父兄作幕，或因亲友贸易，诡计影射，混入考试，并无实在田产庐墓。入学之后，仍归故乡，而大比之期复来冒试……查定例，童生应试，惟凭廪生保识认。其冒籍者既能入学，亦能补廪，以冒籍之廪生保冒籍之童生，是有察弊之名而实开作弊之门矣。[112]

士子进入一所县学或州学时需要找本地人担保，这可能让这类移民遇到困难。然而士子移民一旦获准进入官学并成功通过定期考试成为廪生，就可以为来自家乡的其他士子移民作保。这一规定很可能建立起一条迁移链条，其结果是 18 世纪 50 年代有三名顺德龙江的士子以偏远的西隆州户籍身份在乡试中考取了功名。这种行为和破坏北美移民规定的"名义子嗣"如出一辙。[113] 学政在奏折中继续概述他采取的行动：

> 臣业经行文各属，通行清查。现据查复前来者，有一学数名、十数名不等，而太平府属一学中遂多至三四十名，其余尚多未经查复。[114]

103　　在提到朝廷于 1738 年废止了 1731 年的定例时，学政把矛头对准了士子移民：

> 据现今查出冒籍人等俱系停止以后复行窜入者，此其不遵功令，罔知法度，深属可恨。况此等人皆学问平常，在本籍不能入学而冒考幸进，以为得计。[115]

在一项回应这一奏章的敕令中，学政得到朝廷支持，对户籍登记情况进行清理，士子移民得到一年的宽限期以转回原籍的官学，否则有可能失去生员身份。[116] 有一位新会士子受到这项敕令影响，他曾经是西隆州的廪生，1761～1762 年的敕令让他"奉旨回原籍"，成了新会县学的学生。[117] 帝国的政策不断演变，最后似乎与桂林文士的利益趋于一致。虽然广西西部边地官学的所有士子移民都有疑点，但官员们到头来倾向于把最严重的"冒籍"行为与包括广东人在内的外省人联系起来。18 世纪 60 年代后，西江上游流域边远官学对广东士子移民的吸引力已经不复从前。

从边地到市场：18世纪60年代后的士子迁移

朝廷对以科举考试为目的的横向迁移持续加强监管，这种情况在18世纪60年代的敕令达到顶点，改变了广东士子移民在上游官学注册学籍的模式。康熙末年，西宁等地的地方官抨击外来人员并驱逐他们。雍正帝关注广东人在其他省内官学注册的问题，同时又在更边远的西江上游流域行政区域对他们委以重任，希望他们在帝国统治前线发挥移风易俗的作用。从乾隆朝早期开始，由于广西官员促请朝廷推翻1731年的定例并实施更严格的手段打击"冒籍"行为，这种做法逐渐不被采纳。

18世纪晚期及19世纪，渴望功名的广东士绅仍能以户籍生的身份在上游考取功名，但模式发生了变化。考生不再涌入西江支流上游的边地官学，一种更加稳定的模式出现了，士子移民沿着西江的干流和主要支流，在各类官学里登记入学。随着朝廷打击省内科举舞弊，广西东部和中区的地区成为越来越受欢迎的替代选择。因此，广东人偶尔也能通过在原有的边地官学注册而获得较高等级的功名，比如，在1804年就有一个顺德人设法混进了西隆州，不过他来自龙山，而不是龙江。[118] 大部分以广西官学学生身份取得功名的广东人倾向于在广西东部进行这样的操作，还有更多进入了广西官学但没有取得较高等级功名的人必然也是如此。梧州是最受欢迎的目的地，从1798年开始，来自南海、顺德、高明家庭的士子以苍梧居民的身份考取了几次举人；到了19世纪中叶，这种情况变得越来越普遍。[119] 在府河边上的平乐府，来自珠三角的士子移民通过了1759年、1779年、1819年、1828年和1831年的广西乡试。[120] 由于士子移民在珠三角和上游地区之间持续流动，他们在史料

104

中保存下来的户籍身份是含糊不清的。在广西东南部，一个顺德麦村人以北流县学学生的身份通过了 1774 年的广西乡试，然而一座为表彰他获得功名的旗杆基座仍保留在麦村。[121] 在广西中部黔江沿岸，一个来自顺德甘竹的人以柳州治所马平廪生的身份获得了 1834 年的举人功名，但 1834 年的乡试选举表显示他的原籍是广东，"目前"居住在柳州东边永福县的鹿寨。[122]

每当出现一个这样的登第考生，就意味着有更多进入广西官学但从未取得更高功名的士子移民。一旦取得生员身份，为了获取上游户籍而投入的时间和金钱都是值得的。一份珠三角史料表明，入读广西官学的广东士子人数实际上比举人名录里显示的要多得多。和大部分珠三角地方志不同，一部民国时期的龙江地方志列出了考取生员的本地子弟名录，并对在顺德以外的官学获取这一功名的情况进行了标注。一开始被注明曾就读于广西官学的生员是两位 1733 年及第的龙江人士，从那以后这种情况变得更加普遍。例如，1758 年的 11 名生员都是通过广西官学考取的。他们是否曾在西隆州落户，后来又在 1760 年被全部遣返呢？至于 19 世纪考取生员的士子，编纂者可提供的信息要更详细一些。例如，1824 年的 7 位生员中有一位入读梧州官学，另一位则在横州。[123]

同乡及家族联系也许可以解释为什么某些官学特别受到青睐。例如，来自珠三角高明县的兄弟俩以武宣县居民的身份通过了 1783 年和 1792 年的广西乡试。[124] 在武宣的上游地区，两名来自顺德甘竹的黄氏族人在 1789 年获得了迁江县的贡生身份。[125] 明代的儿江、南海宗族成员利用他们在苍梧的户籍，通过了 1798 年和 1839 年的广西乡试。[126] 在这些事例中，很难验证这些模式究竟显示了考生中的一类迁移链条，还是单纯意味着有亲属关系的人群在上游某个地区定居下来，同时又与他们迁出的社区保持足够联系，以至于珠三角的地方志编纂者认为他们依然是本地子弟。我们将在第五章中看到这两种情况的例子。有一个例子体现了身份的模糊性，高明地方志的编纂者称，一户林姓人家三代都是范州镇人，但他们于 1789 年、1807 年和 1876 年使用桂平户籍通过了广西乡试。[127] 虽然一些宗族尤其愿意把士子移民送往某个目的地，但其他家族的选择不尽相同。例如，龙江简氏三代人里，两名士子被安排到苍梧县学，其余的入读梧州府学，一人在马平县，另一人在横州县。[128]

一个珠三角宗族只专注于某个上游目的地往往是因为有族人在那里经商。和之前几十年里在广西西部边地的情况相比，这是另一种投机现象。在广西东部和中部，有族人活跃在上游的家族也许只是为了在上下游谋求实施同样的策略，把他们的投资领域延伸至商业、土地以及科举考试。比如 18、19 世纪之交顺德李村有三位吴姓人士考取了举人，还有一位成了拔贡，他们的户籍都落在了迁江，而只要知道他们都与在迁江经商的吴敏有亲戚关系，我们便不难理解这一现象。[129]

这些事例表明，在 18 世纪晚期以及 19 世纪早期，人们前往上游，希望通过参加广西的科举考试，从而提升社会经济地位的情况十分常见，即使朝廷在遥远的广西西部打击士子移民现象。人们可以在珠三角史料记录的词语和杂谈中发现这种行为的共同点。19、20 世纪之交新会地方史提到一名在 1786 年"举东乡"的本地子弟，也就是说，他在那一年通过了广东乡试，成为一名举人。[130] 为什么要突出这一点呢？或许编纂者希望强调这名文士选择了更为困难的途径，参加竞争更为激烈的广东考试，而不是较为曲折但竞争程度较低的广西科举。对于那些能够理解这一表达方式的人来说，他们一定能明白这意味着有其他"举西乡"的考生。与之相似的是，当龙江地方志的编纂者不清楚本地子弟入读哪一所广西官学时，他们就只能在生员名录里写上"西籍"或者"西庠"。读者便知道这就是广西的意思。1883年九江地方志的编纂者也记录了一桩1839年的奇事。几个渴望功名的底层文人组织了一个扶乩社，由一个自称为紫阳山人的道士主持乩坛，他声称自己有仙人附体，能在乩盘上写字。那年乡试之前的一个月，扶乩社成员询问这位仙人有多少九江士子能通过考试，乩盘上写下的字是：两人在东，两人在西。这些文人当然知道"东"和"西"指的是什么。农历九月放榜时，朱士琦和朱次琦兄弟俩通过了广东乡试，而另两位九江人士（一个姓明、一个姓朱）通过了广西乡试。[131]

在所有这些史料中，作者和读者都把众多广东人士前往西边参加科举考试视为理所当然的。本章开头两位节妇的故事体现的也是这种情况。作者希望强调的是两位妇人在丈夫死于上游或者回乡不久后病逝这两种情况下恪守妇道，而不是清朝鼎盛时期十分寻常的现象：广东人前往上游参加科举考试。到上游去碰运气的广东人把赶考作为一种提升珠三角家族社会经济地位的途径。明清朝廷有时会鼓励这些士子移民充当帝国的中间人，协助在西江上游流域原来的土司管治区或者不受朝廷控制的地区建立一个安定、文明的社会。换言之，对边地的教化，意味着鼓励迁移的同时要改造本地的精英群体。另一些时候，某些官员对士子移民抱有怀疑态度，认为他们是破坏帝国边地政策的不义之徒。不管朝廷对士子移民的态度如何，也不必考虑移民出于何种目的，士子移民通过在珠三角和上游目的地之间移动，让西江边地更紧密地与帝国联系到一起。

第三章
商人：商业网络与国家支持

（1700～1850 年）

　1794 年，胡晚连告别留在增城县的母亲，远赴上游的龙州。他在桥圩开了一个卖陶器和杂货的商铺，桥圩是从龙州城到中越边界途中的一个市镇。1802 年 11 月的某天，由于胡晚连离开市镇收账数天未归，他的侄儿和一个伙计外出寻找。在本地几个村子里搜寻一番后，他们在一个偏僻的山洞里发现了他身首异处的尸体。三个行凶者很快被抓获，案宗里记录这三个年轻人都是龙州"土人"，他们都欠了胡晚连的钱。其中两人向胡晚连借钱做生意。第三个人辩解道："胡晚连在桥圩开了个店，以高额的利息放账，他是个大恶棍，欺诈压迫周边村子里向他借了钱的村民。农历四月我向他借了五百钱，每个月的利息是一百五十钱，七月的时候我到市集上去，因为我少给了他一个月的利息，他剥走我的衣衫作为抵押。"胡晚连到村里去收账那天，这三个人便趁此机会发泄心中怒火。[1] 这一桩谋杀案的背后是经济不平等和民族之间紧张关系结合起来的复杂因素。三个行凶者是沦为广东商人移民放债对象的西江上游流域本地人。

　　广东商人操控着商业，尤其是大规模贸易和远程贸易，但西江流域各地对这一现象总是轻描淡写。在许多记载里，当地人或土生土长之人就算是从事商业，也只能在本地干些小本生意。这类描述出现在 17 世纪，但在 1700~1850 年变得更为常见。[2] 例如，一份 19 世纪中叶的东安县史料提到当地的两种重要贸易——铁和盐——都不掌握在当地人手上。[3] 府河流域的两份史料也有相似的记载，同时还提供了迁移的季节性特征。较早的史料出自 1709 年的荔浦县地方志，提到县城的商人"皆东粤三楚之民，岁终则归，来春又聚。本邑人但知耕植，不谙贸迁"。[4] 后一份史料出自 1805 年的平乐府县治所地方志，其中提到"城外街民大抵皆流寓开张，远则东粤，近则全州，岁暮散归，来春又聚"。[5] 平乐史料和荔浦地方志的笔调一致，其中提到的当地人"但知耕植""不谙贸迁"。在广西东南部，一位北流县的地方官在 19 世纪头十年里注意到"城市商贾辏集，多南海人"。[6] 与此同时，甚至连顺德龙山的士大夫温汝骥也在诗中提到西江上游河港剥隘是"极边弹丸地"，他发现此处"土著多姓侬，商居多粤东"。[7]

这一章探讨的问题是广东人如何掌控了西江的商业并在这一过程中招致很多上游本地人的不满。这一问题的答案之一指向流寓机制——支持广东人上游贸易活动的宗亲关系、祠庙和会馆（同乡会）。1700~1850 年，祠庙和会馆在整个西江流域十分普遍，尤其是会馆。另一个答案是广东商人与管治上游行政区域的帝国官员之间很大程度上互惠互利的关系。朝廷靠支持内河贸易以及对其征税来巩固在西江边地的统治，其依赖程度之高使得广东商人在国家的开发和统一大业中成为关键的中间人。与之相似的是，广东商人以及他们支持的珠三角家庭和宗族从国家在西江边地的开发中获得的利益比其他地区群体获得的都要多。虽然到了 1760 年，国家的政策演变为打击广东士子移民，但在18世纪晚期至19世纪早期，清朝明确支持和鼓励广东人在上游的商业利益，因此商业成了帝国和广东移民利益大幅交叠的领域。

广东人的流寓活动及机制

为了理解胡晚连以及其他大量的广东商人为何来到龙州这个偏远之地，我们有必要考虑构建起流寓网络各个组成部分，以及塑造并推动上游活动的机制。广东商人享受着联结西江流域各地的个人关系网络及其机制所带来的好处，以及由这些网络提供的关于收成、价格和市场状况的信息。到了19世纪，珠三角的各个商行普遍在上游市场设置了分行或者直接收购代理商。[8] 换句话说，西江上游和清帝国的其他边地一样，广东商人的优势之一在于他们有组织的和可持续的移动性。[9] 家族、祠庙和会馆——三类机制推动了沿河商业网络的形成，巩固了这一网络与帝国士大夫的联系。

家族与宗亲关系

在帝制晚期中国商业的研究中，尤其在对家族商行角色的研究中，早期研究指出家族商行阻碍了资本主义和集团式经营的发展，但近年来的研究表明宗亲关系可以促进资本积累。同时，所谓家族行业的灵活性足以使其从外界寻得投资和雇用外姓人当掌柜。[10] 在西江流域，家族关系同时推动了移民和商业活动，比如，胡晚连的侄子就在他的店里生活及工作。与之类似的是，犯罪案宗中的商业"合伙"情况也表明了家族纽带的重要性。比如，1800年有一个20岁出头的东莞人和他的堂兄一起到平乐"开张酒米店生理"；[11] 同一年里，一个来自顺德的中年人在怀远县做证时称自己和族侄及侄孙合开了一间杂货铺。[12]

111

珠三角族谱里有大量记录证明,家族或宗族关系往往能够解释为何某些广东人会出现在上游某个地区。上游贸易中的子代父业也是常见现象。一篇悼念南海县北边一位关姓人士的祭文赞扬了他的孝道,并说明了他投笔从商的原因,而这一切都是为了接替他那大半生"久客西粤"的父亲(1729~1797年)。这个儿子把父亲带回家乡并"代其业"。他以这一身份在贵县经商二十多年,之后回到南海,协助建起了一座关氏祠堂。[13]

宗亲关系有助于构建并维系极其广泛的商业网络。廖氏的一个分支居住在西樵山对岸的南海县,他们在长江中部的商业中心汉口、广西以及珠三角都经营着生意。这个家族的大家长是省城的商人,膝下有三个儿子。随着他的年纪渐大,最大的儿子廖清放弃学业成为生意人,父亲在1760年去世后,廖清和他的弟弟们"共出营生"。廖清曾在汉口活动,后来定居佛山经商,当起了"西货行"的老板,专营来自广西的货物。[14]

家族关系有助于构建商业网络,其原因是新一代的商人能够从更有经验的亲属处接受训练。龙山黄氏的一本族谱显示,族中的男孩和年轻男子确实要到家族成员做生意的地方去当学徒。黄芝鸿(1652~1690年)至少有四个兄弟,他年幼时"随长兄游湖南、广西",成年后一开始在东莞石龙镇谋生,后来去了江南,最后被葬在龙山。他的弟弟黄芝鸣年少时随两位兄长在石龙做生意,后来又前往粤西的阳江县。另一位在18世纪晚期发家的族人在龙州经商,并在那里去世。[15]

族谱通常大力称颂亲属关系,而犯罪案件则让我们一瞥这种关系的破裂。其中一个案子勾勒出本族亲属及姻亲对林修觐的帮扶最终落得个无功而返的下场。林修觐是南海县本地人,在案宗里被形容为"素性游荡,不务正业",他的叔父林益泰（"益泰"可能是叔父的商行名号）是有正当生意的人，在西宁上游的罗定州城里开了一间贩卖铁器及旧衣的店铺。[16]1817年，林修觐要求岳父梁奉澄借出蕃银210两，以此"作本营生"，但这一计划迟迟未能落地。梁奉澄担心女婿把这笔钱草率花掉，于是把银子交给林益泰。此后，林修觐因家中用度时不时向叔父索要一部分银两，最后只剩下80多两。林修觐的父亲由于某件急事拿到了剩下的银子，但取得钱财不久后，他就在1820年1月20日去世了。同年10～11月，林修觐向叔父借100两银子做生意，对此有所怀疑的叔父拒绝了他。林修觐暴怒不已，斥责叔父让自己的父亲取走钱财，甚至威胁要杀死叔父的独子让其绝后。林益泰在威吓之下同意借钱给他。林修觐后来逼迫岳父借钱给他用于生意投资，接着把这笔钱挥霍一空。在和叔父又一次发生激烈冲突后，林修觐在罗定等待叔父从南海返回，然后向官府诬告叔父利用自己的店铺制造武器、募集叛军准备攻占省城。这一阴谋自然没有得逞。[17]

　　林修觐的案子告诉我们，宗亲关系在维系信任方面并不总是那么有效。不过，虽然钱款在家族成员之间流转时有可能引起冲突，但若要把千里之外的生意伙伴凝聚起来，宗亲关系通常是有效的工具。而且，这个案件揭示了一个家族在珠三角和上游地区之间调动资源的能力。

祠庙

　　虽然经历一个世纪的革命和数十年的发展后，地方面貌已经大为不同。但是，今天我们还是能在很多上游寺庙里找到镌刻着粤商名字的石碑，有几个例子可以说明这些碑文随处可见：西江的一条小支流边上有个西宁县辖下的村庄，村里的清代文武庙残碑上罗列着广东商行的名号；藤县赤水镇的一块石碑上刻着来自"东省"的商家；桂平县新圩镇（如今的金田镇）三界庙里有一对 1804 年立起来的杆子，上面刻着 11 位来自南海的梁姓"信士"大名。[18] 这些碑文只是上游庙宇接受广东商人移民资助的残余痕迹的缩影。这些资助反过来又证明了各处祠庙对商人们的重要性，尤其是那些在主要河流边上的祠庙。通过阅读庙里的碑记、了解资助者的籍贯，我们能够察觉到这些资助商人特有的关系网。本章简短探讨的三座祠庙面向不同的信众，包括本地人和互相竞争的移民商人，但广东人在这三座祠庙里都是移民商人资助者中最显眼的，这也体现了广东商业网络在上游的延伸。

横州下游乌蛮江边的伏波庙演变为长途贸易商人和船夫的祭拜场所。这座庙宇供奉的是伏波将军马援，他在公元 1 世纪平定了由独龙族姐妹俩领导的起义。虽然姐妹俩后来成了越南传说中的英雄，但人们已经将马援与中华王朝的统治向中国南端乃至越南北部的拓展联系起来。在广西各地的许多同类祠庙中，乌蛮江边的这座最为知名。由于乌蛮江是西江水系中最为湍急危险的河道之一，上游之旅的船只会在穿越湍流之前在这儿停留祭拜。[19]

114　　　　两块记录了 17 世纪之初伏波庙重修工程的石碑表明，这座祠庙在当时颇受官员关注。碑记赞颂了马援的贡献：平定交趾叛乱，从而扩大帝国统治区域，以及让乌蛮江沿岸归顺朝廷。根据这两块石碑所述，几位官员参与了这次修缮，其中包括顺德龙江人薛藩，他是南宁知府，横州在其管辖范围内。其中一块石碑上的铭文由这位南宁的广东籍知府撰写，但他并未透露自己身为广东人士与这座庙宇有任何特殊联系，而是以官员身份撰文的。[20]

　　根据资助者的名单，乾隆朝的石碑表明伏波庙有了新的信众。一座 1756 年的石碑记载了祠庙建筑群的前厅落成，其中列出的头 16 位资助者以及另外 7 位人士都是从事盐业专营的商人或管理者。和这些盐商资助者相关的地方位于广西南部及西南部。广西大部分地区使用的都是粗盐或生盐，这些盐从广东的分销仓库发出，经过梧州运往上游地区。但是广西南部及西南部大部分流官辖区仰赖广东西南海岸的廉州供给熟盐，运盐船直接从廉州开出，先是沿着南向河道溯流而上，随后转为陆路，再沿着西江支流而下直至横州，最后沿河而上前往南宁以及更远的地方。[21] 这些盐商虽然身在广东，但不一定是广东人，在廉州专营盐业的很多巨商都是浙江北部人士。在这块 1756 年的石碑上留名的部分商人来自浙江北部，而碑文作者是山阴县人士正好表明了这一点。

　　1756 年的碑记以及一些记录后来重修工程的碑文也显示出广东人的影响力。1756 年石碑上记录的几位资助者显然是珠三角人士，其中有五位南海县的郭姓"领缘善士"，以及一位姓罗的南海"善士"。[22] 郭姓人士在伏波庙的这块石碑以及另两块乾隆朝的石碑上占据了很大比例，众多人士中包括两名生员，还有以"郭"字为商号首字的商行。在纪念伏波庙 1848~1849 年重修工程的一系列石碑中，一名广东人尤其突出。

　　碑记作者是一位省级官员——广西学政。重修工程的首批牵头者（"首士"）由州城的捐资者组成：一位新近登科的进士以及其他人士，但大部分是商行。接下来更多的是当地人，按照乌蛮江两岸的村庄名称排列。但碑记明确指出了一位名叫陈国贤的顺德监生在筹集善款时发挥的作用。陈国贤的名字位于牵头人之首，他被指派为这一工程的"大总理"。[23]

116

对不同的人而言，伏波庙有不同的意义。如果说 17 世纪早期的官员薛藩为帝国的统治远达边地而歌功颂德，那么 18 世纪伏波庙的最大资助者成了业务遍布广西西南的盐商。到了 1848~1849 年，在大量本地人提供小部分资助的同时，一个顺德人牵头筹措款项并跟进庙宇的修葺。在碑文中列出的商人移民看来，这座庙宇并非服务当地社会的场所，反而更像与盐业专营相关的长途贸易网络中的一个节点。开展长距离业务的盐业商行和本地商行都要仰赖湍流之中的安全航行，这就解释了为何他们会供奉这座庙宇。

来宾县大湾镇的北帝庙发挥的是另一种作用。这座庙宇供奉的是一位广东神明，为广东商人在一个圩镇上立足提供了途径。大湾镇位于红水河一道拐弯处最凸出的河岸上，直至晚清都是来宾最重要的圩镇以及粤盐在广西分销的主要节点。[24] 北帝庙于 1761 年建成，一部民国时期的地方志大致总结了庙中碑记对此事的记载。那一年两个"浙客"和五个"粤客"牵头修建这座庙宇，三年后又加建了一个戏台和通往河边的石子阶梯。那时，两个最初的牵头人已经去世，加建的部分全部由另外五名广东人（他们都不是原来的五位牵头者）资助。这样一来，北帝庙最初的十二名资助者中就有十个广东人。如果这些资助者都是盐商，那他们很可能都是从广州来到大湾的，因为广州有很多盐商巨贾本身是不久前从浙江迁入的。不管怎样，这座庙宇的修建记录表明浙商和粤商之间的合作，而来宾本地人则不见踪影。[25]

1795 年，人湾的庙宇得到重修，一块保存下来的石碑记载了这一事件。碑记由周华甫撰写，他自称南海人，是广州府学的一名生员。在 18 世纪 60 年代系列工程中的十名广东籍资助人里，有三人姓周。周华甫在开篇处将这座大湾镇的庙宇与佛山有名的北帝联系起来，北帝也被称为"真武大帝"。他特意回溯了 1449~1450 年的黄萧养起义，当时北帝显灵，击退了攻打佛山的起义军。周华甫描述了明廷是如何赐封佛山北帝庙为"灵应祠"的。随后他转而提到大湾北帝庙，指出这座庙宇建于 1761 年，神明代替城墙和朝廷官员，为这个处于险境之中的圩镇提供保护。于是，随着大湾北帝庙的建成和重修，神明不但保佑佛山免于灾厄，还把他的神恩延伸到了"西土"。[26]

周华甫笔下的大湾北帝庙代表着广东商业网络在上游的扩张与广东民间信仰的传播是齐头并进的。与田海（Barend ter Haar）关于福建民间信仰的观点一样，北帝信仰的传播必然和广东人的崛起以及他们在大湾等地延伸商业网络息息相关。[27]尽管 1761 年粤商和浙商合力建庙，但到了 1795 年，这座庙宇的维护似乎已经完全由广东人负责。到了 18 世纪末，大湾北帝庙显然成了佛山主庙的分支。1795 年重修工程的资助者名单中包括两家佛山商行，其他重要捐助人则与被广东人垄断的行业有关：大湾盐仓（捐献了 7.2 两白银的大金主）、一间大湾的当铺以及它在毗邻的迁江县的同行，还有一间在谷米贸易大镇戎墟的商行。如此看来，北帝庙俨然成了粤商对上游市场进行经济渗透的推动力量。

虽然大湾镇北帝庙的石碑上不见当地人的踪影，平南县大乌圩（今天的大安镇）列圣宫的碑记却清晰展示了广东移民与当地人之间的融合关系。大乌圩面向包括郁林州和藤县、容县、贵县在内的贸易区域，这些地区的土特产汇集于此并沿着西江干流被运往武林。[28]分别写于 1722 年和 1805~1810 年的两篇碑记把这座庙宇与商业、商人紧密地联系了起来。1722 年

118

的碑记纪念列圣宫的建成，指出这座庙宇可追溯至八十多年前，是明朝覆没之际的产物。1722年的碑记以市场制度的源流作为开头，从远古时期一种理想化的、自然形成的自我约束开始，到中古时期国家试行的市场规章制度，再到古代晚期以来由于商品种类不断增多和生意人的欺骗行为，人们需要仰赖神明保佑。文章随后回到庙宇本身，指出这里供奉的主神是北帝（在文中被称为"黑帝"或"玄帝"）；一同供奉的还有其他九位神灵，包括天后、三界神以及观音菩萨。作者接着开始讨论上游本地人和珠三角移民之间的关系："东客视祠如家"，因此他们中超过600人捐助了庙宇的修建；而"西主视家如祠"，因此只有少部分人解囊相助。他继续强调神明对主客一视同仁。这位作者是1721年的南海籍进士，他用了一个不同的姓氏，以新会户籍获得功名。他说是一位"归东"的同乡邀请他写下这篇文章，并在文章结尾说明来自两广的资助者名单附于其后。[29] 这篇文章给人的感觉是：如果说广东商人在更大的社区范围未能压制本地人，那么他们至少在这座庙宇的事务上实现了这一点。

和1722年的碑记一样，1805年碑记的作者指出，神明在商业活动带来的混乱世道中扮演着维持秩序的角色。但到了1805年，广西本地人和广东移民之间的融合不再是焦点。虽然1805年碑记的作者是平南县的文士，但这一工程的很多资助者都是商人；而且五年之后的另一项重修工程也是如此，既有大乌圩的店主，也有别处的商行。这些资助者包括大概来自广东（粤东）地区的人士、两间我们明确得知与佛山有关的商行、一位番禺的捐赠者，以及南海九江的盐仓。其他资助者来自谷米贸易大镇戎墟、广西东南几个重要的河港，还有西南边的南宁和东北边的桂林。从中挑出这些外地资助者可以勾勒出一幅内河商业网络图。[30] 也许因为很多在大乌圩做生意的广东人已经在此地定居，所以他们既是本地人也是广东人，列圣宫不再是他们家乡之外的家园。不管怎样，到了 1805 年，列圣宫隔壁建起了一个新的场所——粤东会馆，这显然是为了广东商人及其后代的利益而建的。

祠庙和宗亲关系不同，这一场所为塑造社区身份和建立商业关系提供了物理空间。它们也让历史学者得以追溯商业网络的形成轨迹。我们对祠庙资助者的了解表明，这三所祠庙都支持着广东人商业活动在上游的扩张，虽然支持的方式各不相同。伏波庙代表着长途贸易商人以及实现这种贸易的船夫供奉的场所。大湾镇北帝庙一方面显示了广东商人之间的协作关系，另一方面又反映出本地市场和相互竞争的移民商人之间的融合。同时，我们还可以认为大湾镇和大乌圩的庙宇是上游市场中新出现的广东商业飞地的祭祀中心。

会馆：同乡会

如果说宗亲关系和祠庙让在上游经商的广东商人得以形成组织，那么会馆就在一个更高的机制化层面上发挥着相似的作用。和大乌圩的情况一样，一些会馆和面向广东商人的庙宇有紧密关联，实际上很多会馆都是由祠庙发展而成的，人们有时候会通过把会馆建在祠庙旁边或者把原来供奉在祠庙里的神灵移入会馆的方式，与祠庙保持联系。在西江流域，面向广东商人的祠庙从万历年间一直盛行至 18 世纪，而会馆在 18~19 世纪变得更加重要。

同乡关系在大湾镇北帝庙等地显然有重要作用，但会馆作为同乡组织的特点更加鲜明。虽然会馆缺乏机制化的框架，但

120

正如我们在犯罪案宗里看到的那样，同乡关系经常为人们在上游生意中的合作提供途径。例如，1806 年有两个番禺人做证说他们在桂平县的蒙圩镇"伙开"了一间杂货店。[31] 在上游更远的地方，1831 年有两个盗抢案的受害者在做证时自称是南海人，到永淳县城"合伙贩卖布匹生理"。[32] 地方志在表彰商人楷模的同时也会强调同乡关系。19 世纪初的南海大同村人郭天锡就是一个例子。他误入木匠行业当了学徒，又在一间药铺干了几年，之后前往西江做生意，和别人合伙在佛山和苍梧之间运输及售卖货物。一个同乡商人在上游去世后，郭天锡把他的棺木带回大同安葬，每年拜祭。[33]

然而和宗亲关系一样，同乡之谊并不总能经受远离家乡经商的压力考验。正如以下事例揭示的那样，信任破裂的后果也许是暴力冲突。1844 年 3~4 月，南海商人黄亚浸和杨亚真在迁江县合伙做生意。他们每人出资 25000 文铜钱作为开设一间竹子和木材商铺的本钱。七八月的时候，他们从迁江买了木材，运到来宾县的大湾镇销售。两人的货物一共卖了85000 文铜钱。黄亚浸从中取出 2 万文铜钱在迁江购买更多木材，而杨亚真留在大湾镇收取第一批货物的 25000 文铜钱欠款。10 月 27 日下午，杨亚真回到迁江，黄亚浸问他货款是否已经收回，杨亚真说他把这笔钱款用来做路费了。黄亚浸并不能接受这种说辞，他算了一下，杨亚真应该还有15000 文铜钱的剩余，于是要求他把这笔钱交出来。杨亚真拒绝了，提出黄亚浸多算了剩下的钱。两人争执不休，黄亚浸说他要拆伙。他们用竹椅和刀子互殴，最后黄亚浸杀死了杨亚真。[34]

同乡之情也不足以改善雇主和伙计之间的紧张关系。1775

年发生在戎墟的一桩谋杀案反映了这种阶级矛盾。受害人刘渭沚来自新会，在戎墟有一间叫“益生号”的米店。刘渭沚是一个殷实的商人。[35] 他在梧州经营店铺的兄弟详述了案情。刘渭沚不久前雇了两个在店里帮忙的短工，其中一人姓潘，也来自新会。潘某之前在戎墟卖鱼，但生意失败后不得不出来打工。在谋杀案发生前不久，潘某向刘渭沚提出涨工钱的要求，但被拒绝了。案发当天，醉醺醺的潘某在刘渭沚洗澡的时候试图从他的裤子里摸出钥匙打开柜门径直把钱拿走，在两人的争吵打斗中，潘某用刀刺死了刘渭沚。[36]

通过机制化的同乡关系，会馆不但可以调解在上游经商的同省人士之间的争端，还能以巩固同乡身份认同的方式发展生意联系，促进商业网络形成。和面向士大夫的各个北京同乡会一样，西江流域的粤东会馆是拥有公产并得到朝廷法律承认的集团，[37] 这一点很重要，它为广东商人相互建立联系并向上游官员提出诉求提供了合法途径。

18 世纪和 19 世纪早期见证了面向珠三角商人移民的会馆在西江中游和上游盛行一时的景象。[38] 除了一种存疑的说法外，西江流域的会馆从清朝开始就为来自广东的不同群体服务。在康熙年间，祠庙被改造为会馆，又或者会馆被加建到已有的祠庙建筑群中。到了 18 世纪晚期，会馆成为在上游组织粤商活动的主要机构，并在清朝余下的岁月里长盛不衰。

然而仅仅把会馆罗列出来可能会造成假象。尤其在没有碑 122
文记载存留的情况下，很难判断某个会馆在某个时间服务的特定对象。比如，清末南宁最主要的广东会馆是粤东会馆，但在 18 世纪更为知名而且比粤东会馆更早成立的似乎是面向南海和东莞人士的二邑会馆。这个会馆的名字听起来有点突兀，因为南海和东莞并不接壤。二邑会馆在 1723 年前就存在了，而且在整个 18 世纪都很活跃。一部民国时期的地方志对这个会馆有记载，但在 19 世纪粤东会馆取代了它，面向范围更广的粤商群体。[39]

在确实以粤商为服务对象的会馆中，虽然领导权掌握在商人精英甚至士绅精英手里，但会馆的成员更多是身份较为普通的人，因此会馆这一机构能够服务于众多商人。[40] 纪念 1840~1842 年百色粤东会馆重修工程的碑文和题匾提供了一些与会馆领导者及会众相关的线索。一篇文章提出会馆大约成立于一百二十年前，也就是 1720 年前后。题匾表明会馆面向的对象主要是广东人，一块匾额上的"同声堂"题字是一位 1823 年香山进士的墨宝。另一块匾上写着"顺德县众文士及商贾敬赠"。第三块牌匾列出了 32 位司理（"重建值事"）的名字，他们大部分人都属于某个商行。在一块大约立于 1840~1841 年的石碑上也能见到这些司理的名字。他们还以个人资助者的身份出现在同一组石碑上，捐款从 170 两银子之多到仅有 10 两银子不等，有一半人捐了 100 两或更多。与之形成对比的是，捐款少于 10 两（最少的捐款是 1 两）的 249 人中，无人跻身会馆领导层。会馆的领导者主要是百色的粤商，没有来自别处的商人。因此，百色以外的 90 名资助者全部不在 32 名"重建值事"之列。[41] 于是这个会馆的领导者成了主要在百色经商的殷实粤商，虽然他们的商行也可能是别处粤商商行在百色的分号。

124　　在更为简朴的覃塘粤东会馆，较富有的捐助者也形成了领导层。覃塘是贵县的一个圩镇，这里的人多从事谷米和大豆的专营生意。[42]1819 年由 70 余名成员创立了名为"粤东书院"的机构。然而书院很快就无法容纳到覃塘经商的所有"东客"。基于这种情况，书院于 19 世纪 40 年代进行了扩建，还把名字改成"粤东会馆"。在这项工程中，7 个商行及个人被指定为"总理"（碑记里的其他地方称他们为"重修值事"），这 7 个"总理"中有 3 个的捐助金额最多，各捐了 45 块蕃银，最少的善款来自一名"总理"，他只捐了略多于 3 块蕃银的善款，但这还是让他成了排名在前三分之一的金主。[43]

　　会馆的领导层是文士及商界中的精英，虽然这两个群体从家族而言高度重叠。其中一个例子是象州粤东会馆的一位领头人周延龄。这个会馆于 19 世纪 20 年代中叶创立，但直到 1845 年才立碑记载此事。会馆筹建时收到的捐款相对较少，从 5 两银子到 0.4 两银子不等，名字被列出的领头人（"首士"）有 18 位，主要是捐款较多的人士，其中 8 人各捐了 5 两银子。领头人中捐款最多的是周延龄，他是象州本地士绅。周家住在象州治所，周延龄是一位廪贡，他的儿子于 1825 年考取拔贡，他有一个叔父、一个侄儿分别于 1759 年和 1834 年中举。这让周家成为象州文士精英的核心，但这个家族的原籍在南海县，家族中第一位在象州活动的成员很显然是商人。[44]

　　另一所粤东会馆的领头人是商人，不久前才迁移至当地。南宁冼氏的家谱记述了这位高明县人移至南宁的经历。1835 年，冼应祥和一位兄长（也可能是堂兄）一同前往南宁经商。自一个多世纪以前他们的曾祖父开始，冼家这样做已经有数代人之久，冼应祥的父亲曾经在位于南宁以南、广东海岸边上的钦州做生意，而且去世后被埋葬在那里。冼应祥从经商地南宁出发前往钦州，收取父亲的骸骨并将其安葬在南宁。他后来成了粤东会馆的"总理"，而且应该是在南宁的粤东会馆主馆，

125 任职期长达二十多年。族谱编纂者用那些对进入当地士绅领导层的人士的惯用赞美之词来扼要形容冼应祥的表现："化争端除疑虑，获任会社总理。"[45]

碑文和会馆里展示的文字至少从两方面显示了移民的关系网及其社会经济影响在上游的扩大。一方面，这些文字揭示了粤东会馆的商人向广东士大夫寻求支持，后者不但可以带来声望，还至少象征着官方的认可。在整个 18 ～ 19 世纪，会馆领袖们把在任或归休的广东籍士大夫动员起来，充当他们的纸上喉舌。因此，如果说明末广东士人在关于上游地方的文章中为扫荡当地"盗匪"的朝廷大业或者基础建设歌功颂德，那么清代文人则是应上游会馆领袖的请求而撰文，文中颂扬的是商业机制。

清代的文章可以从 18 世纪早期一篇不太起眼的颂文说起，那是一篇庆贺龙州粤东会馆于 1708 年落成的碑记。作者邓中自称是马平县学的教谕。邓中的户籍在龙州上游的思明府，他先是取得了贡生资格，接着在龙州的会馆落成不久后被派往马平任职。虽然邓中以广西士子的身份获得功名，但他以广东人的口吻在文中写道："吾寄籍西邦，周游各处，见我省会馆于苍梧、南宁、柳州，而龙州未尝有之。"邓中接下来列出了包括自己在内的 13 个人的姓氏，他们都是参与创建这所龙州新会馆的会众。[46]

18 世纪下半叶，谷米贸易中心戎墟的粤东会馆请了一些相当知名的广东文人为其撰文，这些文人的署名后都是冗长的功名和官名。1764 年，南海士人冯成修为一座河岸会馆的落成撰文。他笔下的戎墟几乎可与珠三角最繁荣的圩镇媲美，因此该镇经常被称为"小佛山"。冯成修指出，会馆落成之时有

一名"乡人"前来广州，请求他撰文。书丹的是冯世俊，他 126
在署名时自称是南海举人。我们将在第五章看到，由于这位南
海冯举人是南宁的南海籍移民后代，并且以宣化县户籍身份中
举，因此他在选择籍贯方面可以相当灵活。[47]

　　二十四年以后，顺德龙山籍的士大夫温汝适为重修戎墟粤
东会馆撰写了碑记。温汝适说自己在担任1788年广西乡试主考
官时，一位"乡友"借此机会请求他为重修工程撰文。他在文
中强调了戎墟的谷米贸易之盛："而西省田畴广美，人民勤动
性成，中岁谷人辄有余，转输络绎于戎，为东省赖。"[48]他还在
文中指出戎墟的会馆是由庙宇改建的："地故有关夫子祠，享
一圩香火，亦吾东人之所建也。康熙五十三年，更祠为会馆，
珠江郑公，首捐重资，撰文记之详矣。"[49]郑氏的文章没有流传
下来，但几乎可以肯定他就是顺德籍的进士郑际泰（别号"珠
江"）。[50]也许是邻近珠三角的缘故，在整个18世纪，戎墟的广
东籍商界精英都能够动员广东文士给予支持。

　　冯成修和温汝适同样为距离更远的上游会馆撰写了碑
记。1791年，冯成修为纪念桂平县江口镇的一所粤东会馆建
成而撰文，温汝适则为迁江县的粤东会馆书写了碑文，而且
这篇碑记也可能是他撰写的。[51]士大夫的支持一直持续到19
世纪。为了纪念百色粤东会馆1840~1842年的重修工程，南
海进士罗文俊撰写了一篇文章，并由住在佛山的花县进士骆
秉章手书。[52]

　　这些士大夫作者很可能与他们为之撰写碑记或题匾的会馆
成员有亲属或邻里关系，虽然这种情况通常难以证实。然而， 127
有位作者坦白了这一点。在1788年为戎墟粤东会馆撰写的文章
中，温汝适从颇为新颖的角度阐释孔子之道，为商人的逐利期

望进行辩白：戎墟毕竟是一个谷米市场，修葺这儿的粤东会馆意味着对农业根本的重视，也就是把重点放在了农业而非商业上。温汝适接下来写道："……又亲戚宗族，往来戎者甚众，未敢视同秦越也。"正是这种与戎墟及其会馆的私人关系使温汝适愿意让自己的功名为这一重修事业锦上添花。[53]

另一方面，粤东会馆的碑文还揭示了珠三角的政治经济影响以西江流域沿岸贸易网络或者商业圈的形式往上游扩大。由于至少部分捐助者的名字前面加上了特定的地区，这种关系网变得明显起来，这些被罗列出来的地区几乎都不是会馆所在的地方。我们可以探讨一下纪念戎墟粤东会馆 1788 年重修工程的三块石碑。[54]戎墟是重要的谷米漕运中转中心，其服务对象是从事长途贸易的商人。[55]第一块石碑上是温汝适撰写的碑记，剩下的两块列出了重修工程捐助者的名单。第二块的碑文主要列出了应是来自广东的戎墟商行，还列出了一些供奉了特定祭品的广东盐仓，以及捐助了杂货、油及其他商品的商行。第三块的碑文以"筏"或者"商号"的形式把捐助者归入 13 个小组。[56]每个小组里的名字按捐款多少排列，从捐得最多的开始，每个商行的名字前面都缀有地名。这种分类隐含着地理上的考量。[57]例如，名列第一的"其源筏"由 87 家商号组成，它们所在的上游地区集中在贵县和南宁之间，尤其是横州和永淳，还有一些沿着从百色和龙州而下的支流分布。这一组中的下游商行则位于佛山、龙山和陈村等特定的珠三角地区。

130　　47 家商行组成了第二组"广益号"。其中的上游商行分布在自柳州而下的柳江上下游，在象州和来宾区域尤为集中。7家捐助者来自来宾的大湾圩，有几个名字与几乎同时代的大湾北帝庙石碑上的名字一致。下游的商行成员位于珠三角的几个特定地方以及广东西部的罗定。第三块石碑上的其他 7 组商行集中在西江支流沿岸的各个地区，从柳州、来宾及其上游的百色和龙州，经过藤县上游，直到容县和北流县均有分布。就这样，戎墟的粤东会馆为商人们的内部网络服务，其范围下及珠三角、上达远至龙州和百色的众多西江支流。人员、商品、金钱和信息就在这些网络中流动。

在戎墟粤东会馆的捐助者所在地中，府河显然缺席了。广东人在府河以北以及桂林府的大部分地区都面临着江西以及尤其是湖南流寓商人的激烈竞争。[58] 大型粤东会馆坐落于既是县城又是府城的平乐，其服务的会众估计和戎墟石碑上的人士不太一样。两所会馆里供奉的不同神明也许能反映出他们面向的不同对象。实际上，不是所有的粤东会馆都供奉同一个神明。戎墟的粤东会馆和西江流域其他几所服务于广东商人的会馆一样，供奉的是关帝。[59] 我们已经知道北帝作为广东神明被供奉在大湾和大乌圩的庙里，这个神明也出现在西江流域之内的贵州部分地区：古州和荔波。[60] 府河沿岸的粤东会馆（桂林、平乐、荔浦）和迁江的粤东会馆，以及南宁的二邑会馆，供奉的都是天后。[61]

平乐的粤东会馆似乎是由一座天后宫改造而来的，这座天后宫和大乌圩的列圣宫一样，一度是广东商人移民的"家园"。一块 1725 年的石碑记载了这所会馆的重修工程，指出会馆创立于明万历年间。遗憾的是，石碑上已经模糊不清的文字无法提供更多信息。[62] 但一块 1771 年的石碑记录了重修"粤东会馆天后庙"以及建造一座戏台的事情，这十分清晰地表明广东移民们供奉的是天后。这块石碑再一次指出会馆的建立可以追溯至万历年间，但也承认在三藩之乱后原来的馆址已不可考。这极

131

有可能意味着18世纪20年代的重修工程实际上是把庙宇改造为会馆，而不是重修原有的会馆。[63]

与戎墟粤东会馆相比，平乐粤东会馆不但供奉的神明不一样，其服务的粤商网络也不同。从纪念这个会馆及其戏台1815年重修工程的一组石碑可以看出这一点，石碑上只列出了捐助者的名字。第一块石碑上大多是没有标注所在地的商铺名和人名；第二块石碑上的名字被分成了几组，其中有以一条街道（它很可能位于平乐府城）名字作为开头的，也有辐射到府河及其支流所在的大部分地区的。然而，有一组几乎完全由珠三角的商行构成：13家南海商行（其中7家特别标明了是佛山商行）、10家新会商行，1家顺德商行和1家番禺商行。这一组里的外围商行中有1家位于平乐县沙子镇，4家在南宁，还有1家远在百色。[64]

最后，服务于跨省会众的百色粤东会馆代表着广东经济对西江流域上游的影响力。虽然1840~1842年重修工程的碑记没有对捐助者的所在地区进行排序，但这些地区要么写在了捐助者名字之前，要么可以通过推断得出，我们可以由此感受到这一影响网络的范围。根据与之相关的42名捐助者的名单，田州是这一网络中相当重要的节点。位于同一区域的有田州对岸的奉议（7名捐助者）以及南宁（4名捐助者）。百色上游包括西林县（6名捐助者，其中一位是捐了100两银子的当铺）和泗城府（2名捐助者）等广西北部地区，以及云南境内的剥隘（2名捐助者）、广南（2名捐助者）、板贵①。包括南宁、田州和剥隘在内的这些地区里有很多都设立了会馆。位于

---

① 板贵在今贵州安顺，安顺在明永乐年间以前都是云南行省的辖地。

珠三角地区的捐助者包括 6 间佛山当铺和 1 间新会货栈。值得一提的是，来自代表顺德和南海特定圩镇的几个组织也捐了款。[65]

　　刻在戎墟、平乐、百色的粤东会馆碑文上的三个关系网络以重要的沿河市场为中心，加入了来自上游更远处以及珠三角其他市场的粤商。通过这些网络，下游的某些地方得以与上游的特定市场相连，这推动了商人、货物、金钱和信息的流动。如果说亲属关系和祠庙有助于建立长途贸易中的信任感并让商人移民在上游市场中立足，那会馆就代表着上游贸易组织形成了更高层面的机制。而且，虽然朝廷提倡宗亲关系并承认特定的神明，甚至有一些当地官员会支持某个祠庙，但会馆作为可以在上游地方与朝廷合法接触的机构，比祠庙更加可靠。这两种机构及其赋予粤商的合法权利共同增强了站在上游当地民众对立面的粤商势力。

广东商业与国家

　　广东人如何主宰了西江流域大部分地区的商业？答案的第二部分在于广东人的商业利益与国家的行政利益是高度一致的。这并不是说广东商人和上游官员之间没有出现任何冲突，冲突肯定是有的，比如，我们会看到迁江县发生了一次知县与商人之间的较量。然而，在本书研究的年代里，广东商人和上游官员的利益，乃至从更宽泛的层面而言，移民与帝国在西南边地的利益，在很大程度上是重合的。在西江上游边地，广东商业网络的扩大和国家行政变革的推进是齐头并进的。

毁林拓地：商人与国家在边地的开发

　　总体而言，帝制晚期的中国可以从西江流域贸易中获利，其中有三个显著的例子：沿海粤盐可以运往上游分销；谷米可以沿河而下供应珠三角日益增长的人口；以及云南的铜矿可以跨省输出，为官府铸币提供补给。这一模式在明代形成，当时梧州开始承担起为上游更远处的军事地区提供补给的重要角色。在16世纪70年代的军事行动与行政变革中，官员们提出商业活动中断要归咎于当地"盗匪"的滋扰，以此为实施朝廷政策的理由。这些行动结束后，官员们依赖商人移民来巩固国家对边地的控制。

广东人以上游官员和珠三角文士的身份推动了这项事业。1572年，霍与瑕在题请建置新宁州时就倡议召集商人，把这个新设置的州改造为繁荣的河港。[66] 在表彰西宁第一位县令的文章中，霍与瑕提到这位县令在建县后"下深山之材弛商人之税，远近闻风，趋附恐后"。[67] 一个世纪之后，屈大均描述了西宁县里由广东人主导的大规模伐木活动：

> 西宁在万山中，树木丛翳，数百里不见峰岫，广人皆薪蒸其中，以小车输载，自山巅盘回而下，编箄乘涨，出于罗旁水口。[68]

如果说霍与瑕在16世纪末描述了最早涌入新开置上游边地的粤商群体，屈大均则展示了17世纪晚期粤商对系统开发上游资源的精心组织。

相似的景象在18世纪早期屡见不鲜，此时的清朝官员在提到军事行动目标地区的各种资源时更是不加掩饰。[69] 比如，在提议实施军事行动和建置古州这一行政单位的宫中档案里，官员经常提及潜在的商业资源。鄂尔泰之前的一位云贵总督在1725年报告贵州情况的奏本中提到该地出产桐油和各种木材。[70]军队平定古州不久后，广东商人尾随而至，这和米华健（James Millward）以及戴莹琮在研究 18 世纪针对西北及西部边地的军事行动中其他地区的商人群体时发现的情况一样。[71]也就是说，广东商人成了西江边地必不可少的帝国中间人。

134

随着明清帝国对西江流域的控制加强，以及广东移民和其他地区的汉人移民增多，广东人占据了当地市场，一些作为粤商贸易网络节点的沿河市场在当地市场的旧址上落成。例如，桂平县两所最重要的粤东会馆分别位于县城和江口。两所会馆似乎都建在此前由瑶人经营的市场之上，或者和后者毗邻。桂平地方志记载了一个位于县城南门外的"古猺圩"，这个地方后来被叫作"会馆街"或者"粤东会馆街"。[72]关于江口这个地方，县志编纂者提供了简短的说明："旧在墟西，对岸为猺人贸易场，乾隆间迁今地，清世猺人远遁，外籍日众，渐繁盛。"[73]

相似的过程发生在深入上游更远处的古州厅等高地。晚至 19 世纪末 20 世纪初，古州主要的市场在城里以及附近的郊区，而一所粤东会馆就建在城里。根据当地说法，在 1729 年古州建厅之前，该地住着侗人和苗人，与汉人少有接触。后来广东商人开始从柳州往北沿着河流来到这里。最初当地人只允许粤商在河对岸的一个地方做生意，这里后来成了古州的中心。随着越来越多广东人在当地人居住处对岸开设商铺，这个地方成了人们所说的"广东街"。古州开置之后，与朝廷控制一同而至的是日益增加的广东面孔。粤商做生意的地方转到了原来的当地人居住地，现在这儿成了古州镇。最初在河对岸的广东街这时被用来安葬在古州去世但遗体未能被运回原籍的广东人，因此名字也变成了"广东山"。"广东山"上晚清和民国初期的坟

135 墓显示，古州的粤商来自一系列广东地区。其中一个清朝男子
的原籍得到了详细说明——广州西郊的"油栏"。这是城里油
行的所在地，意味着这个男子可能从事古州与广州之间的桐油
生意。[74] 广东人占据当地市场的过程与土司管治地以及苗人居住
地的改土归流的进程是并行推进的。古州等当地人居住地被同
时改造为帝国政府的所在地以及粤商市场。

修桥补路：粤商与上游管治者

佛山霍氏的一本族谱里包括了一系列族训，这些族训根据
族人的职业分类，由一位 1660 年的举人在 1702～1703 年编撰，
和商人对应的族训是"三十六善"。其中一条指出，商人要捐
资维护基础设施——"修补桥梁道路"。另一条族训提出要避
免卷入官非，还有一条只是简单地提出要"敬重父母官"，这
里的"父母官"就是地方官员。[75] 在 18～19 世纪的日常行为中，
粤商奉行这两条准则，在资助公共事业的同时与上游地方官以
及衙门差役建立联系。事实上，在很多既是行政中心所在地又
是重要市场的上游地方，粤商和地方官及其手下的佐杂人员发
展出了能够运作的关系网。

粤商之间的合作，以及粤商与本地官员及其佐杂人员之间
的合作，在各个粤东会馆的石碑上都能找到一些痕迹，这种情
况在平乐尤其突出。会馆里可追溯至 1771 年的一组石碑共有两
块，纪念会馆天后庙的重修和戏台落成，碑文提供了一些粤商
与上游管治者互动的线索。首先，捐款最多的资助者中有一人
贡献了超过 32 两银子，他的名字叫欧阳林材。1853 年顺德地
方志的人物列传中就有欧阳林材的名字，这些人物大多是因行
善而知名的商人。编纂者笔下的欧阳林材曾经在广西经商，他
136 每年都会制作一些棉衣分发给乞丐。平乐知县认为这是值得人

们仿效的善举，于是送给欧阳林材一块上书"尚德"的匾额。[76]
欧阳林材在平乐必定相当出名，其影响力足以让他和县令搭上
交情。

其次，这块 1771 年的平乐石碑记录了县兵房、县户房和县
工房各自捐助的 0.8 两银子，这些是佐杂官员所属的衙门各部。
这组石碑中的第二块记录了"平乐县七房"共同捐出的 20.5
两、府户房捐出的 3.5 两，以及另由"三府粮房"捐出的 3.5
两。府库房在这块石碑上出现了两次，这次是作为 1770~1771
年重修工程的九名司理之一，其他八名司理显然都是商行。[77]衙
门人员和粤商之间的关系处于不断发展的阶段。三府粮房再次
出现在 1815 年重修会馆及其戏台的碑记上，一同出现的还有慷
慨捐出 24.36 两的府承发房以及其他三个县衙部门。在了解这
种关系的过程中，我们可以认为广东移民通过充当佐杂官员，
为自己在平乐府县衙门中找到了一席之地。在上游各县担任佐
杂官员这件事上，高明人尤其出名。平乐的非广东籍佐杂官员
和粤商也很可能以某种互惠互利的方式进行日常接触。

粤商吴才略的传记罕见地详细记录了一个广东商人一方面
游走于家族、祠庙和会馆网络之间，另一方面与自己经商所在
上游城市的官员建立关系的情况。[78]吴才略的儿子是进士吴祖
昌，他为父亲撰写了这篇传记并将其编入了吴氏族谱。这篇传
记由于详细记录了一位商人的经商经历以及对祠庙的捐助事迹，
在同类作品中显得很突出。吴祖昌在父亲去世后写下此文，他
从书信、合同、碑文以及对前辈的采访中获取信息。我们将在
后面讨论婚姻模式和宗族构建的章节中再次回顾这一史料。我
们在此处的焦点是吴才略的经商活动，他对祠庙、会馆等机构
的捐助行为，以及他与官员们的交流活动。

137　　　1753 年，吴才略在贵县县城的家族店铺中出生，他的父亲来自南海，至少从 18 世纪 40 年代起就在贵县做生意。吴才略的父亲在 1755 年去世，几年以后他被带到毗邻贵县的浔州府治所桂平县，与母亲一起生活。十几岁时吴才略开始学做生意，并于 1767 年回到贵县，在堂兄的一间店铺里当学徒。1781 年，这位堂兄来到桂平开设了和昌税铺，还让吴才略当上了掌柜。吴才略在商人生涯之初就开始与当地衙门打交道。传记里第一次提到吴才略和一位非亲属人士合伙做生意的时间是 1786 年，他们开设了一间叫"聚源号"的税铺。1790 年，吴才略又和别人合伙多开了两家店铺，一家是与非亲属人士合开的"广源当铺"，另一家是和一位堂叔合开的新税铺。1806 年，吴才略再次和非亲属人士在桂平开设了"公正当铺"。

在吴祖昌笔下，父亲第一次行善是在 1772 年，当时吴才略在平南县大乌圩出资修建了一座桥，这座桥很可能就在大乌圩列圣宫外面。1788 年，吴才略的"桂平广源号"作为捐助者出现在纪念戎墟粤东会馆重修的石碑上。不过吴祖昌记录的大部分善行都发生在桂平。1789 年，吴才略和另一人到下游的佛山采购砖木瓦片，用于重修桂平县城的粤东会馆。1794 年，吴才略倡议重建桂平的伏波庙；两年后，他带头建起了一座药王庙。1805 年，吴才略和当铺合伙人一起组织了桂平西南 10 公里开外一座桥梁的重建工程。1809 年，吴才略先是到了佛山，接着前往广州，为桂平的一座佛塔购得铜顶一个。19 世纪 20 年代，他修缮了桂平的北帝庙。

吴才略最为热衷的善事是修建桂平县城外西山上的一众庙宇。在 19 世纪初的很多年里，吴才略都是那儿一个庙堂的修缮筹款牵头人，他和包括"广源当铺"合伙人在内的"志同道合

者"把这个地方当作休闲胜地。1804 年，在修葺一所供奉一个
唐代知府的祠庙时，吴才略发现了一块从前的石碑，上面刻着
某个村子的农民应当交出田租以供养这座祠庙，但由于土地已
被售出，租金已经超过二十年没有流入祠庙。吴才略和一些
"友人"到乡下去，威胁说神明会对这种行为进行报复，迫使
那些买家归还土地，这样一来，租金得以重新流入祠庙作供养
之用。1817 年，吴才略扩建了西山庙堂旁边的龙华寺。他的名
字以多种形式出现在一块罗列了 1802 年龙华寺大殿修葺工程捐
助者的石碑上。"吴才略"的名字出现了两次，以不同字体书
写。一家叫"和昌典"的店铺可能就是吴才略的堂兄在 1781
年安排他打理的税铺。"广源当铺"和"公正当铺"也赫然在
列，虽然吴祖昌提出后者直到 1806 年才开设。

　　在进行众多慈善工作的过程中，吴才略和他所在的桂平县
的官员们有了接触。他在 1791 年说服桂平知县拨出一部分渡船
税收来供养三界庙，还协助为摆渡的疍家人登记户籍以继续向
他们收税。接下来那一年，吴才略和浔州知府合作，安排打捞
河里的尸体，这在春夏两季汛期是十分棘手的问题。在 1798 年
恳请官员允许扩建天后庙建筑群以及 1800 年重修城隍庙的请愿
书中，吴才略是牵头人。1814 年，他向桂平县教谕提出重修官
学附设的文庙的建议。

　　作为广东流寓精英的一分子，吴才略以商人和捐助者的身
份活跃在贵县、桂平、大乌圩、戎墟、佛山以及广州。他靠着
亲戚关系以及很可能是广东同乡的人脉网做上了合伙生意。同
乡人脉网络的重要性从他对戎墟和桂平的粤东会馆的捐助中可
见一斑。与之相似的是，这位富有的粤商成了某类祠庙的主要
捐助者，这些祠庙推动了粤商的内河贸易活动，促进了广东经

138

济对上游地方的深入影响。在这些善事中，吴才略很多时候和桂平当地官员及其佐杂人员有密切接触。他负责通过税铺收取本地商业税，这一角色必然让他在与桂平官员发展关系时享有优势。

139　　吴才略也许是一位十分活跃的流寓机制赞助者，而且他与桂平官员的关系相当好，但他既要建立商业网络又要与官方缔结关系的双重策略并不鲜见。粤商在西江流域大部分地区取得经济主宰地位所依靠的组合是：基于亲属与同乡关系的移民网络、广泛却又带有选择性地捐助祠庙和会馆的行为，以及粤商与上游官员之间通常互惠互利的关系。上游官员依靠粤商提供的从征收商业税到维护城市基础设施的一系列服务。包括土司在内的一些上游精英显然也从粤商在上游的扩张中获益，但总体而言，上下游之间的区域不平等还是很明显。从广东的经济和政治影响中产生的模式，使上游的本地人在面对广东移民时处于下风，而后者经常得到国家当权者的支持。这一情况可见于谷米贸易和当铺这两种由粤商垄断并且在广西中部及东部河谷最为盛行的商业活动中。这里可以用发生在 19 世纪早期的两个事件作为例子。

谷米输出之争：1804 年的迁江县

1804 年广西中部迁江县的粤商与知县之间的争端很好地展示了谷米贸易的动态面貌，以及上游当地精英、粤商和不同层级官员之间的交游活动。在谷米输出的背景下，本地士绅和商人移民的争端反映了省与省之间的竞争，让人想起濮德培（Peter Perdue）笔下 1891 年发生在湖南湘潭的冲突。[79] 然而在迁江县的事例中，与当地士绅相比，商人移民与省级官员的关系更为密切，因此占据了上风。

这个事例的焦点是粤商与迁江署理知县之间的矛盾，后者是一名叫唐登云的山西举人。根据案例的记载，当时在迁江县有一所粤东会馆（虽然并无明确说明，但很可能在县城），县里的粤商成员每收购 1 石米要向会馆缴纳 0.2 两银子。收上来的这笔钱由会馆保存，作为修葺会馆、祠庙和桥梁的"公用"资金。1804 年 4~5 月，"粤东商民"陈达明和余有成"合伙"收购了 7 万石谷米，他们打算在谷米装船后将其运往"东省"销售。当时迁江县由于暴雨连连而米价上涨，以潘兴为首的县民提交请愿书，要求禁止输出以销售为目的的谷米。知县同意了这一请愿，派出两名衙差阻止运粮船开出。陈达明试图在知县采取行动之前把船开出迁江，但两名衙差及时赶到把船拦下。唐知县认为陈达明"违禁私开"，命令他和余有成捐出 400 两银子用于翻修县里的关帝庙，如此才能把被扣押的船只取回。两名粤商从会馆的公用资金中取出 200 两，于 6 月 5 日交给县里，并请求在不缴纳余下 200 两的情况下取回船只。知县把罚款交给关帝庙的主事人作修缮之用，但仍要求两人把剩下的钱都交了。6 月 6 日，唐知县派他的郭姓仆人和两名衙差到河边巡逻，当余有成请求他们放走运粮船时，郭姓仆人同意了，同时索要贿赂作为回报。唐知县对这桩交易并不知情。商人们给了郭姓仆人 10 两银子，衙差一人得了 7 两，另一人得到 3 两。在郭姓仆人和衙差仍不放行的情况下，商人们发现广西总督此前发布过一道公告，允许商人自行运输谷米，他们把公告刻在一块石碑上，带到县衙的正门，希望把石碑立在那里向知县施压以取消禁令。唐知县认为这种行为属于"挟制"法令，于是把商人们都抓了起来。商人们的反击是指控唐知县要求捐修庙宇的"陋规"，并把知县下属的行径告上了巡抚衙门。[80]

141 　　正如陈春声和马立博（Robert Marks）提出的那样，这个事例的基础背景是 18 世纪末期已经根深蒂固的上下游经济交换。陈春声指出，广东的缺粮问题在万历年间达到了高峰，而且此后一直如此。广东农民开始种植更加有利可图的经济作物，同时依靠市场获得他们的口粮——大米。广西成了珠三角的广州、肇庆和惠州三府主要的大米供应地。[81] 粤商控制着供应珠三角人口的上游谷米私运贸易。根据广州府通判裁定的案件，广东人参与西江谷米贸易最早可以追溯至 17 世纪 20 年代。在一个案件里，一名在梧州收购了 54 石谷米的男子在从梧州至南海途中遭到税厂的压勒，而另一个案件中受托从横州运出谷米的船主诈称客户的货物掉到了河里。[82] 虽然有这些风险，广东米商还是继续扩大他们在上游的生意。17 世纪晚期，屈大均笔下的广州已是"恒仰资于西粤"。[83] 陈春声形容由此形成的市场是珠三角中心地带与它的上游边缘地带之间一种更为普遍的不平等交换的一部分。粤商一方面从上游地方取得木材和谷米等自然及农业产品，另一方面在上游地区销售在珠三角生产的商品。[84] 上游地区成了珠三角腹地的边缘地带，来自腹地的粤商垄断了边缘地带的资源开采。[85]

　　在这种不平等交换的背景下，1804 年迁江事例中的各方谋求的是不同类型的利益。根据记载，事例中代表迁江当地士绅的是潘兴，但遗憾的是我们对他所知不多。[86] 潘兴似乎是上游本地士绅中的典型人物，在史料中他们时不时成为群众抗议行动的领袖，以阻止本地的谷米输出。这通常被朝廷列为阻碍谷米进入下游粮仓（"遏粜"）的负面行为。陈春声注意到这些群众抗议通常出现在饥荒期间，或者是前一年储粮不足而新的

142 作物尚未成熟的春季月份。[87] 实际上这也是迁江县发生冲突的大

致时期。

上游精英普遍对谷米源源不断地输出感到不满。一位广西文人在 1812 年编纂的诗集中抒发了这一情感。编纂者收入了临桂县举人黄苏的一首诗。这首诗被当作"民谣"，这样黄举人就能模仿平民的口吻表达对两省不平等的担忧：

> 粤西田，粤东谷。
> 粤东饭，粤西粥。
> 手背手心都是肉。
> 遏籴固不可，
> 独移河内粟。[88]

读者应该知道怎么理解这首短诗：广西农田里种出的稻米被广东消耗，广东人吃着大米，而广西人所剩无几，只能添水煮粥，让自己没那么快就饿肚子，虽然两省人民同是天朝百姓，但他们的生活水平悬殊；朝廷不允许禁止谷米输出，广西人只吃得上粗粮。黄苏在诗中流露的情感与谢济世强烈反映的桂林精英对广东士子移民的不满遥相呼应。不管他们谈论的是考试名额还是储粮，黄苏和谢济世都在哀叹广东移民攫取了上游资源。

国家代理人在监管西江谷米贸易中的利益并不一致。19 世纪的清朝皇帝有时会批评各省官员心胸狭窄，只考虑自己辖区的利益。广东官员倾向于减少监管，由市场来调节谷米供给。与之形成对比的是，当广西的粮价上涨时，那里的省级和地方官员会阻止大米往下游输出或者强行收购一部分作为广西的屯粮。例如，1743 年春天，桂林和柳州由于饥荒而粮价飙升，一位广西巡抚在梧州截留了一艘开往珠三角的运粮船。[89]事实上，广西官员为上游精英争取利益的同时，广东官员也在支持本省米商的活动。然而在黄苏写下那首诗的时候，所有的省级官员都倾向于支持两省之间的谷米流通，而且皇帝也赞成此事。因此朝廷对阻止谷米输往下游的"遏籴"行为采取强硬立场。[90]和1760年朝廷在科举考试中支持上游精英的情况不同，在18世纪晚期的跨省谷米贸易中，清帝国和广东移民的利益是相当一致的。

稻田清一让我们注意到直接针对"遏籴"行为的禁令，这一禁令由广西省级官员颁布，刻在桂平县新圩三界庙的石碑上。禁令源自两个南海商人在1792年和1793年共同提出的投诉。在新圩、江口以及桂平其他市场做生意的商人们强调广东百姓以广西谷米维生，但他们在桂平的各个市场遇到了"无赖劣绅"的抵制，这些人和衙门人员合伙阻碍大米输出，并以"购米囤粮"的名义强行征收不合法的赋税。更恶劣的是，衙门人员已经过分到扣留船员的地步。包括两广总督在内的省级官员以禁令回应了这一诉求，警告称任何阻挠谷米输往珠三角的人将迅速遭到惩处。稻田清一认为这道禁令形成了一个先例：广西官员再也不能在谷米运往下游之前向粤商强行收购了。[91]

如果稻田清一关于三界庙石刻禁令形成了先例的论点是正确的，那么这一条文和1804年迁江县粤商刻在石碑上并带到县衙门前的公告就是同一性质的。如果它们并非同一性质，那么禁令中朝廷对"遏籴"行为采取强硬立场的例子还是解释了商人们为何有权立起这样一块石碑，实际上他们是在利用省级官员的权力来对抗县令。三界庙的石碑以及很可能从碑文中得到启示的1804年迁江县抗议行动，均利用了18世纪20年代以来关于这一问题的奏章和法令中的说法。迁江县的粤商十分清楚政策是变化不定的，而且在和迁江知县的冲突中为凸显省级官员的权威做了充分准备。

这让唐知县陷入了困难境地，虽然这也许是因为他没有遵循常规；当然，别的迁江县令和县内粤商相处得很不错。1762～1763 年的迁江知县就是其中一个例子。当他在县里的征税额没有达标时，顺德商人吴敏为他捐出了 2000 多两银子，我们从吴敏在顺德地方志中的小传得知这件事情。当这位知县在任上去世时，吴敏为他购买棺木，并亲自扶灵到他的原籍所在地湖南。我们只能猜想这位知县执行了对吴敏等粤商大开方便之门的政策。[92]上游地区的地方官员在安抚本地精英的压力下对广东商人移民的支持程度令人印象深刻。不过，唐登云坚定地站在了迁江本地精英的一边。

唐知县向他的上司、广西巡抚百龄详细汇报了这一事件。巡抚此前已经从另外两个来源中得到了迁江事件的信息：一是被派去开展进一步调查的官员呈上的报告，二是粤商的请愿信。唐知县在最初呈给巡抚的报告中称这些商人"盘踞"在迁江县放高利贷（"重利放债"）。[93]唐知县在这里使用了之前的政务讨论中关于这一问题的说法，他对粤商牟取"重利"的指控呼应了一位广西巡抚在 1727 年对广东人的看法，这位巡抚指责广东农民之所以依赖广西谷米，是因为他们一心谋利，把稻田转而用于种植经济作物。[94]

巡抚百龄派出桂林府同知梁森去调查这一事件。商人们应该感到如释重负，因为梁森是顺德人士，不知道是否出于同乡之谊，梁森对唐知县发起了猛烈抨击。[95]他注意到迁江县对粮价和谷米输出已经有了详细的成文规定：如果 1 石谷米的价格超过 2 两，就应当禁止谷米输出；在没有达到这一价格的情况下，商人可以自由运输谷米。梁森发现迁江的冲突在 1804 年春天爆发时，1 石米的价格仅仅比 1.3 两多一点，因此潘兴和唐知县都没有任何阻止谷米输出的官方依据。他补充称，在迁江做生意的粤商人数极多，这些人连续数代都在经商，这并不意味着他们在迁江欺行霸市。即使他们有时候向本地农民放债，也远远称不上是"重利盘剥"。梁森最后得出的结论是，唐知县为了隐瞒下属勒索商人的事实而扣留了他们。[96]

除了梁森的调查报告，陈达明和他的商人同行们还向巡抚衙门投递了指控唐知县渎职的诉状。诉状的落款并不是粤东会馆，但陈达明和余有成显然与会馆有联系，并提取会馆的资金来满足知县的一部分要求。会馆似乎是一个为相对富裕的商人群体谋求共同利益的组织，这个组织的利益反过来也并不总是和迁江士绅精英的既得利益相冲突。[97]

为了搞清楚为何唐知县的汇报与梁森报告以及商人诉状中所呈现的事件版本有巨大差异，巡抚再次从桂林调派了一名官员（这次不是广东人）到迁江开展进一步调查。1805 年夏天，在知县和他的商人对手提供了更多证词后，梁森报告中的一些基本结论得到了证实。冲突发生时的粮价是大约每石 1.3 两，唐知县承认他对商人"重利放债"的指控是道听途说。唐登云因"违例遏籴"被弹劾。商人们因为私自将总督的公告刻成石碑和诬告知县非法收税而获罪。

在这个事例里，迁江的本地精英希望利用知县来对付粤商，后者则反过来利用省级官员的权威对抗知县。商人们的幸运要得益于最初调查事件的是一位广东同乡。虽然他们不是绝对的赢家，但他们在谷米贸易中调用省级官员的权威来支持自身实质利益的做法相当有效。这是一个掌握了大量非正式权力的群体。清朝官员和粤商在谷米贸易中共享着互惠互利的关系。

当铺：知府的耳目（1819 年的思恩府）

146

很多粤商经营着输出广西谷米到珠三角销售的生意，还有一些则加入了遍布上游的粤商当铺。和米商一样，当铺主与上游官员共享着互惠互利的关系，尤其当这些官员是广东人的时候。1819 年任思恩知府的李可琼就是一个例子。李可琼鼓励粤商在他的辖区内没有当铺的地方开设这项业务。他声称当铺会给当地人带来便利，而不是让官员获利，以此证明这是正当行为。[98] 李可琼对商业世界并不陌生，因为他是佛山一间银器行的股东。[99] 他的父亲李士震是一名曾在郁林等地做生意的商人，他的兄长李可蕃于 1802 年考取过进士，并担任过翰林院学士。李可蕃曾经利用自己的身份奏请朝廷颁布法令，禁止向运输广西谷米至珠三角的船只强行征税，而且要求刻碑展示这道禁令。[100] 因此，李可琼在商业知识和利益方面能有一些话语权。而且李可琼不是唯一指出当铺能带来好处的清朝官员。[101] 只不过在典当行业和更普遍的放贷行为方面，上游本地人往往也不是粤商的对手。和谷米贸易一样，典当行业让我们得以了解粤商和上游官员之间的关系，在 1819 年之后的思恩，由于来自广东商业中心佛山的上游官员的促进作用，这些关系运作得相当畅顺。

犯罪案宗和其他史料来源显示，很多上游粤商从放贷中寻求额外的利润，即使他们没有开设当铺等金融机构。在客人购物并知道自己可以晚一点再付款的情况下，广东当铺主和小商贩经常承担了放贷者的角色。大部分情况下欠债者都不是广东人。有时候他们是与广东人有竞争关系的移民群体，比如，1799 年发生在怀远县的一件案子里，来自湖南的船主和一个来自顺德的人发生了冲突，后者和族侄以及族侄孙一起开设了一间杂货铺。[102] 更普遍的情况是案件中的债主是广东人而欠债者是上游本地人。[103] 在另一个发生于 1799 年的案件中，南海人梁某在迁江南边的一个圩镇开了一间杂货店，雇了另一个姓陈的南海人当帮工，陈某在四年前移居至迁江。一个姓王的人在他们的街对面开了一间豆腐店。由于两个南海人的证词清晰地表明他们的外乡人身份，而王某并没有这样做，因此审理和记录这一案件的官员默认他是迁江本地人。矛盾的起因是农历八月王某请陈某做中间人，以每月 3 分的利益向梁某借 2.5 两银子，约定农历十月连本带利归还。梁某为此起草了一份合同，这表明这位杂货店主曾经这么做过，或者是有同行给了他有用的建议。临近年关时，王某请求延期还债，并承诺在正月初三归还本金和利息。正月初三那天，梁某带着陈某去收债。陈某似乎是个很能干的伙计和打手，最后居然打死了一名试图劝阻广东债主和本地欠债人打斗的村民。[104] 由此看来，活跃在上游的商人发展出向上游客户放贷的业务相当常见，这类商人很多都是杂货店主。[105] 在某些情况下，这也许是赊账的自然产物。

希望在更加系统的基础上从事放贷业务的粤商会开设典当行（通常是当铺）。在纪念服务广东人的祠庙和会馆落成的石碑上，当铺往往是比较显眼的捐助者之一。这些店铺对建庙修馆的大力资助印证了陆冬远（Richard Lufrano）关于典当业在清代中国备受尊重的观点。[106] 与广西西部相比，广西东部的典当业更为繁荣，但在纪念百色粤东会馆 1840~1842 年重修工程的石碑上，也能找到郁林、田州和奉议的当铺。在平乐粤东会馆的石碑上，当铺罕见地缺席了，但我们知道这个地区是有这种行当的，通常由广东人经营。平乐县沙子镇有一间曾经由粤商经营的当铺，至今仍矗立于周边的建筑物之上。[107]

民国时期和新中国成立后早期的社会调查可以让我们大致了解上游地区的粤商当铺是如何运作的。整个广西的当铺似乎普遍由外省人开设，在一些表明了这些外乡人省籍的事例中，当铺主都是广东人。在广西的广东籍当铺主基本会雇用其他广东人来打理店铺。[108]1799 年，迁江的南海籍杂货店主向欠债人王某收取的 3 分月利息也是典当业的标准利息。最普遍的典当物是衣服和床褥，但也包括土地或建筑物的所有权。赎回可移动财物的期限一般是十个月到一年不等。典当交易一般发生在春天或初夏，赎回则在晚秋或早冬。[109]

虽然注重道德的官员会斥责放高利贷的商人，但典当生意对朝廷还是有好处的，因为很多地方对典当行的征税可以用来补充本地行政管理的支出。为了换取营业牌照，当铺每年都要缴交经营税。在 19 世纪中叶前，每间当铺每年缴交 5 两银子的经营税，而这一收入是直接进入县财政的几种商业税之一。据说 19 世纪初在桂平县境内的当铺多达 20 间，大致处于同一时期的迁江县有 6 间，而据说 1835 年的平南县有 8 间，这实际上意味着典当行业逐渐衰落。这些当铺都要按规定每年上交 5 两的经营税。[110]

一些上游人士也认为当地社区出现当铺是有好处的。1726 年的桂平县举人曹厥恒就是一个例子，虽然他似乎并不是最近才移民到桂平的，但《南海县志》的编纂者仍称他是本地籍贯的举人。曹厥恒活跃在村里以及附近的下湾圩，下湾圩位于桂平和贵县之间的河道边上。除了资助常见的项目，曹厥恒还因为创建了下湾圩的市场以及"招徕典商以振民业"而知名，据说下湾人民因此对他十分怀念。[111]

李可琼也以思恩知府的身份招徕当铺到上游营业。佛山地方志的李可琼小传中，思恩被描述为一个偏远的"烟瘴之地"，水土恶劣，土人和汉人杂居，因此他们笔下的大部分思恩知府都在安全且舒适的宾州发号施令。[112] 但李可琼不是这样。他修缮了城墙和衙门，不但没有因为瘴气和污秽而却步，还带着母亲一起赴任。虽然城外也有一些生意行当，但他的辖区内没有当铺，穷人如果为了种田而借贷，只能求助于当地强人，这些人很可能是土司，用尽一切办法把借贷者榨干。恰好"东商"想要开设当铺，但担心思恩府及下属各县索要规定之外或者"例行"费用。李可琼的传记作者说他是这样回答的："地方设当商以便民，非以利官也，规费何为？"从此以后当铺在思恩府的各个辖区内蓬勃发展，粤商认为李可琼是有德行的官员。李可琼反过来又利用这些粤商作为自己的耳目，探听土人和汉人关系的动态，因此得以在必要时调整策略以维持秩序。[113] 作为曾在广西经商的佛山商人之子、佛山谷米贸易中知名官员的弟弟以及佛山商行的投资者，李可琼发现这些广东当铺商人是管治这个边疆府最适合不过的中间人。

虽然偶尔也会出现1804年的迁江县事件那样的冲突，但18~19世纪早期的粤商和上游官员大致上保持着一种紧密的合作关系，朝廷和粤商在推动西江贸易的过程中共享利益，国家和移民在商业方面的利益很大程度上是重合的。虽然必定有一些上游本地人能从西江贸易中获利，但从迁江士绅、失去土地的土司到穷困的借贷者，很多人还是在与粤商的竞争中处于下风。

深入山区

很多在上游经商的广东人集中在广东西部和广西东部及中

部的河谷里。但到了18、19世纪之交，山货的利润让很多粤商深入上游，进入西江流域北部边缘曾经被苗人占据的地区、西边从前的土司管治区，以及南边的越南。换言之，粤商的商业网络往上游更远处延伸，几乎把整个西江边地融入了广东经济圈。

　　随着粤商19世纪在高地的活动，他们组织起对一系列山货的开发，其中经常用到本地劳动力。在西江流域北部，木材是尤为重要的产品。古州地方志写道，古州厅"环山皆木也，伐之筏之，浮牂牁江达于粤，十倍息"。[114] 一本晚清笔记提到广西北部的"苗寨""富于木材，汉民挟资往取贩役，苗民运之乘流而下"。[115] 柳州府的杉木尤其出名，而且柳州府城是上游更远处各个开采地木材的分销中心。[116] 与木材相关的产品是木油，或者称为桐油，因为它是从桐树的种子中榨取的。这种油用途多样，甚至可以用来保养前往下游的运油船。桐油的重要生产地包括柳州府、平乐县的沙子圩和古宜圩，而古宜圩正是招健升侄儿去世的地方。在西北边，百色成了新兴的生产中心。[117] 在西江流域西部和南部的边缘地带，八角茴香以及它榨出的油是重要的产品。19世纪中叶，西江上游流域的八角茴香经常出口至欧洲和美国，也流入珠三角以及国内其他地方，至少在西江流域这些生意大部分由粤商控制。八角茴香有两个产地，一个是百色地区，另一个是龙州和越南龙山的交界处。因此，八角茴香贸易把粤商同时引向土司管治区和边境线另一边的越南。[118]

　　不管是寻找山货还是在新的市场上开设杂货店，粤商进入了仍由土司把持的地区。总体而言，官员们时刻警惕着土司管治区内由汉人商业活动引起的骚乱。比如，19世纪初的广西巡

151　抚曾上奏称余下 46 个土司的财政状况十分糟糕，因为他们向移民借贷，最后甚至抵押了自己的土地。巡抚希望针对"重利盘剥"实施严厉的禁令，让土司们得以赎回作为抵押物的地产。[119]

但在巡抚认为土司沦为广东商人移民受害者的地方，土司自己也许更多地认为这是一种互惠互利的关系，而且很多人确实允许粤商在自己辖区内开设店铺。[120] 实际上，有权决定何时何地开放辖区内市场的土司似乎欢迎商人移民的到来，和他们缔结起"资助者—客户"的关系。[121] 比如，云南抚州的土知县在 1758 年和 1779 年颁布公告，明确了田租用于供养剥隘岭南会馆的田地的所有权。这个同乡会在 1703 年购买了这些田地。在这两份公告中，土知县回应了粤商的诉求，不管他们的署名是"广东游民"还是"剥隘岭南会馆"。[122] 与之相似的是，一张很可能在 19 世纪由南宁西南山区佶伦土司州知州发出的通行证，为土司与粤商之间的紧密关系提供了一些证据。这份文件省略了商行的名号以及广东特定府县的名字，但持有者是该土州治所市场的一名店主，他来自广东某地，在佶伦经商数年后返乡。这张通行证的目的是保证他在"归东"过程中一路畅通，这意味着路上免受巡检军队和关卡的滋扰。[123] 南海盐步乡高村冯氏的一份族谱显示，来自同一房的几位冯姓人士于 18 世纪中后期活跃在佶伦，他们可能利用和佶伦土司恰好同姓来为自己寻求方便。[124] 这一证据表明，虽然一些土司和很多上游百姓一样最后背上了对粤商的债务，但某些土司和帝国官员一样，与粤商移民形成了象征性的关系。

让流寓人口增长的不是帝国开辟的边地，而是内河贸易的路线，以至于贸易成了推动西江流域广东流寓群体发展的一个
152　因素；与之相应的是，一些粤商在广西西南部土司管治区立定

脚跟后，又跟随跨境贸易进入越南。在本书讨论的时期之前，跨境贸易早已存在。16 世纪 70 年代的一系列朝廷举措增加了上游的粤商数量，这时中国和越南之间已经有了一条运行良好的水陆贸易路线。[125] 18 世纪的流寓人口增长一定十分迅猛，因为此时的跨境贸易和迁移成了清朝官员的关注焦点。1724 年，广西署理巡抚提出要关注"穷苦百姓"从下雷和湖润等土司寨进入越南做生意或者开矿的情况。这些被官员形容为"穷苦百姓"的人中有很多也许是一心赚钱的商人移民。不管怎么样，两者之间绝非泾渭分明的。虽然此时的雍正帝在犹豫是否关闭边关，七年后他转而支持改善"隘口"和"偏远山路"的状况。[126] 1734 年，新上任的广西巡抚金𬭊不但为盐的跨境走私打掩护，还包庇试图向这种非法行为强征费用的边境官府人员。[127]

　　盐走私和不受限制的矿工迁移——这类情况是官员们心目中的老大难问题，当涉及帝国边境的人员和货品流动时，这些问题就变得更加复杂了。穿越山区边境的无数条通道则让问题雪上加霜。金𬭊试图让商人们从以龙州为起点的两个官方关口出入，一处位于通向谅山的平而，另一处在通向高平的水口，再加上取道镇南的另一条官方路线，剩下的上百条通道（"百隘"）将被封闭。但到了 18 世纪 40 年代，金𬭊的继任者指出，商人们涌向宁明州城附近的一条便利通道，因为那里很容易乘船到达。要是封闭这个被各种人称为"由村"或"由隘"的通道，取道此处的商人就会被定性为走私者而被迫落草为寇。上奏之人认为，开放这条通道是更好的办法。[128] 在 18 世纪 90 年代早期，乾隆帝重申了开放由隘作为贸易通道的政策。[129]

　　这项放松边境控制的措施似乎把很多已经在西江上游流域活动的粤商吸引去了越南。到了 18、19 世纪之交时，活跃在边

境贸易中的某些广东人确实有可能被记录为受人尊敬和事业有
成的商人，而不是鬼鬼祟祟的走私客。九江本地人朱廷贵就是
一个例子。[130] 在 19 世纪的前两年，18 岁的朱廷贵放弃学业"跳
身西徼"。头几年他在龙州做生意，之后在河内的食盐贸易中
站稳脚跟，每年都会前往云南和广西。在河内经商多年后，朱
廷贵退休回到九江，于 1849 年在那里去世。[131]

很多活跃在越南的粤商走的是海路，但朱廷贵和为数众多
的粤商显然是经过西江水系进入越南的。[132] 19 世纪早期的一桩
罪案一定程度上反映了跨境贸易是如何被组织起来的。一个叫
冯宗耀的顺德人在宁明州府开了一间商行。他的特殊工作是为
跨境货品做好打点安排，包括从招募船工到所有进入越南的贸
易商队都需要的"请领牌照"。1812 年 8 月 19 日，冯宗耀从他
在谅山的广东籍合伙人处得知，有一批白银和货物将由原来的
船工（这里应该指的是一开始从宁明往越南运货的工人）运至
国内，冯宗耀前去接应他们。这个商队将带回大约 2800 块蕃银
以及布匹和鱼之类的越南货物。8 月 22 日，船工们从由隘进入
清朝的领土，往前又行驶了一段距离后，他们在土司管治区一
个村子里的旅店落脚过夜。冯宗耀在证词中说，那天晚上自己
从睡梦中被惊醒，一伙强盗闯进了旅店。我们可以从他们在旅
店过夜推断，冯宗耀此前在由隘和船工们会合，并一路护送他
们到宁明。[133] 冯宗耀在 1812 年对自己工作职能的描述与两广总
督在 1744 年的描述如出一辙。总督发现宁明州的一所会馆推选
了"客长"，这个机构成了为从隘口通关的进出口贸易提供服
务的"公所"。总督要求宁明州挑选诚实可靠的人担任这个职
务，他们接下来要负责将进出由隘的商人和货物登记在册。[134]

到了 19 世纪早期，西江流域南部经由广西的中越跨境贸易

153

154

显然已经十分普遍并且是合法的，这类贸易中的大部分由粤商控制。[135] 贸易的转移和西江流域的面貌吸引着广东流寓群体不断前往帝国边境之外的地区。粤商把家族、祠庙、同乡会这类让他们得以控制西江流域其他地区经济的机制带入了越南。

粤商与上游民众的不满

这一章以 1802 年发生在龙州的一桩涉及粤商的谋杀案作为开头，二十二年后，另一个案件展示了一名粤商移民与心怀不满的上游本地人之间似曾相识的画面。1824 年 5 月 28 日，两名男子在龙州的集市上发生了打斗。其中一名男子是本地人，名叫农彰。在中国与越南边界讨生活的非汉民族中，农姓是很常见的姓氏。另一个男子钟亚安从家乡南海县移民至龙州做小生意（"小贩生理"）。在发生争执的那天，钟亚安到集市上去，从妇人何氏手里买下 45 斤大米，何氏的丈夫也姓农（但和农彰没有亲戚关系）。两人达成交易的价格是 670 钱。此时农彰正挑着自己的大米准备到市场上去卖。他不小心听到这桩买卖的始末，于是斥责这个妇人"把米贱卖混乱市价"。当这个妇人决定不卖时，钟亚安和农彰发生了争执，两人开始打斗，钟亚安杀死了农彰。[136]

通过本章描述的见闻以及对更为广泛的清朝边疆史的了解，我们得以理解这两个案件背后隐藏的矛盾。在 1700 年至 1850年这段时间，帝国边疆的汉族商人移民几乎在各个方面都占据了上风，他们进入当地市场，还成为当地人的放贷者。到了 19世纪，汉族商人成为当地人债主的事情变得如此普遍，以致成了老生常谈。在西江流域上游的边地，当地人对粤商尤为不满，而粤商相对上游当地人而言在商业领域享有某些优势。

　　和其他清代边地的汉族商人一样，西江流域的广东人享受着四处流动的优势，以及实现这种流动的机制和网络。亲属及同乡关系，加上祠庙和会馆形成的网络，促进了长距离贸易的发展。而且由于西江河流及其支流流向珠三角，粤商比其他形成竞争关系的流寓群体更具优势。此外，粤商和 19 世纪清代其他边地的汉族商人移民一样，与清朝皇帝及其官员形成了大体上互惠互利的关系。不是所有的帝国代理人都和粤商站在同一阵线上，如迁江县的唐知县就和他们唱反调。但在 19 世纪早期，陈达明、余有成这类商人以及他们的许多同行开始希望帝国官员支持他们，因为广东人的商业利益和清朝政府的利益，或者说移民和帝国的利益，是高度一致的。虽然不是所有粤商都像为李可琼服务的思恩当铺主那样充当清朝官员的耳目，但在 19 世纪早期的整个西江流域，粤商移民都是重要的帝国中间人。

　　虽然确实有一些上游精英和百姓从粤商商业网络的扩张中获利，但很多人身陷债务或者在粤商面前败下阵来，而这一过程显然产生了一些深层次的不满。在案宗的描述里，1802 年把胡晚连斩首的三个"当地人"被一名粤商激起了怒火，这名粤商在他们眼中是卑劣的高利贷者。1824 年，农彰似乎感受到类似的羞辱，再次被激怒。我们可以很容易地想象到，这不是农彰第一次见到他所认为的龙州本地人和粤商移民之间的不公平交易。

第二部分

流寓家庭

第四章
西江流域的丈夫和妻子

　　羚羊峡是广东旅人在上游之旅中遇到的最为显眼的地标之
一，这个地方是珠三角与西江流域其他地区的分界线。经过此
处一块叫"望夫石"的巨岩后，旅行者将第一次在旅途中明显
感到告别了熟悉的珠三角风物。[1] 而远在上游的南宁附近还有一
处突出的悬崖，人们称之为"留人洞"。在整个清朝期间，珠
三角的文士精英都将这两块分别位于西江流域两端的岩石来历
相提并论，于是一个新的广东传说开始广为流传。17 世纪的博
物学者屈大均在广东找到了三处有"望夫石"的地方，其中包
括羚羊峡。他是这样描述的：

> 　　皆与广西之留人石相反者也。留人石在南宁江之北岸，
> 状如女子。谚曰："广西有一留人石，广东有一望夫山。"
> 谓此。盖广东之贾，多赘于广西而不返，其怨妇皆以此石
> 留人，西望而诅祝之。[2]

　　继屈大均之后，19 世纪早期文人陈昙在广东找到了三座
"望夫山"，其中一座在羚羊峡。他还记录了一个轻微改动过的
广东民谣："广西有个留人洞，广东有座望夫山。"他的解释

是："盖东人客于西，为西人所喜，辄赘而不归……夫望夫石在东，为思妇所化，故精魄凝而成物。"[3]

对这个传说的文人记录始自屈大均在 17 世纪晚期的记载，到了 19 世纪这个广东故事已经流传甚广。19 世纪后半叶的英美旅行者也记录了这个故事，他们也许从船夫和翻译处得知这一传说，但他们笔下的上游岩石代表着被留下的男子，而不是留住郎君的女性。[4] 以下文字来源于 1886 年出版的见闻录，很有代表意义：

> 这个地方的传说和一个离开妻子到邻省去经商的男子有关，他在那里遭遇了不幸；他忠贞的妻子在多年的焦心等待后化作了一块石头，这块凸出的岩石就是她的模样。在这道河流穿过的下一个省份，有一块叫作"留人石"的岩石，据说就是那位没有归来的丈夫，他被某种咒语阻留下来，再也不能回乡。[5]

在这一记载中，上游"留人洞"意指被留下的广东男性旅人，而不是留住他的某个上游妖女。这种说法上的变化要么是由于翻译上的差错，要么就是谈起这一逸闻的广东人看法不一。20 世纪的民间故事里记录了这个传说的一个版本，其焦点放在羚羊峡附近村落的一个新媳妇身上。她丈夫有几个堂兄弟在广西做生意，他们催促她的丈夫加入其中，这位丈夫前往广西后再也没有回来，妻子登上羚羊峡的山顶，盼望丈夫乘船归来，最后化作了一块石头。[6]

这个关于上游岩石来历的广东传说以及它在下游的版本，描述了 1570 年之后出现的移民家庭的面貌变化，勾勒出这一过程中西江流域的性别与民族关系。旅行者在河上风景中辨认出来的人物是因为男性迁移而产生的分居家庭的成员：一位留在珠三角的广东嫡妻、一位长期离家的广东丈夫，以及有可能是广西当地女性的男性移民侍妾或二房妻子。

这一章描述的流寓活动为两块岩石的来历传说以及这种分居家庭场景里的三个人物赋予了意义。广东的男性作者刻画珠三角女子及上游女子形象时，采用了大同小异的主题：守节的妇人、矢志不渝的贞女，以及西江流域男性在迁移中的特别体验——与其他民族不同的倒转的性别秩序。同时，这一章和第五章都将探讨流寓策略的人性维度和经验维度，研究人们如何为了适应男性迁移而改造甚至设计家庭和宗族的机制。

人类学家孔迈隆在中国台湾考察时发现了汉人家庭的三个组成因素：第一，作为一个**群体**，汉人家庭的成员可能是分散的，他们不一定住在同一屋檐下甚至同一个地区；第二，与之相似的是，各房的家庭成员可以利用分散的家庭产业；第三，这个家庭中也许存在一种包容性的**经济**，这个家庭里的所有成员都能参与其中，即使他们是分开居住的群体。[7]历史学家徐元音和孔飞力探讨过华人海外迁移对家庭结构的影响。徐元音形容分居家庭像经济联合体那样运作，迁移至加利福尼亚州的丈夫们给珠三角新宁县（后来改名为台山县）的妻子们汇款。[8]孔飞力在解释中国男性的国内以及海外迁移时强调，即使是远离家乡的长期旅居者也有权利继承家庭的资产。此外，从男性迁移中得到的额外收入补充了家庭汇聚起来的资源，这是一种维持家庭的手段，而非对家庭的损害。[9]不管是沿着西江流域往上还是前往海外，大部分男性迁移往往是家庭为了保持或者提升社会经济地位的一种策略。[10]这些观点为西江流域男性迁移背景

162

下的广东家庭运作状况提供了分析框架，这一迁移现象在 1570 年后出现，随后变得越来越普遍。

宋怡明（Michael Szonyi）在研究 20 世纪广东海外移民家庭的面貌时提出，从"男性和女性对迁移的体验差异"来看，"迁移是有性别化特征的"。[11] 在西江流域，岩石来历背后的传说指向三位对广东男性移民的影响感受不一的重要角色。粤籍的原配或者母亲在维持作为家庭策略的男性迁移中起着关键作用。曼素恩（Susan Mann）对 19 世纪的重点研究让我们注意到，在家庭存续越来越依赖于男性移民的情况下，掌管家庭事务的嫡妻所扮演的重要角色。[12] 男性移民的体验通常取决于他们的婚姻和经济地位。很多男性移民在离开珠三角前、回到家乡时或者从上游的事业中功成身退后会迎娶广东妻子。[13] 富有的男性移民也许在珠三角和上游地区同时缔结多重婚姻关系。身份低微一些的男性移民即使通过书信和汇款与粤籍妻子有所联系，他们在上游的大部分时间里也身处一个"单身社团"中。这个传说里的第三位人物——上游女子的人生体验更加令人难以推断。在广东人笔下，她们通常扮演着反面角色。我们所知道的是，当一名粤籍男性移民与上游女子建立起经济关系及性关系时，这种情况通常涉及民族方面的问题。在中国南部边疆常见的模式中，边疆汉人（尤其是本书中的广东人）享受着经济优势，同时又常常依赖与当地女子的结盟，而这种结盟反过来让官员关注与当地女子通婚的男性移民模棱两可的忠诚。[14]

接下来，我们首先探讨分居家庭场景中对西江流域广东人流寓活动产生影响的三种角色：嫡妻以及其他在珠三角的家庭成员、男性移民（包括他们奉行的各种婚姻策略），以及因阻留广东男子而受到指责的上游女子。随后，我们把这三个角色放到一起作为一种独特产物，即成员散落在珠三角和上游地方之间的流寓者家庭来考量。这种家庭的出现与粤商网络在上游的延伸密切相关，可追溯至 16 世纪 70 年代的军事行动，但在 18~19 世纪变得很常见。[15] 这一章将以讨论在世代中不断变化的婚姻模式如何预示着某些家庭从短期的男性迁移向长期定居转变作为结束。

望夫归来的妻子：旌表节妇

望夫石背后的传说源自分居家庭中留守珠三角的一方生计艰难的观念，尤其在男性移民不再返乡、寄信或者汇款的时候更是如此。若想维系一个分居家庭，男性移民留下的嫡妻需要在珠三角维持家计，抚养儿女，尤其是可以延续父系血脉的男性后人。如果迁移出去的丈夫在上游去世，寡妇面临的选择是要么离开这个家庭，另寻一个更为可靠的经济支柱，要么守着丈夫家剩余的家产，努力活成人们心目中的"节妇"。后一种情况包括绝不再嫁、抚养儿子直至其成年，以及在没有生育男孩的情况下从丈夫族中寻找辈分合适的成员作为继承人。[16] 一些广东妻子没有苦等丈夫归来或者成为"节妇"，而是选择了再嫁。在研究 19 世纪新会与加州之间的男性迁移时，徐元音把再嫁视作"一种应对丈夫缺席的适应性行为，尤其在妻子不再收到汇款的时候"。[17] 一则最晚可追溯至 17 世纪的故事表明，这种适应性行为不是现代人的专利。这个故事涉及一桩奇闻，一名新宁女子在她的商人移民丈夫外出数月后变成了男子。商人返乡后，这对曾经的夫妻分开了，变性的女子娶了妻，有了一个儿子。[18] 只有在男性迁移成为普遍现象，同时听众理解珠三角的留守妻子所面对的压力时，这样的故事才能说得通。妻子们以各种方式适应男性迁移，其中一些方式可以维持分居家庭，另一些则导致其解体。

由于缺乏可靠的史料，我们很难衡量男性移民的广东妻子再嫁的概率。不过，一些珠三角的族谱记录了丈夫在上游去世后再嫁（"改适"是最常用的词）的妻子的情况。一些广东男子"前往广西未归"，我们注意到他们的妻子在并不确定丈夫命运的情况下再嫁了。[19]对丈夫的宗族更不利的是妻子再嫁时带走了一个儿子。珠三角族谱中对这种行为的记录基本与广东移民的上游妻子有关，但也有一些珠三角妻子带着儿子再嫁的记载。[20]

在一本广为人知的19世纪早期杂闻录里，有一段文字描述了一名女子与一名迁往上游的男子订婚之后她的家庭又反悔的情况，这让我们多少了解到男性迁移是如何损害婚姻关系的。故事关于一名叫陈士掞的东莞男子，他以平乐户籍的身份通过了1738年的广西乡试。很早之前，当陈士掞还是寒门学子的时候，一个姓钟的东莞富人看中了他，赏识他的才华，安排自己的女儿（嫡妻所出）和陈士掞订婚。

> 纳征后钟妻嫌其寒酸，不肯嫁以己生之女，而强夫易以妾出之女，钟屡争之，开喻百端，妻坚拗不从，已乃虑人知觉，隐忍之，曰皆我所出，嫡庶胡分，遂亦依之。嫡女后适富室丁氏子，归未久，家产荡尽。陈随伊父贾于平乐，获寄清贯。既数载，钟逢诞辰，诸男开寿筵庆祝，二女皆往，管弦嘈杂，嘉宾坌集。时陈丁两家忽有家人跟踉齐至并叩之，一报陈夺西粤秋魁之捷，一报丁盗邻牛被缚之阨……嫡女归不数月，竟以愤郁死。[21]

165

这个故事的作者很可能希望通过嫡妻拒绝嫁女来显示钟家有眼无珠，未能发现陈士掞这位未来举人身上的才能和美德。对历史学者而言，这段记叙表现了在上游经商可以为进入精英阶层铺路，而这种提升社会经济地位的策略又给脆弱的联姻关系造成了压力。

对前往上游淘金之前就已经娶妻的男性移民来说，他们主要担心留守的妻子是否忠诚，这让望夫石的传说更加符合人们的期望。这种担心也解释了广东的父系宗族族谱为何用大量笔墨描述在珠三角照料分居家庭以支持男性迁移的广东妻子，但较少记载再嫁的妇人。很多珠三角族谱记录了妻子的姓氏，而她们的丈夫都在上游去世并被埋葬在当地。比如，一名在古宜经商的南海人于 1746 年去世并在当地安葬，他的妻子黎氏（1716~1787 年）最后被埋葬在南海。黎氏活了很久，得到了一个过继给死去丈夫的继承人以及在族谱中留名的待遇，这些都表明她保持了对丈夫血脉的"忠贞"。[22]

珠三角地方志贤妇传中的节妇经常出自男性迁移造成的分居家庭。南海地方志中记录了一名方姓妇人的生平。她嫁给了霍与瑕的长子霍若祺。1577 年，西宁建置不久后，霍若祺成了那儿的县学生。方氏在 24 岁那年成了寡妇，她"毁形截发"（这样就再也没人向她求婚了），在守寡的三十年里"缟衣蔬食"。[23] 从作为一个群体的夫家来看，他们更希望遗孀对家庭经济状况做出贡献以及延续家庭血脉，而不是自杀以明志。南海地方志还记载了一名 16 世纪 70 年代的寡妇，她的丈夫"前往广西，卒于藤县"，另可见一名丈夫旅居苍梧时去世的遗孀。后者靠纺纱养活婆婆和儿子，让他们得以熬过 1648 年和 1653 年的饥荒。[24] 靠纺纱织布养活自己和家人是国家以及儒家所提倡

166

的一种女性劳动。[25] 顺德地方志里与男性迁移匹配的主题是贞女，这指的是与去世男子仅仅有过婚约的女子，此后她要么自杀要么拒绝被许配他人。一名龙山的张姓女子在 13 岁时被许配给一个在广西经商十年的龙山男子，当得知她那移民的未婚夫已经去世时，这名女子拒绝了父母让她再嫁的请求。亲生父母去世后，张氏"回到"有过婚约的男方家中，靠纺纱供养男子的母亲。[26]

167　　这些都是关于节妇和贞女的老生常谈，但这些文本对应的是由男性迁移带来的新现实。情况和郭琦涛所研究的中国中部徽州府一样，那里也是大批商人流寓者的家乡，男性迁移也许加剧了人们对妇女守贞的渴望，而这又解释了对外移民社区中节妇风俗的盛行。[27] 此外，虽然这些记载的确表现的是忠贞的移民妻子这一理想化形象，但还是揭示了粤籍妻子如何把迁移作为一种家庭策略维持下去。一些记录显示，妻子是男性迁移的积极合作者。九江烈妇关氏就是一个例子。她在 19 岁时成婚，第二年丈夫有意前往广西。丈夫通过算卦择了一个吉日出发，但关氏提出按照皇历这一天实际上并不是好日子，让丈夫另选日期出发，不要留下伤心的家人。但关氏的丈夫拒绝了，坚持在自己选好的日子里离开，不到一年后就在上游去世了。[28] 这段记载的重点是关氏在丈夫的棺木还乡后便自杀了，但故事没有强调的部分显示，粤籍嫡妻是计划上游之旅的明智参谋，虽然她的意见没有被接纳。

　　在上游移民贤妻的传记中，更多笔墨被放在赞扬履行传宗接代义务的遗孀身上，不管是养育儿子成年还是收继后人，她们都在男性移民遭遇不测时维系了珠三角夫家的血脉。以第二章开头提到的两位寡妇的其中一位为例，大良罗氏在丈夫于 18

世纪早期殒命上游后想为他收养一名继承人，但没有成功。她选择的新策略是变卖首饰为公公购买一名小妾，这名小妾最后生下了儿子。罗氏虽然没有儿子，但这个年幼很多的小叔至少延续了夫家的香火。[29] 在移民丈夫去世前已经诞下儿子的寡妇因抚养这些孩子成年而得到赞颂。比如，高明刘氏的丈夫在儿子出生一个月后受雇前往广西充当吏员，五年杳无音信后，刘氏等来了丈夫的死讯。她决心继续抚养两人的孩子，并于 1737 年因贞节获得朝廷旌表。[30]

珠三角地方志和族谱中较少宣扬但在维持男性迁移方面同样关键的是嫡妻在家庭经济中的角色。徐元音在研究 19 世纪晚期加州的新宁移民时注意到留守新宁的女性"掌管家庭事务以及移民寄回的款项"。[31] 珠三角地方志和宗族的一些证据表明沿着西江流域向上的男性迁移是一种家庭投资，同时也显示了作为母亲、嫡妻和儿媳的广东女性在处理家庭财务及投资男性迁移中发挥着作用。九江余姓节妇的传记提到，余氏的丈夫婚后不久去世，她节衣缩食以孝道侍奉公婆。她的公公到广西经商时遇上盗匪受了重伤，余氏为他寻医治病，当掉自己的所有衣物支付治疗费用，并且日夜服侍床前。传记还提到余氏的小叔想要远行经商但没有本钱，于是她抵押了自己的田地，用这笔钱帮助小叔外出。[32] 这乍看上去和其他妻子为夫家献出嫁妆的故事一样，南宋的新儒家提倡这种行为，明清更迭之际的官员也支持此举。[33] 但同时，我们可以将之解读为遗孀对生意机会的投资。如果余氏是一名广东男子，这项投资也许会被视为"合伙"，然而余氏的传记作者把她的生意投资限定为向夫家贡献嫁妆。

姻亲或者珠三角妻子的娘家可能也推动了迁移，他们巩固了亲属和同乡的关系网络，这有助于解释连锁迁移。南海县山南镇关氏族谱提到万历年间的一个族人"跟随"他在另一个南海乡镇居住的舅父前往广西。[34] 其他记录显示，姻亲会协助处理家庭事务。比如，一名龙江的郭姓女子（1512~1582 年）嫁给了同乡不同村的黄某，黄某经常离开龙江外出经商，他的经商地很可能是广西，因为他的堂兄"前往梧州未归"，他的一个儿子后来也是这样。黄氏族谱赞扬了郭氏的贤德：由于黄某离乡期间她作为年轻妇人不宜独居，而且两人成婚时黄某的双亲已经去世，郭氏通知丈夫自己打算搬回本村与母亲同住。然而此举并没有拆散这个分居家庭，郭氏和黄某最后被合葬在龙江，而黄氏族谱赞扬郭氏是位贤妻。[35] 在这两个事例中，广东妻子的亲属加入了对男性迁移的安排。一个事例里的舅父为侄儿提供前往上游的机会，另一个事例里岳母在女婿往上游经商时给女儿提供经济支持并保护她的声誉。这些例子表明，在某些情况下，夫家以外的亲属网络加入了维持男性迁移的行列。

和研究者在广东人/华人海外迁移的事例中逐渐形成的观点一样，在西江流域的广东人迁移活动中，留守的家庭成员是"迁移策略的积极参与者"。[36] 与之相似的是，曼素恩发现在 19 世纪越来越多男性离乡谋生的情况下，"男性文人离家在外的很长一段时间里"，精英家庭"要依赖女性充当大管家，支撑家庭维系书香门第的生活方式"。[37] 珠三角族谱和地方志中关于贤妻良母和好儿媳的记录显示曼素恩的观点也适用于家境更为一般的女性。在关于西江流域沿岸男性迁移的坊间传说中，妻子在等待丈夫归来的过程中化成了石头。虽然妻子有理由留在丈夫缺席或者去世的家庭中，但一些妻子不会等待，而是再嫁，在这种情况下，至少作为一种家庭策略的迁移就不再奏效了。[38]

迁移若要成为一种成功的策略，妻子延续夫家的血脉并让分居家庭留在珠三角的一方作为单个经济单元维持下去，要比苦苦等候良人归来更为重要。从 16 世纪 70 年代开始，珠三角史料中出现了关于广东移民"贤妻"或者"恶妻"的记载，而且在那以后越来越普遍。就这样，她们支持或抛弃的流寓家庭构成了近世早期的新现象。

滞留的男子：男性移民的婚姻模式

第三章提到的"三十六善"——对商人行为的规训，是一位 17 世纪文人为他的佛山霍氏同族商人写下的。从"远行不夜饮"的规训可以看出，这位士绅作者认为他的一些商人兄弟会到佛山以外的地方做生意。这条规训以及另外两条——"不可赌博""不宿娼饮酒"——显示一种面向男性移民的娱乐行业出现了。[39] 虽然西江流域的很多男性移民在珠三角有家庭，但他们在上游地方长期过着类似北美华人移民研究者所说的"单身社团"的生活。[40] 换言之，虽然前往上游的大多数广东男子都已经订婚、结婚，或者给下游的父母汇款，但是在他们的上游日常生活中，大部分时间都没有广东的母亲、妻子和女儿在身边。

谋杀和盗抢案件的记录让我们得以一窥上述情况。当罪案涉及店主和伙计时，显然他们都住在店里，身边没有女人。两桩发生在 1807 年的店铺盗抢案的案宗详细记录了当时的生活环境。在其中一个案件里，广西中部忻城土司县一个市集的管理者描述了由三个南海人经营的三开间店铺：中间的房间被分成用作店面的前室以及储藏物品和放置神龛的后室，两个店主睡在左边的房间，第三个人住在右边房间。[41] 另一个案子里，龙州的官员发现一个南海人从本地人那里租了个位于附近罗回圩的

170

房子，经营钱银兑换和杂货生意。整个房子被隔成两个部分，每个都带有一个房间，还有一个面积较小的厢房。这个南海人用前面的隔间作铺面，本地房东则住在后面的隔间里。南海人和侄子一起在店里过夜，这个侄子很可能是店里的帮手。[42] 其他的记录不那么直接，但还是透露了相似的居住环境。[43]

虽然这些案件显示，很多男性移民和别的男子同住，身边没有女人，但男性往上游迁移还是为他们接触上游女性创造了条件，有时候他们娶这些女性为妻，但更典型的情况是纳为侍妾。在这个意义上，"单身社团"的说法并未反映上游移民的生活全貌。一份珠三角史料提到康熙年间的一个粤商在他做过生意的所有城市和圩镇都纳了小妾。[44] 随着粤商逐渐活跃于西江上游流域，他们很可能在当地人中寻找侍妾。驱动人们采取这种做法的是明清边疆多地的性别/民族失衡情况，当地的汉人男子众多而汉人女子奇缺，汉人男子和当地非汉民族的女性大量通婚，这成为朝廷担心的现象。[45]

珠三角族谱里记载了广东男子纳上游女子为妾的众多例子。几乎可以肯定的是，霍与瑕在16世纪70年代担任左江兵备道按察司佥事期间纳了第三个侍妾，这位女子姓梅，在霍氏族谱的记录里是"左江人氏"。[46] 但更多记录出现在18世纪和19世纪，此时广东移民和上游女子之间的婚姻变得更为普遍。很多年代较晚的例子都涉及商人，比如，活跃于18、19世纪之交的南海人邵社朝。他本来已经娶了胡姓嫡妻，有了一个儿子；后来"又贸易西粤再娶"，与梁姓女子结婚，有了两个女儿。他和胡氏被合葬在南海家乡的村里。[47]

总的来说，不管嫡妻还是侍妾，女性的婚姻经历就是现实中一次突如其来的离乡别井。在中国帝制晚期的主要婚姻形式中，妻子离开娘家时往往也离开了自己的村子，与丈夫的家庭一起居住。[48]当来自上游的侍妾被广东丈夫带回珠三角家中时，嫡妻戏剧性地面临一种在物理上被取而代之的困境；这种情况同时也造成人口的流动，这与从谷米到木材的自然资源向下游的流动一致。在珠三角族谱的一些条目里，我们可以从上游侍妾被安葬在珠三角推断出她们在余生里都活在他乡，侍妾下葬的地方通常与丈夫及其嫡妻的墓地分开。比如，佛山霍氏有一名1762年的岁贡在两粤交界处的封川县任训导，他娶了一名佛山女子，并与她合葬在广州城外。他的侍妾是广西人，葬在西樵山。[49]在南海县北边关氏某男子身上，也能发现珠三角男子娶广东女子为嫡妻、纳上游女子为侍妾的模式。关崇德（1750～1812年）娶了一名谢姓女子，谢氏于1775年去世后，他"继娶"了陈姓女子，但陈氏只活到了1777年。他"又娶"了一个姓阎的广西女子（1761～1813年）。最后，关崇德"又继娶"了吴姓女子（1762～1824年）。在第一位嫡妻去世后，只有陈氏和吴氏被称为"继妻"，享受正室的待遇，这意味着阎氏是侧室或侍妾。但不管怎样，阎氏和丈夫以及他的第一位妻子一同葬在了南海。[50]

侍妾的年纪通常比嫡妻小，部分是因为大多数男子至少在结婚几年后才会纳妾，还因为当侍妾的女子都比较年轻。[51]我们可以挑选本章引用的例子来说明。对于6位出生日期已知的嫡妻而言，丈夫平均年长1.8岁；对于9位年龄已知的第一任侍妾而言，丈夫平均年长14岁。这种年龄差距反映了上一章讨论的上下游交换中的权力动态，广东人或年长的广东男子通常在上游享有经济优势，他们从陷入粤商债务的民族群体中获得年轻得多的女性。[52]

在一些案例中，我们不太清楚是身处上游的男子纳了上游侍妾，抑或她们仅仅是被卖到下游的。后一种情况暗示，可能存在一个贩卖女性（以及男孩）的活跃市场，以迎合范围更广的上下游交换，但人口贩卖的证据很难获得。[53] 虽然可能存在把女性卖作侍妾的市场，但实际上很多这类女性似乎是跟随广东移民来到下游的。我们在第三章看到佶伦土知州为曾在州城经商后要返乡的粤商颁发了通行证。这张通行证还清晰显示了这位商人有两名年龄分别为 13 岁和 14 岁的"使女"随行。[54] 综合而言，这桩逸闻表明，18、19 世纪之交粤商在上游事业有成后带着侍妾回到珠三角的情况并不罕见。

广东男子纳上游女子为妾，让分居家庭的情况变得更为复杂。佛山霍氏 1868 年的族谱里有一条简短的条目暗示了望夫石传说所代表的粤籍嫡妻、广东男性移民以及上游女子之间的三角关系。其中记载的是生活在 19 世纪前半叶的两兄弟：其中一人有嫡妻和侧室各一名，两人似乎都是珠三角人氏，他还有一名姓马的广西侍妾；另一人叫霍帝信，他的妻子陈氏是珠三角人，辛姓侍妾是广西人。此外，另一名生活在 19 世纪早期的族人娶了珠三角的嫡妻后又在广西纳侍妾利氏。这三名男子都被安葬在珠三角，但侍妾们的安葬之地不可考。有趣的是，族谱的编纂者提到霍帝信的妻子陈氏改嫁（"改适"）他人，但没有指出具体时间。由于霍帝信出生于 1797 年，1849 年去世，假设霍帝信和陈氏岁数差不多，很可能陈氏在霍帝信去世前趁着自己还有生育能力就改嫁了。编纂者还提到侍妾辛氏出生于 1807 年，"当时"（1868 年）还在世。编纂者对这一信息的记录，让我们得知辛氏住在佛山。[55]

霍、陈、辛的三角关系代表着一种可能性，即很多男性移民长期留在上游，虽然他们最后还是被安葬在家乡。但这离永久定居只有一步之遥，尤其当男性移民在上游建立了新家庭之后。有事例表明男性移民与侍妾合葬在上游，但一旦广东移民娶了上游女子作为嫡妻，就表明他们打算在上游定居下来。[56] 在1781 年的一桩谋杀案中，被告人是一名即将定居下来的南海男子。1763 年这名男子正值 20 岁，搬到西林县的一个圩镇开了一间杂货铺。1777 年他在 34 岁的时候，娶了圩镇上的一名熊姓女子为妻。到了这名男子陈诉案情那一年，他的父母已经去世，但在南海仍有一位兄长。[57] 珠三角族谱对这方面的记录很简短。比如，17 世纪末有个顺德人到梧州做生意，后来在封川县娶了黎姓女子为妻，甚至在封川注册了户籍。此人死后被安葬在梧州。[58]

174

　　从一些珠三角族谱的大视角来看，分居家庭也许包括了住在不同地方的嫡妻和侧室，在制造这种分居家庭的过程中，广东移民会寻求各种婚姻行为。1889 年的南海北部关氏族谱中提到了几个活跃在怀远县古宜圩的男子，古宜正是招健升的侄儿染病去世之地。关氏由四房子孙组成，每房有一脉，分散在南海一个定期集市面向的三个村庄中。族谱里记录了涉及南海、古宜两地妻妾的一系列婚姻策略。东西两边的关氏分支中，至少有四个活跃在 18 世纪或 19 世纪但相互之间并无紧密联系的族人都娶了南海妻子，这些妻子在珠三角度过一生，她们的丈夫前往古宜开设店铺或者从事贸易，最后去世并安葬在那里。关义芳是其中一人的儿子，他在古宜"继承父业经商"，并在那里安家。关义芳娶了一名古宜女子，虽然没有其他信息，但描述这一情况的"娶"字表明这位上游女子是嫡妻。[59] 另一名搬到古宜的东边关氏族人很可能活跃在 18 世纪，他从怀远县

"立"了一位侍妾，但和自己的南海嫡妻合葬在古宜。[60]

　　这些族谱必定是父系宗族的过程产品（以及构建工具），而且是以珠三角的优势视角书写的。族谱编纂者在描述嫡妻和侍妾时使用的不同字眼可以反映这一视角，语言行为勾勒出一个嫡妻在珠三角而侍妾在上游的西江流域。比如，在1932年的南海高村冯氏族谱里，一对堂兄弟被分别列为"室于广西隆安"，这意味着他们在隆安县纳妾。另一位族人的妻子姓氏被记录下来，随后族谱编纂者说明这位人士"置室西粤"。还有一位被记录下来的族人有嫡妻梁氏以及作为侧室或侍妾的刘氏，后来他"续西粤李氏"。在李氏所生的三个儿子中，只有一人回到南海成婚（"归娶"）。[61] 这种对珠三角和上游妻子进行不同分类的方法构建了一种空间化的等级机制。虽然作为个体的男性移民在打算定居上游的情况下可以很轻易地将上游妻子视为正室，但珠三角族谱的编纂者还是倾向于更为重视广东嫡妻，并把她们描述成对丈夫的家庭和宗族忠心耿耿的形象。

阻留者：上游女性的形象

　　到过明清帝国南部边地旅行的汉人作者经常记述一种"正常"男女等级次序颠倒的现象。比如，邓津华（Emma Teng）对台湾的研究显示，清代作者往往在他们的作品中对非汉民族的男性进行女性化描写，与之形成对比的是，非汉民族的女性被塑造成性物化的形象。[62] 无独有偶，在汉人男性作者尤其是广东男性的想象中，市集上出现的上游女子会招引男子入赘，她们是危险的蛊毒施行者。这类记述强调了上游女子作为"他者民族"（the ethnic other）的象征，然而也向广东读者揭示了这些看上去不合常规的女子是如何被融入分居家庭的。

（左侧页边码：175）

市集上的上游女性

上游女性最常被描述为市集上能见到的小贩和苦力。这种刻画是为了让某些程度上显得粗鲁或原始的上游女性与在家族大宅中不出"深闺"的下游女性形成对比。然而，在市集上讨生活的女性对很多广东男性来说并不是十分稀奇的景象。以九江这个移民外出的社区为例，1657 年的地方志编纂者提到一位本地头面人物（曾经在广西为官）在九江创办了一个纺织市场，因为之前有很多穷苦女性在背着织物过河到市场上售卖的时候溺水而亡。[63] 两个世纪之后，九江地方新志的编纂者仍然提到市集上的女性，描述附近乡镇的女子每天拂晓就聚集在市面上贩售棉纱和织物。[64] 与之相似的是，珠三角的旅行者只要登上船，就能体验到一种不同的性别空间。很多在珠三角范围内运载客人进行短途旅行的渡船船家都来自一个没有固定居所的人群，他们被称为"疍家"或者"船民"。疍家女子撑舢板的景象在珠三角随处可见。在从珠三角各地搭载长途旅客前往梧州以及更远地方的船上，船主和船员似乎都不是疍家人，或者至少他们中的性别次序更像陆上社会中的。[65]19 世纪 60 年代和 80 年代雇客船前往梧州以及更远地方的欧美旅行者在一个例子中记录过由 1 位男性船主和 6 名船员组成的队伍，另一个例子里的船员有 11 名。他们注意到船主通常带着家人一起。在一个例子中，船上的女性包括船主的妻子以及他们的两个女儿，还有船主的儿媳妇，船主的妻子无所忌惮地责骂男性船员。[66] 虽然很多广东作者希望我们相信他们所描述的情况，但在珠三角遇见女小贩或者撑船女等在外劳作的女性并不稀奇。

虽然广东旅人见过在珠三角市集和船只上的女性，但他们和其他中外旅行者还是不厌其烦地描述上游女子，把她们视作市集上一种既新奇又重要的存在。这种情况在明代已经存在。在 16 世纪 20 年代一位横州通判的笔下，背着货物到州城来贩卖的全是女人，"男子不十一"。与之相似的是，从乡下搬运柴火和大米进城的也是女人。[67]1637 年，著名的游记作者徐弘祖从柳州溯流而上，他注意到在停满了运粮驳船的河边做买卖的女子。[68]另一个证据是关于蒲庙镇"留人洞"上游不远处一个市集起源的传说。据说很久以前，在显然比广东人控制着市集的18 世纪要早得多的时候，一个老妇人在这里开了一家店铺，随着生意越来越兴旺，这个地方形成了一个市集。一座纪念这位老妇人的庙宇被建起来，它被称为"亚婆庙"，只是到了后来被改名为"蒲庙"。[69]这两篇明代的游记以及关于蒲庙起源的传说表明，女性经营生意的普遍现象在上游许多地方由来已久，并不像一些研究者认为的那样，是近代由于市集商业化以及"自然经济"消亡而产生的新现象。[70]

177

清代的地方志和案宗史料里可以找到相似的记载。1934 年《上林县志》的编纂者引用了 1705 年版本里的一段话，提到上林县的人"不逐末服贾，三日一趁墟，悉任妇人买卖，男子怠惰嬉游，不勤生理"。[71]这类记载不但描述了颠倒的男女分工，还添加了当时西江中上游流域土民把商业领域拱手让给粤商移民的信息。1803 年龙州地方志里关于集市的描述表现了女人背着大米、柴火和货物来贩卖，而男人则出售木材、家畜、家禽等的性别分工。[72]我们可以回想一下 1804 年在龙州发生的一场争执，一个男性粤商试图以低于市价的价格从一个当地妇人手里购买大米。[73]

这种描述在流行的"竹枝词"里也很常见，这是一种模仿民歌的诗词形式，表现了一个地方的民族风貌。在写于 1864

年、主题是家乡的竹枝词里，一名藤县文人在注解中提到当时很多县城里的女子从事苦力工作，这是为了让读者了解当时经济凋敝的状况，但通过强调县城的女性不得不干这类工作，作者和读者会很自然地认为边远集市的女子经常从事这种劳作。[74]有一组年代相近、作者来自宁明州的竹枝词写道，"壮女挑柴城市卖"，形容这些女子不裹脚、身穿窄袖短衣，在别的地方能看到这些"村妇作蛮髻打扮"，带着八角茴香到市集上卖。[75]

　　19世纪欧美旅行者的类似描述证明这类内容不仅仅是汉族男性文人的主题。在广宁县东兴圩附近连接广西怀集县和珠三角的河流上，一位旅行者描述了"一队队男女背着盐、布匹和其他货物"的景象。[76]另一位观察者在1882年的隆安县注意到"农妇在靠近城门的一排货摊上"售卖货品。在上游更远处的剥隘南边和北边，同一位旅行者笔下的非汉民族妇女和宁明州作者在竹枝词中描述的壮族女子一样："船上有几个穿着紧身外套的当地妇女，衣服短得能看到一点腰身"，还有"一群女子"的装束是"深蓝色头巾、外套以及衬裙"，"打着赤脚"。[77]另一名在1886年路过南宁的旅行者描述这个城市"有忙碌的汉族和壮族人群"。他又补充道："商人大部分是广东人和广西人，壮族妇女和平常一样在摊档前和人讨价还价，裹着黑色棉布头巾，穿着深色衣服，佩戴银饰，光着脚。"[78]

　　不管作为文学主题还是社会行为，女性经商的普遍现象突出了上游地方的"他者民族"特征。从这种刻画方式反映的社会现实来看，上游地区在人们的概念中也许属于一个更广泛的东南亚地区，在近代早期及以后，市集上的女性经商者是这一地区的普遍现象。安东尼·瑞德（Anthony Reid）注意到"女性在做生意方面表现出色"，因为欧洲和中国的贸易者发现在

178

越南、柬埔寨、马来半岛以及暹罗（泰国）和自己打交道的是女性。[79]西江上游流域和越南北部有重合之处，而在东南亚的这一部分地区，女性经商很常见。[80]一名在越南海岸遇到海难的中国人1836年沿陆路返回国内，在经过琼山、南宁和梧州时，他用常见的特征——锥髻、赤脚——来描述出来做买卖的女性。[81]正如我们在1804年的龙州谋杀案中看到的那样，当时在中国广西和越南的粤商移民在进入上游市场时经常需要和上游女子接触。

入赘婚姻

很多观察者在描述上游女子时都强调入赘婚姻是普遍现象，这和在汉人中占主流且被国家承认的嫁娶婚姻形成了鲜明的对比。[82]两个在广西当官的南海人描述了上游辖区内的入赘婚姻，并形容这是一种奇特的现象。1631年的梧州地方志最初由陈熙韶编纂，里面有如下描述：

> 男子入赘而谓之嫁，受其翁产，女子招赘而谓之娶，赠以家业。更有赘子易姓而袭妇姓，或置妇姓于其本姓之上，永弃其宗。[83]

这段文字附有陈熙韶的点评："赘子易姓，永弃其宗，婿居翁产，恬不为异，则中州之所无而南徼所仅见者也。"[84]

一个世纪之后，何梦瑶编纂的《岑溪县志》中关于当地风俗的部分是这样写的："但婚或赘婿，改姓为子受其田产，或子死以媳招夫为继子，亦受田宅，虽与理不合，而乡人习以为常。"[85]县志中另有一篇叫《何梦瑶杂记》，这位县令在里面表达了自己对入赘风俗的看法：

　　　　岑俗赘婿必冒妻姓，乃得承受妻父产业，于是一人有
　　两姓而冠妻姓于本姓之上（如赵甲赘钱家则曰钱赵甲也），
　　恬然不以为怪。[86]

　　这种关于入赘风俗的描述在广西各县的地方志中随处可见。
编纂者通常认为这是在农村和当地人中出现的现象。[87]18世纪60
年代的一位镇安知府写了一首关于当地风俗（"土风"）的诗，
第一句写的是"俪皮齐赘易，握算贾胡留"。作者在这句诗下
面的注释里称"粤东贾此者多娶妇立家"。[88]

　　其他史料提供了看待入赘婚姻的不同视角。例如，南海孔 180
氏族谱提到晚明时期的一名族人"前往西粤北流入赘不归"。[89]
上游族谱里对入赘婚姻的记载有时候更为详细，生平被记录其
中的移民是来到当地开枝散叶的祖先，而不是抛弃宗族的移出
者。[90]大乌圩上游平南县一个圩镇的邹氏一族在家谱中称，他们
的第一位祖先是明代由南海移入此地的。这位移民祖先的第十
六代后人生于1692年，他穷困潦倒，一开始入赘何姓女子家
中。何氏早逝无子，于是他入赘了附近村子的秦家。这段关系
符合入赘婚姻的所有条件，但族谱里并没有使用"入赘"一
词，因为此人在几年后与岳父分了家。[91]太平府安平土司州的一
份文献中包括1846年签发的入赘婚姻证明（"执照"）。其中
一份属于一名老者，他没有儿子但有一个待嫁的女儿；另一份
证明大同小异，属于同样姓侬的两户人家。[92]和广东官员编纂的
地方志不同，这里的史料把入赘婚姻视作寻常普通的行为。

　　对中国婚姻行为的人类学研究强调中国大多数地方认为入
赘是一种不光彩的行为。入赘的男子通常被认为是放弃了自家
血脉的不孝子。[93]在向珠三角读者描述上游地方流行的入赘婚姻

时，广东作者常常将之刻画为一种非正统的异常行为。但在上游的环境中，广东移民并不太关心入赘婚姻在珠三角社区中的坏名声。而且通过入赘上游女子的家庭，粤商得以进入上游社区，还有可能进入这一社区的市场。除了缔结经济利益关系，这种婚姻还可以缓和伴随着广东商业网络在上游扩张而产生的民族矛盾。[94] 最后，正如邹氏族谱和其他事例显示的那样，入赘婚姻不一定能长久。

"獞女"与"蛊毒"

"他者民族"、人们眼中的经商者、广东移民的经济伙伴和性伴侣——这些上游女性的形象在被称为"蛊"的巫术传说中得到了完全的展示。关于蛊的奇谈已经以各种形式存在了很多个世纪，在明清时期，蛊在很大程度上与南方地区有关。

在一些广东史料中，蛊仅仅被认为是一种困扰珠三角百姓的疾病。[95] 然而，当蛊与上游联系起来时，它既是疾病，也是毒药。当过岑溪和思恩知县的南海进士何梦瑶是一位出色的医者，他评读了王肯堂（1549~1631年）的《证治准绳》，这是他心目中近年来最好的医书。何梦瑶在 1751 年为自己的医书《医碥》写了自序。[96] 他采纳了王肯堂把蛊列为毒药的说法，两人都称之为"蛊毒"。何梦瑶提供了实用的解决方法，他推荐的解药可以检验病人是否真的中毒，并让病人服用后通过呕吐或腹泻的方式排毒。[97] 不过，何梦瑶接下来没有采用王肯堂对"蛊毒"的条目说明。作为江南人士，王肯堂向有可能进入"蛊乡"的人介绍了如何分辨制蛊人家的方式，随后他把蛊毒与特定的南方地区联系起来，如广东西部的雷州府和肇庆府。[98] 何梦瑶干脆忽略了这一信息，这样做实际上驱除了对蛊毒的奇谈渲染，至少不再将蛊毒与南方地区直接联系到一起。如果何梦瑶

181

的书中有任何与蛊毒相关的南方地区，那就是没有被直接点名的广西。一位顺德进士在撰写前言时赞扬何梦瑶任思恩县令时开出的药方在瘟疫中拯救了很多人。在自序中，何梦瑶称自己在广西四县以及辽阳的十年任期间撰写了这本医书。[99]

何梦瑶在医书中把蛊归为一种毒药，这种定性也出现在法律条文中。明清律典中关于谋杀的条文提到了蛊毒，"制蛊用蛊杀人者"罪应论斩。[100] 虽然罪案卷宗中很少出现关于蛊的记载，但 1810 年顺德县的一桩谋杀案是例外。在这个案件中，一名侍妾担心嫡妻之子学问精进从而威胁自己儿子在家中的地位，打算毒杀嫡妻之子。她向一名邻居求助，此人是她儿子的干爹。根据广东文士邝露的记载，此人制毒的方式很大程度上和上游女子有关。[101] 虽然这是一宗记载完整的珠三角案件，但文中作为罪魁祸首的蛊毒与广西有关。至少有一位任平乐知县这一上游官职的广东籍官员因为在 18 世纪 30 年代驱除蛊毒而受到称颂。[102]

虽然珠三角的医书和案宗里出现了关于蛊的记载，但根据晚明官员对广西土民与蛊共存的描述，广东作者还是很大程度上将此与上游边地的土民联系到一起。例如，1599 年的广西地方志提到壮民善于使用毒箭和施蛊毒。在关于当地物产的章节里，这部地方志把"蛊药"纳入"毒药与解药"的类别，文中注释称当地土司、瑶民和壮民都掌握这种技能。[103]17 世纪 30 年代，南海文人邝露到广西旅行，他记录了目睹的奇闻怪事，其中包括"獞女"制作和使用蛊的方式：

> 五月五日，聚诸虫豸之毒者，并置器内，自相吞食，最后独存者曰蛊。有蛇蛊、晰蜴蛊、蜣螂蛊。视食者久暂，

182

卜死者迟速。蛊成，先置食中，味增百倍。归或数日，或
经年，心腹绞痛而死。家中之物，皆潜移去。魂至其家，
为之力役，犹虎之役伥也……杀人多者，蛊益灵，家
益富。[104]

183　　在邝露的描述中，值得注意的是上游当地女子可以用蛊来
扭转财富流动的方向。[105] 屈大均在写于 17 世纪晚期的杂记中，
第一次把蛊描述为广西当地女子和粤商移民之间特殊的互动工
具。他还把蛊与上下游岩石的形成联系起来：

西粤土州，其妇人寡者曰鬼妻，土人弗娶也。粤东之
估客，多往赘焉。欲归则必与要约，三年返，则其妇下三
年之蛊，五年则下五年之蛊，谓之定年药。愆期则蛊发，
膨胀而死。如期返，其妇以药解之，辄得无恙。土州之妇，
盖以得粤东夫婿为荣。故其谚曰："广西有一留人洞，广
东有一望夫山。"以蛊留人，人亦以蛊而留。[106]

一名欧洲人于 1882 年从珠三角乘船途经梧州、南宁，前往
百色以及更远的地方，他对这趟旅程的记录反映了蛊的传说以
及这一传说的各种变体在 19 世纪盛行一时。当时他们一行人登
上隆安县下颜圩的河岸短暂散步，途中看到了一个陶瓷作坊，
那里有个年老的中国人在操作切割机器。作者指出这个男子的
妻子是一名"种蛊妇"，随后他详细解释了此事："这些广西
'种蛊妇'因其巫术而在邻近省份大名鼎鼎。据说她们可以在
其丈夫或情人身上下蛊。"作者还想起了他的广东翻译讲过的
故事，"其中一些就发生在他认识的人身上"。

住在广西的广东人如果娶了这些女子又遗弃她们，必定
会在三年后死去，所以他警告过我们！大家都对这个传说深
信不疑，人们告诉我们无数故事来证明这点。不管是真是
假，它的确能让不回家的丈夫回到他们爱人的怀抱中！[107]

欧洲旅行者忽略了一个重要的细节，这些广东人里有很多 184
已在珠三角娶妻，但他的记录还是让我们得知，施蛊女子的传
说在广东男性穿梭的西江沿岸有多流行。

上游女性、她们的娘家以及粤商

这些传说构建的上游女子形象是诱人或危险的"民族他
者"形象。广东移民和上游女子之间的经济关系与包括通婚在
内的性关系，成为这些记录流行背后的普遍行为。然而，除了
望夫石和留人洞传说中的三类人，这些关系中还有更多的参与
者。上游家庭中的男性家长和女性家长更是经常在撮合女儿与
广东移民的婚姻中扮演重要角色。而且广东移民和上游本地女
子的关系更为复杂，并非一个模式就能概括的，即使上游粤商
享有的经济优势通常得到国家支持。18 世纪晚期的两宗谋杀案
让我们某种程度上了解到上游女子的父母在为女儿和广东移民
缔结关系时发挥的作用。

第一宗案件发生在 1769 年的龙州。受害人叫梁亚寿，是个
27 岁的珠三角新会人，在这个上游城镇里开了间烟草店。[108] 虽
然父母和兄长仍在家乡，但他有个来自新会的堂弟也住在龙州
的店里，帮他打理生意。梁亚寿定期到周边的村子里去，在其
中一个村子里，他经常拜访一名叫黄胜登的"土人"客户。黄
胜登的女儿宁嫦年方 18，早在七年前就与同村一名 20 岁的本
地人卢将订婚，卢将的父亲为此付给黄胜登 10 两银子的聘金。

梁亚寿拜访黄家时偶尔与宁嬗搭话，宁嬗到镇上赶集时，也同样经常到梁亚寿的店里买烟丝，两人闲聊几句。谋杀案发生的十天前，当宁嬗到梁亚寿店里去时，梁亚寿向她提出要求，或者按照官方的说法，梁亚寿意图向宁嬗"求奸"。虽然宁嬗在店里立刻拒绝了他，但两天之后梁亚寿趁着宁嬗父母到镇上去的机会来到黄家，他许诺送一对银镯子给宁嬗，这次宁嬗答应了他的要求。他们约定，梁亚寿几天后带着镯子回来。到了约定那天，梁亚寿来到黄家请求过夜，当黄父进入左厢房就寝时，梁亚寿从中间的房子里潜入宁嬗所住的右厢房。可是没过多久，卢将和一些亲戚、邻居闯入黄家，把梁亚寿和宁嬗抓个正着，这些人在试图制服梁亚寿的过程中杀死了他。[109]

这个案件揭示了边地经济、民族不平等以及男女失衡相互交织的复杂局面。卢将的怒火中凝聚了上游居民的怨气。然而朝廷审判者们关注的问题是，为何作为父亲的黄胜登可以"纵奸"到这个地步。黄父毫不反对已经许配他人的女儿与另一个男子随意交谈，也不介意让自己的女儿到梁亚寿的店里买烟丝，这引起了他们的怀疑。不过，对龙州本地人来说，女性到市集上去也许并不稀奇。在案发现场调查的官员在报告中特意指出黄父的屋子是底下养家畜、上头住人的吊脚楼，属于典型的壮民房屋。而且，在结识了相对富裕的粤商后，黄父也许后悔让女儿与卢将定亲，后者在之前那一年还依靠在黄家的田地里帮工维生。梁亚寿和宁嬗之间以银器换取性的交易反映了经济上的不平等，这也让审判者们产生了疑问。黄父在供词中否认从粤商处收取了银两，但他承认梁亚寿在过年时送给他两担肉以及其他小礼物。[110]

第二宗案件发生在1785年的广西西部偏远处。被告是高明

185

人张有光，他在供词中说明了自己的个人信息：时年 50，父母很久前已经去世，也没有兄弟，但妻子欧氏还生活在高明。张有光在西林县当过塾师和算卦先生。因为膝下无儿，他买下妇人王氏的女儿作为侍妾，王氏的夫家姓陆。新纳的陆姓侍妾为他生下一个女儿。张有光住在岳母家里（案宗显示侍妾的父亲已经去世），让人觉得这段婚姻的形式很像入赘。张有光的听力日渐衰退，难以在西林谋生，1785 年他前往百色，住在一个客栈里，在那儿认识了一个路过百色的福建人。此人要到泗城府城衙门去当差，他在那里有个当官的亲戚。福建人因为染病在客栈里住了两个多星期，因此与张有光熟稔起来。某天张有光向福建人透露，自己接到广东家中来信，催促他返乡，但他既承担不起回去的路费，也舍不得自己的侍妾和女儿。福建人提出了一个解决办法，张有光可以把侍妾卖给他，这样他就能筹得路费，陆姓侍妾和他们的女儿也有人照顾。张有光犹豫不决。一个星期后，福建人准备离开时重提了这一建议，但也许在张有光看来，福建人的言辞间有冒犯之意。张有光后来追上这个福建人，把他砍死了。[111]

在这两个案件中，广东男性移民和上游本地女性之间的关系由女方父母促成，一个案件中是父亲，另一个是母亲。珠三角地方志的记载同样也表现了上游女性的父亲通过与广东男性移民联姻而获得经济或社会利益。[112] 这些记载均反映了上游家庭和广东男性移民之间的某种谈判。它们还指向一系列社会行为，其中入赘婚姻十分普遍。这些关系涉及经济交换，但上游女性的父母在这种交换中也是潜在的获益者。从这个意义上说，广东男性和上游女性的结合反映了谷米、木材和八角茴香这类上游资源被开采背后的复杂经济关系。

186

流寓家庭与跨地域婚姻

187　　不管上游的广东男性移民是大部分生活在"单身社团"中，还是与上游女性形成暂时的经济关系和性关系，甚至买入上游侍妾，这些男子在上游定居之前依然通过父母、妻子或男女方的其他亲属和珠三角的家庭保持联系。男性移民和珠三角家庭之间的沟通，以及他们在珠三角和上游地方之间的定期往来有助于维持分居家庭。

联结分居家庭

　　男性迁移的往返特点是在西江流域维持分居家庭的重要因素。只有在男性定期往返于上下游的背景下，才有了蛊毒可以成为"定年药"的传说。地方志的记载指出了商人和船夫的季节性迁移模式。清初的九江地方志描述商船在年末返乡，停泊在通向乡镇的水道上。[113] 我们还可以回忆一下 1805 年平乐地方志的文字记载，其中提到很多在府城和县城的商人都来自广东，并进一步说明这些商人"岁暮散归，来春又聚"。[114] 到了 19 世纪，广东人的上下游流动已经成为一种固定模式，即使出现男性移民去世或者人们强烈认为他们被阻留在上游的情况。

　　书信和汇款也能联结分居家庭。虽然上游广东移民的信件似乎没能被保存下来，但其他史料对其也有提及。[115] 我们知道在 1785 年谋杀案中到过百色和西林的高明人曾收到召唤他返乡的家书。与之相似的是，一本广州族谱记载了某个盐商的生平，他在象州居住多年，在那里纳了一名侍妾。1845 年，这名盐商在 63 岁时收到弟弟的来信，后者敦促他"收拾行装东归"。[116]

188　其他史料指出，广东男性移民会给珠三角的家人汇款。1801 年藤县的一次河面船只盗抢案件的卷宗记录了两个在柳州的新会船主的证词。他们的一名同乡租船载货回广东销售，这两个船主也一同随船，带着"亲友托付的银两及书信"。[117] 一位顺德文人的文集记载了 19 世纪中叶一位九江人士的生平，文中提到这位主人翁年轻时在梧州做帮工，把钱寄回给丈夫死后独自抚养他长大的母亲。[118]

维持珠三角家庭的另一种方式是让家庭成员外出寻找在上游长期未归、有可能被"阻留"在当地的其他家人。生活在18、19 世纪之交的龙江本地塾师薛斌就是一个例子。他的幼弟薛静离家已经很久，当打听到薛静在广西时（这自然意味着他们有某种从上游获得消息的方式），薛斌"跋涉寻之，触冒岚气，濒死复苏"。传记作者是广东人，他并没有说明薛斌是否找到了弟弟，但在他看来，薛斌的艰辛旅程足以证明自己对家庭的付出。[119] 一位生活在 19 世纪早期的南海本地塾师则更为成功。他一路追寻，把在广西"未欲归乡"的伯父带回了南海。[120] 番禺人何森的旅程揭示了广东移民跨越帝国边境的方式。何森的父亲多年来一直住在越南（交趾），1791 年，何森前去寻找父亲。他也许担心父亲会在越南定居，因为父亲的叔父曾经带着妻子到广西去，之后便失去联系了。描述何森旅途的文字——"山水涨发路绝，缘树杪行"或"万里云山"——表明他走的是陆路而不是沿着海岸航行。经历了凶险的旅程后，他带着父亲回到了家乡。[121] 在何森记录这趟旅行（以及自己的孝道）的几首诗中，有一首用了描述上游社会的常见口吻："倏尔过圩市，疑为女儿国。"[122]

虽然这些故事的目的是突出个人品德，但它们实际上揭示了一张广泛的流寓网络，这张网络让家人得知迁移出去的家庭成员身在何方，并且到非汉民族占据的遥远山区寻找他们。

189　　　珠三角地方志和族谱的某些记录描述了把在上游去世的家人遗体领回家乡的情况。招健升就是其中一个例子，他在梧州境内西江河岸认领侄儿棺木的旅程拉开了本书的序幕。一部南海族谱赞颂了一名族人在其父去世后领回遗体的事迹，此人的父亲在镇安府经商，于1751年去世。[123] 半个世纪之后，新会人茹纲出发去收领父亲的骸骨，他的父亲在越南北部山区去世后被匆匆埋葬。茹纲在避开猛虎和盗匪、克服厚重瘴气（"瘴深"）之后，靠着雇的农姓向导找到了一处坟墓，墓碑上的碑文让他确信父亲正是被葬在此处。1811年，茹纲终于把父母的骸骨合葬在新会。茹纲的妻子在他外出期间去世，他续娶并有了一个儿子。[124]

　　如果说茹纲的传记只是在最后加上了在家等待的妻子的死讯，那么在别的事例中，广东嫡妻则主动到上游去带回丈夫的骸骨。清初的一位南海张姓妇人因守节不再嫁被奉为节妇，她在婚姻仅维持了八年后丧夫。她的丈夫去世之前在浔州府各处担任讲师，张氏"要求"家人把丈夫的棺木运回家乡。[125] 一位姓关的顺德妇人在1847年被奉为节妇，她本人带着两个幼子"跋涉"千里，领回了在广西去世的丈夫的棺木。[126] 编纂这些史料的男性精英之所以记录这些广东嫡妻的事迹，是因为她们为夫家做出了贡献：带回死在上游的男性亲属的棺木或骸骨，保留了珠三角家庭在仪式上的完整性。正是这样，分居家庭通过与移民相关的信息上下游流动、采取汇款形式的金钱上下游流动，以及移民本身或者外出寻找他们的其他家庭成员的上下游流动，从而得到维持。

流寓的男性精英

190　　　亚当·麦基翁（Adam Mckeown）在研究近代广东移民时使

用了"流寓精英"这个概念来描述小部分既富裕又人脉通达的男性移民，他们可以在连接特定移出和移入社区的各种移民"沟槽"中自由往来。[127] 麦基翁的观点旨在指出，虽然大部分移民能在某个"沟槽"中相隔甚远的地区之间自由流动，但他们能够到达的目的地范围大部分仅限于这个特定的"沟槽"。从这个意义上看，他们的活动范围是相对受限的。西江流域的移民"沟槽"主要由河流运输网络形成。然而，借用"流寓精英"一词，我们可以定义这些有能力在广东移民"沟槽"中来去自如的男性，在这个过程中，他们通过资助祠庙和会馆、与当地官员发展关系以及缔结婚姻，在这些"沟槽"的多个地点建立和维持了关系网络。这也提出了一个问题，即男性流寓精英在维持分居家庭或者寻求跨地域婚姻策略中拥有何种特权。

虽然可佐证的史料不多，但也有事例证明，出身低微的移民能够建立一个嫡妻在珠三角而侧室在上游的分居家庭，即使这一家庭不能持续多年。在曾经的雒容县，一个村庄外面的山头上立着一块相当寒碜的墓碑，上面提供了关起鹗生平的一些基本信息。他生于1734年，原为南海县山南镇塘冲村居民，1773年来到雒容做生意，在这里购买房产并定居下来，1812年去世。他死后第九年，四个儿子和七个孙子为他立碑，那么这些人的母亲和祖母又是谁呢？山南关氏族谱提供了一些答案。关起鹗娶了一名比他小2岁的杨姓女子，这名女子在21岁时去世；继妻马氏比他小3岁，一直活到了1786年，生下两个儿子。这两位嫡妻都被安葬在南海。关起鹗在雒容娶了一名姓覃（这是广西常见的姓氏）的女子，覃氏比关起鹗小19岁，诞下三个儿子。就这样，妻子和侍妾在这个分居家庭的两端各自安好，而丈夫则来往其间。雒容墓碑上的四个儿子中有一位也是移民，因为他出生于南海，由嫡（继）妻所出。[128]

191　　事业小有成就的商人也可以采取一种跨地域的婚姻策略。比如，有位叫黎晴山的顺德男子在南宁从事谷米生意，他在顺德有叶姓嫡妻。他最大的儿子是叶氏所出，这位长子多年来一直在湖南生活，这个地方和广西一样是珠三角的谷米供应地。黎晴山在南宁娶了雷姓侧室，雷家是南宁本地的名门，但这一姓氏在广西西部很普遍。这桩婚事显然有助于黎晴山在南宁社会立足，对他的事业发展有利。[129]这位侧室于1747年诞下一子，还生了一个女儿。这个名叫黎简的儿子虽然在南宁出生成长，却将成为18世纪广州最出色的诗人。黎简少年时便陪同父亲返粤，在两广之间来往。1771年黎简在顺德娶妻，之后回到广西。两年后他彻底告别南宁，带着母亲雷氏一同到珠三角定居。1780~1781年，黎晴山回到顺德养老，在那里又住了十年。黎简的妹妹在很年轻时就去世了，从未"返回"广东。根据黎简的记录，他分别于1786年、1792年从南宁的长兄处收到了信件和礼物，这位长兄似乎从湖南迁至南宁，很可能继承了父亲在当地的生意。这是一个在广州和南宁分居超过半个世纪的家庭，在这两个地方至少有一名家庭成员留守。男性（至少大家长是这样）在上下游的地点之间自由往来，嫡妻留在珠三角，上游的侍妾则只移动了一次——前往下游。[130]

　　即使在帝国边界之外的地方做生意，成功的商人也很容易管理分居家庭。我们在第三章讨论了九江人朱廷贵，他先是在龙州经商，后来又去了河内开店，最后告老还乡回到九江。朱廷贵在九江有一位张姓妻子，在河内则纳了杜氏为妾。他的大儿子为张氏所出，杜氏诞下其他四子。根据为朱廷贵作传的九江同乡以及族人的说法，朱廷贵在1849年去世前重新厚葬了父母，安排了照顾守寡妹妹的相关事宜。他的传记作者评论道："君虽长为旅人乎，其积念未尝不惓惓厥家也。"[131] 朱廷贵的丰厚财产让他有能力维持留在珠三角的家庭，同时又和河内的侍妾生下四个儿子。

功成名就的流寓男性会同时在上下游地方采取积极的婚姻策略。当铺商人吴才略的传记就很好地说明了这一点，我们在第三章讨论过他对祠庙和会馆的捐助，前文说过，他于 1753 年在父亲的店铺里出生，他的父亲是一个在广西贵县开店的南海人。他的父亲于 1755 年去世后，棺木被运回南海，与 1741 年去世的嫡妻安葬到一起。吴才略是一名梁姓女子所出，孙辈在吴才略的传记中称她是继妻，然而她的上游出身以及比吴才略父亲年轻 35 岁的事实意味着她是侍妾。吴才略父亲死后的第三年，梁氏把儿子带到邻近的桂平县城，与她的娘家人一起居住。从吴家的角度来看，也许吴才略有成为母亲族中一员的危险，尤其当她再嫁的时候。我们之所以得知她在某个时候改嫁，是因为传记中提到吴才略的黄姓"继父"于 1774 年去世。我们很容易想象，在南海吴氏的族谱中，吴才略有可能被简单地记录为"随母改适"，然而他在 16 岁那年成为族中堂兄在贵县店铺的学徒，这也许把他从这一命运中"拯救"出来。

不久之后，吴才略就过上了婚姻生活。1769 年，他迎娶了桂平老家的孟姓女子，两人年龄相当。孟氏在八年后去世，吴才略于 1780 年续弦，继妻姓陈，比他年轻 10 岁。1786 年，此时吴才略已经事业有成，是活跃在桂平和大乌圩的商人和慈善家。他前往自己祖籍的南海家中，在那里娶了个比自己小 13 岁的江姓女子。由于陈氏仍然在世，江氏只能成为侍妾。从南海回来后，吴才略"承母命复娶"了黄姓女子（作为侍妾）。这种母亲权威的表现令人感到困惑，吴才略的母亲梁氏是否希望与黄姓"继夫"的家族保留某些联系？还是她对南海的侍妾产生了警惕，试图通过让桂平侍妾加入这一组合，以反制任何对吴才略的不必要的影响？如果是后一原因，那么当吴才略在1802年娶了新的黎姓侍妾时，梁氏必定十分焦虑，这名侍妾是个比吴才略年轻30多岁的南海女子。这两名南海侍妾葬在广东，一位早于吴才略去世，另一位则要晚得多，而两名桂平嫡妻和吴才略合葬，桂平侍妾也葬在广西。[132]

虽然两名南海侍妾最后葬在珠三角，但她们移动的方向与侍妾通常向下游流动的方向相反。侍妾黎氏先后在1814年和1820年为吴才略诞下了最后两个儿子，这两个孩子在桂平长大，因此有理由相信，在吴才略于1831年去世之前，黎氏都住在桂平。在粤商移民的富裕子孙中，纳了广东侍妾的肯定不止吴才略一人。[133]纳广东侍妾的主要是广东移民事业有成的后代，或者只有他们能这样做，而一般意义上的上游精英无法实现这一点，这有可能是因为他们要么拥有文化资本，要么与西江流域的关系网有联系，得以纳广东女子为妾。其关键似乎并不在于女性作为商品被引向上游或下游方向，而是男性流寓精英导致了这种流动。这种婚姻策略主要靠男性的流动来维持，然而我们必须记住，正如吴才略那上游出身的母亲梁氏一样，女性作为妻子或母亲也能发挥重要作用。

向永久定居过渡

吴才略这样的男性流寓精英成员可以采取将珠三角及上游地方同时包括在内的婚姻策略，但族谱所揭示的是大部分男方家族的婚姻策略会出现延续好几代的发展变化。在一些事例中，不断变化的婚姻策略显示出从短期移居（"寓居"）向永久定居（"安置"）的过渡。定居以及建立珠三角和上游地方之间的宗族联系是下一章的重点，这里我们通过对族谱史料的简单探讨，展示婚姻模式所反映的从寓居到定居的转变，以及男性移民的永久定居或者家庭迁移如何让分居家庭不复存在。

新会县东北部的唐氏家族中，三代男性都同时和珠三角家乡以及广西中部柳州府的一个村子建立了联系。唐天祥出生于 1720 年前后，在广西经商时去世，被安葬在柳州；他的妻子来自新会外海陈家，死后葬在珠三角。1831 年唐氏族谱的编纂者指出，唐天祥夫妇的儿子唐上悦由于在广西做生意，"目前"住在柳州北边柳城县一个叫近湾的村子里。他的妻子是这个村子的本地人。夫妇俩的两个儿子中，年长的那个已经分家出去，和籍贯未知的妻子住在近湾。小儿子唐汝寿（1774~1849 年）死后安葬在近湾，但他的妻子是新会潮连镇人。这兄弟俩的下一代人里还有一个族人在广西经商并葬在了柳州，此人的妻子也是潮连人，后来改嫁了。就这样，在经历了三代以后，这个移民群体和西江边新会县的同一个地方、上游的柳州，以及柳州附近的一个特定村庄，均保持着联系。[134]

岑氏家族居住在新会县城，但他们宣称自己是顺德西北边士子移民的后代，其族谱手稿展示了一个家庭的数代人如何十分缓慢地从同时保持上下游联系转变为在上游永久定居。岑永思（1547~1602 年）是最初登记为西宁户籍的廪生。他也许是 1577 年西宁建县后最早在县学里考取生员的广东人之一。他的妻子是顺德大圩陈村人氏，两人的女儿嫁给了一个顺德人，因为夫妇俩没有儿子，岑永思弟弟的儿子岑之豹被过继给他们。岑永思的弟弟岑永清（1556~1620 年）也是廪生，族谱明确指

194

出他是转学（"拨"）到西宁县学的。他娶了一个年长 3 岁的
顺德女子，生了三个儿子和一个嫁给了南海人的女儿。岑永清
和他的顺德嫡妻一起安葬在广州。岑永清的一个儿子岑之麟
（1586~1663 年）和父亲一样，也是西宁县学的学生，但他的
嫡妻是一位姓邓的顺德女子（1589~1649 年）。两人有八个儿
子被记录在族谱中。岑永清的另一个儿子岑之豹（1589~1640
年）被过继给岑永思。岑之豹也是西宁的学生，于 1625 年通过
195 了乡试，直至清朝末年，他都是西宁唯一的进士。像岑之豹这
种身份的人不太可能留在西宁。[135] 他娶了出身于广州名门的妻
子，两人膝下无子，岑之麟的儿子岑元燨被过继给他们。

　　从这一代开始，族谱的重点放在了长居西宁的岑元燨和他
的嫡系子孙身上。虽然岑元燨是南海县学的学生，还娶了一名
顺德女子，但夫妇俩最后都葬在上游的西宁。下一代人中，岑
元燨最大的儿子岑国士（1641~1715 年）是县学学生。族谱提
到一位姓冉的知县赠送了一块牌匾给岑国士，称赞他是文士楷
模。冉知县于 1697 年到西宁上任，这说明岑国士是西宁的文人
楷模，虽然他娶了顺德龙山的左氏（1641~1704 年）。接下来
这代人的焦点是岑国士和左氏的儿子岑作梅（1671~1729 年）。
岑作梅是西宁贡生，娶了一位籍贯不可考的女子，但我推测她
是西宁本地人。岑作梅夫妇安排他们的子女全部在本地婚配。
族谱只提到了两个女儿，她们都嫁给了都城镇的本地人，这是
西宁县主要的西江码头。就这样，西宁"本地士绅"中最大的
家族至少在前四代里都娶了来自珠三角的妻子，只有到了第四
代和第五代时，一些岑家人才在上游定居下来。[136]

　　虽然岑氏族谱并没有明说，但族中的男子和他的嫡妻——
也许是岑国士和他的龙山妻子左氏——很可能在某个时间一起

迁到了上游。这一举动实现了举家迁移，不会再有像望夫石传说那样妻子守候丈夫的故事了。对嫡妻、侍妾或女儿来说，让她们陪伴丈夫或者父亲到上游去居住是闻所未闻的事情，尤其当丈夫被派往上游任职的时候。[137] 我们已经知道何梦瑶在思恩衙门任职时曾经因为家人害怕他死于桀骜的本地人之手而责备他们，但这种迁移很少导致家庭在上游定居。商人也会带着妻子或侍妾在上游短暂停留。比如，19 世纪早期有一位桂平郎中，他那远近驰名的行医事迹中有一桩便是为一名陪伴粤商丈夫到贵县来的侍妾治愈了难熬的便秘。[138]

　　然而，上游和珠三角的族谱都提供了嫡妻随丈夫迁移到上游的事例，至少她们去世后被安葬在那里。[139] 在一些族谱中，身为妻子、侍妾或女儿的广东女性在迁移中发挥了更为积极的作用。1941 年岑溪的冼氏族谱从男方家族的视角描述了姻亲之间由一位女性联系起来的社会经济联盟关系。冼氏先祖冼承祖生于珠三角高明县的一个小村落，村中长者陈国俨在冼承祖年幼时就认为他必有出息，于是将女儿许配给他。在动荡不安的康熙朝早期，陈国俨决定迁离村子寻找一个安全的落脚点，于是他带着家人"西上"岑溪，在那里安顿下来并登记了户籍。不久后他写信回广东，敦促冼承祖与自己的女儿成婚，并邀请他西上岑溪与自己一同居住。冼承祖此时是十几岁的少年，他接受了邀请，在陈家完成了婚事。此时这家人的迁移往事听起来像一桩入赘婚姻的故事。但几年后冼承祖和妻子搬到岑溪的另一个地方成家，还有了一个儿子。这个例子相当典型，其中的广东女性并不是迁移决定的发起者，而是作为女方大家长确保成功的家族迁移能成为一项长期策略的工具。[140]

　　在一些事例中，做出迁移决定的似乎是广东女性。平南县

196

武林镇的傅氏族谱中记录了一块 1897 年所立墓碑的碑文，从中可以看到一个清晰的例子。碑文讲述了一位从新会县迁移至武林的广东侍妾的生平。这名女子姓麦，是新会人傅启宇的侧室。傅启宇有两个儿子，长子为嫡妻所出，次子是侍妾麦氏所生。傅启宇和嫡妻后来被安葬在新会，但族谱中没有说明他们的去世时间。在康熙朝早期，傅家长子跟随庶母以及弟弟逃离战乱中的新会，前往广西，在武林的一个村子里落脚。这块墓碑是很久之后才立起来的，也许是为了记录口耳相传的家族迁移史。[141] 在本章提出的几个事例中，男性移民同样与珠三角及上游目的地保持着联系，然而身为妻子、女儿或者母亲的广东女性随男性一同迁移的情况通常意味着家庭将在上游永久定居。

石头记

整个清朝期间，羚羊峡以及南宁下游的石头传说都是广东精英笔下流行的主题。广东作者对这些传说的诠释往往侧重于这两类女性的其中一类。邝露在描述壮族女子用蛊的文字中把注意力直接放在了有异样吸引力和危险性的上游女子身上。[142] 19世纪早期的广东文人陈昙也被上游女子迷住了。在列出有望夫石的三个广东地方后，他指出广西的北流县也有一块很容易让观者联想到女子形象的石头，而广东的望夫石则较难让人想到女性的模样。在解释了这些石头背后的传说之后，陈昙提出了疑问，为何广东的望夫石不如广西的石头那么惟妙惟肖。[143]

其他广东作者则更为同情留在珠三角的嫡妻。17 世纪晚期的博物学者屈大均在关于望夫石的词条解释中为它写下了祷文，同时对上游的留人石大加鞭挞。在他的想象中，留人石并不是一个被施蛊术的当地女子阻留的广东男子，而是一块阻留广东男子的巫术石头。他在声讨中希望留人石化为粉尘，同时祈祷望夫石变回女子。[144] 招健升也同情羚羊峡望夫石所代表的忠贞粤妻，他必定想起了自己村子里招姓族人的妻子们，她们守护着丈夫在汉口或广西谋生的分居家庭。在前往梧州认领侄儿棺木的旅程中，招健升路过这一地标并写下了一首题为《望夫石》的诗。他在诗中没有提及侄儿们，但读者能够从之前的诗中感受到这趟旅程所蕴含的情感：

> 望郎回，郎不回。
>
> 化为石，终不陨。
>
> 悲风悲雨时欲泣，伫立千古情堪哀。
>
> 石有烂，心无灰。[145]

198

就某种程度而言，屈大均、招健升以及其他与望夫石有共鸣的广东文人需要想象一位真实存在过的女子，才能写出饱含同情的文字。人们感到好奇的是，士绅家庭出身的广东嫡妻会怎么书写这个女子变成石头的故事呢？在 19 世纪头十年里，龙山文士温汝能（他是温汝适的堂弟，而温汝适是 1788 年的广西乡试考官，撰写了重建戎墟粤东会馆的纪念碑文）编写了一部广东作者的诗文选集。其中两章收集了士绅家庭女性的作品，其中就有一首题为《望夫石》的诗，作者为郑允端。一段简短的生平介绍表明她是高明人士，嫁给了一个叫施伯仁的人。[146] 然而，《高明县志》中找不到任何姓施的本地人。而且，同一首诗早已出现在很多广东以外的诗文集中，如 17 世纪有一部女性诗文集叫《名媛诗归》，这首诗在里面的作者是元代有名的女诗人郑允端。生平小传表明郑允端的丈夫是苏州人施伯仁，此人生性粗鄙、心术不正，郑允端只能通过写诗来排解心中的郁结。[147] 很难想象温汝能不知道这段典故，也许这位顺德的温举人在取笑高明的男子，毕竟高明是一个以盛产低级吏员闻名的地方。

郑允端的诗被收入选集，作为真正的粤人所作之诗呈现给读者，这也意味着为了适配西江流域广东流寓群体中特定的性别状况，一段普通的俗谈被进一步进行了本地化改造。这些诗歌不管是由广东男性所作，抑或被当作广东女性的作品，都构建了一个广东嫡妻、一个滞留在上游的广东男性旅人，以及一名阻止男子归乡的西江上游流域本地女子的形象。这一传说为人们所接受也表明它引起了西江流域流寓家庭成员的共鸣。近代早期的广东传说一方面流露出对男性移民不再归来的担忧，另一方面让男性移民每次溯流而上经过羚羊峡那座忠贞妻子的石像时感到不那么焦虑。这一传说很大程度上反映了由于男性迁移而形成流寓家庭的社会现实。留守的家人，尤其是广东嫡妻，在珠三角守护着分居家庭，而带有异族色彩的上游女子以及她背后更广阔的边地社会则被拉入了分居家庭。这一传说从17世纪开始才见诸记载，其中包含了西江流域两端的人物，这显示了某种程度上的地区融合，而这种融合又是此前并不存在的。换句话说，17世纪的西江流域同时出现了广东流寓家庭和望夫石、留人洞的传说，两者又共同在18~19世纪盛行一时。

第五章
上游定居者与珠三角宗族

1719 年，商人移民林仕经从贵县回到番禺，安葬他留在家乡的妻子。四年前他已经把大儿子带到贵县为自己的生意打下手，妻子入土后，他把次子、一个女儿和两个兄弟带到上游。此外，他还带走了祖先的牌位。林仕经的传记作者坚称他计划日后回到番禺，但这并没有什么说服力。林家接下来的数代人在贵县建起了一个谷米贸易和当铺的商业帝国。[1] 就这样，随着广东嫡妻去世和祖先牌位的迁移，一个流寓家庭解体了，在它原有的位置上诞生了一个新兴的流寓宗族。

1849 年与 1850 年之交的冬天，在平乐县沙子镇修好的一块墓地反映了一趟相似的旅程。这儿安葬着一位余姓妇人（1757~1807 年）。碑文显示她是翟姓男子的妻子，这名男子的原籍是广州宝安的一个村子。碑文还显示这名妇人的儿子、两个孙子、六个曾孙"现在"把她重新安葬在沙子镇。[2] 在很多决定在上游永久定居的广东人中，余氏的改葬可能只是类似情况之一。

这两趟上游之旅也是沿着西江流域构建亲属关系的举动，在其中一个事例中的表现是带走父亲一族的祖先牌位，另一个事例则是将母亲的遗骨改葬。1719 年至 1850 年这段时间里，居住在西江中上游河港的人们宣称自己是广东移民祖先的后裔，并与珠三角的宗族构建起宗亲关系。与此同时，珠三角宗族开始在宗祠和族谱中体现出对上游移民的认可。因此，这一章把流寓家庭的范围扩大至宗族，探讨广东移民以及那些声称是广东移民后裔的人如何在珠三角和上游地方构建宗亲关系。然而，正如改葬余氏所显示的那样，女性家庭成员和祖先在建立父系亲属关系网时也发挥了重要作用。

为了探讨迁移如何影响宗族（而不是家庭），以及珠三角的宗族大家长如何对待上游移民的问题，本章的内容基于我尽可能多地去各地进行的调查，以及上游史料和珠三角史料的结合。[3] 这种策略可以让我们追溯人群的流动，以及在构建宗亲关系过程中个人和家族声望同时在上下游的传播。这种人员和文化资源的流动反过来又会显示出地理流动性（建立亲属联系）和社会流动性（在上游致富或者取得功名）对建立和维持珠三角和上游地方之间宗族联系的基础作用。本章以研究 1570～1850 年的广东人上游迁移模式作为开端，随后转向 18 世纪和 19 世纪早期的跨地域宗族构建。

定居上游，以及广东人后裔的吸引力

19 世纪中叶，即翟家人改葬母亲余氏的这段时间里，在很多上游地方自称广东移民后裔成了家族声望的来源。西江中上游流域的新兴宗族喜欢称自己是广东移民的后代，这既是因为大量珠三角移民涌入这些地区，也源于粤商对市场的主导作用日益增强。在以非汉民族为主要居住人口的西江上游部分地区，声称是广东移民后裔实际上也是一种对汉民族身份的申明，以及对依附帝国朝廷的表达。我们将看到，一些声称祖先是广东移民的说法不太靠谱，而另一些尽管言之凿凿但难以考证。与此同时，只有当大量广东人确实定居上游时，这种说法才站得住脚。

移民潮

在追溯广东人的上游迁移活动时，我们同时发现了长期的趋势和各不相同的移民潮。一些移民潮反映了政府治理边地的特定政策。在这些移民潮中，很多广东人和广东家庭都在上游重新安居，同时这些迁移模式也让上游人群有机会自称是粤籍祖先的后裔。一波移民潮与朝廷平定罗旁地区后在 1577 年建置东安、西宁两县有关。由此带来的影响是，这两个县的各个宗族普遍声称自己是万历年间抵达本地的先人的后裔。在这些迁移传说中，祖先们据说来自东部的各个地区：珠三角、广东北部和东北部，还有福建。[4] 一些记载表明，移民由于在新建置的县里"助工筑城"而获得土地。1592 年《西宁县志》的孝子列传中提到一个于 1577 年来到本地的顺德人"捐资筑城"。[5] 东安县郊某个宗族的族谱描述了来自广东东北部三个邻近县份的七户人家"助工筑城"。他们从东安知县处得到了新丈量的 1422亩地（超过 420 公顷）作为报酬。[6]

西宁县的一些宗族声称自己的祖先是万历年间积极"教化"新建置县居民的士子或教师。在第四章中，我们从西宁县城岑氏家族的事例里看到，这个广东移民家庭直到清代才完全在上游定居下来。县城外庞寨村的庞氏一族也是如此。庞氏族人声称自己是庞嵩的后代，西宁地方官曾邀请这位南海文人兼归休官员前来本地"讲学以兴文风"。1590 年，曾经拜在庞嵩门下的弟子们在县城为纪念他而修建了祠庙。1830 年《西宁县志》的侨民列传引用了 1731 年《罗定州志》的内容，编纂者

203

提出"庞氏自嵩父子寓邑之南郊,其后遂占籍焉,今居庞寨者,数十家皆其裔云"。[7]这意味着庞嵩和他的直系后裔已经在西宁定居。庞寨庞氏的一本族谱手稿澄清了他们的定居史。庞寨庞氏的确自称是庞嵩的后代,但族谱也清楚表明第一个在西宁落脚的族人不是庞嵩或者他的儿子,而是庞绪,他是一名生员,也是庞嵩的第六代后人。族谱没有提供庞绪的确切生卒日期,但提到他在1710年捐资修缮了县城的庞嵩祠。定居在庞寨的庞氏族人追随庞绪的倡议,接管了祠庙的维护工作。在1830年西宁地方志的地图上,庞嵩祠也是一个显著的地标,打理这座祠庙让庞寨庞氏在西宁县的行政中心变得知名,也强调了他们与珠三角这一广东文化中心的联系。[8]自称文人移民后代的广东移民通过将帝国文化象征转换为万历年间东安、西宁粤籍名人祖先的后代所带有的标识,提升了他们的身份地位。[9]

除了万历年间,大量迁移到上游的人自称家族可追溯至康熙朝,尤其是康熙统治早期。这类流传下来的祖先故事也许以某种方式表明,明清更迭之际的社会大动荡是迁移的驱动因素。其间的一件突发事情就是清朝为了击败台湾郑氏而实施的迁海令。鲍炜在一篇关于广东迁海令的论文中收集的证据显示,在康熙朝的头三年里,即1662~1664年,这项政策每年都执行一次,针对不同级别的身份有不同的要求。动迁范围自海岸线开始推进15里到30里不等(约等于8~16公里)。更重要的是,海岸的划分范围在某种方式上包括了珠三角众多西江支流沿岸位于这一距离内的定居点。

204　　迁海令可能导致人们迁移的原因有两个:第一,不管怎样人们都已经失去了居住地,这也许让他们有机会到更远的内陆地区去以教书或经商为生;第二,这一政策意味着希望到珠三角以外地区做生意的珠三角家庭再也不能前往海外。鲍炜根据珠三角的地方志和族谱提出，对希望到珠三角以外地区重新安家却受到影响的人群来说，广东西部和广西是首选目的地。[10] 他举出的一个例子是一名住在罗定的顺德文人，此人在当地教书，还考取了西宁县学的生员。另一个顺德人也携家眷到西宁，在那里做教书先生。当迁海令被撤销后，两人都回到了家乡。[11] 其他人则成了永久移民，如新会林氏"因迁海令前往西粤"，族中六名堂兄弟中有两人就是如此。[12] 其他很多事例虽然没有直接提出迁海令导致人们迁移，但迁移的时间以及人们迁出的地点都表明了这一点。[13] 一个上游家族中流传着一则典型的康熙朝早期的迁移故事，这一故事和平南县武林河港某村里的陈氏家族有关。[14] 故事中的陈氏族人自称祖先来自香山县西北部，这一地区靠近西江的主要航道，因此受到迁海令的影响。故事里提到康熙朝之初陈家三兄弟勤于营商，乘船至此地，在武林镇的村子登岸并定居于此。虽然陈氏族谱里没有明确指出迁海令促使他们迁移，但三兄弟的香山原籍以及他们迁移的时间表明迁海令是最有可能的诱因。

　　有可能出现过的第三波移民潮和清朝劝垦荒地有关，尤其在雍正年间。古永继指出，雍正朝开始的开荒垦地吸引人们迁移至广西。[15] 马立博和罗威廉（William Rowe）描述过雍正年间一个由朝廷支持的广西开荒计划以及桂林精英对此的抵制。1728～1736 年是金鉷在任的时期，朝廷让被罢黜的广西官员复职，使承担垦荒以及为省里衙门捐款的外省士绅重获品级，通过这些方式推动了大量土地开荒计划。这些承包者进一步划分土地，招募通常来自外省的佃农。[16] 桂林府精英对此的抵制让人想起谢济世对外省人在广西乡试中考取功名的

205

抗议。到了乾隆年间，朝廷的开荒政策不再那么激进，但可能通过继续对新开垦的小块分散土地免征赋税来鼓励以开荒为目的的移民。[17]

珠三角和上游的族谱表明，广东人似乎不是雍正年间开垦潮的主要响应群体，虽然在万历年间的迁移故事中土地开荒的确很突出。还有一些证据表明，18世纪的广东移民在开荒的过程中定居上游，而不是通过自称粤商后代这一更为普遍的手段。北流县西北边的木棉坡就是一个例子。这个地方的某间祠庙在1811年的重建碑记追溯了此处的定居史，碑记作者是麦穗泰，虽然他是在广西乡试中取得功名的，但《顺德县志》和《北流县志》都称这位1774年的举人是本地人。[18]麦穗泰在碑文中以下面的描述开头：

> 木棉坡历朝未开之古荒也。纯皇帝临驭之十八年，余先君子偕友四十余家自龙门斗口凿石引河垦，税百余石，开水田二千余亩。合之耕佃者寄寓者，而千古荆榛之地遂为蕃庶之乡矣。[19]

这些定居者似乎来自广东，虽然他们不全是粤籍人士。麦家的祖籍是顺德的麦村。[20]麦穗泰的父亲是生员麦国琦。民国时期的《北流县志》追溯了在乾隆年间来到木棉坡的其他家族，比如，来自广东的陆氏和确实来自高明县的潘氏。柯氏的祖先是雍正晚期定居木棉坡的三水人。麦氏、陆氏、潘氏和柯氏就是被当地人称为"六大姓"的其中四个家族，是自称祖先为广东人的主要后人群体，定居在麦穗泰1811年为之撰文纪念重修工程的祠庙附近。[21]在这篇重修碑记里，麦穗泰提到一位陆姓人士和一位麦姓人士（麦穗泰的兄长）是"总理"，还提到一名柯姓人士提供了建筑所需的材料。[22]

然而，民国时期的地方志提到，木棉坡地区的主要方言是客家话，这和北流县其他地方最为盛行的粤语形成对比。与之相似的是，1880 年的地方志在描述木棉坡所在的"里"① 时写道："吉京冲龙山坡间多惠潮人，轻悍好斗，然勤于力田，邑内空荒多为垦。"[23] 近代柯氏族谱中记载的一则传说解释道，"六大姓"指居住在祠庙旁边讲粤语（白话）的人群，包括麦氏家族和柯氏家族，与之形成对比的是住在周边讲客家话的"百姓"。根据这则传说，"六大姓"（此处的主角是柯氏家族而非麦国琦）为大规模的水利灌溉工程捐资出力，让木棉坡的土地得以开垦。数十年间，这些早年而来的广东移民在数量上已经超过了当地人。"百姓"在某个时候根据律例提出诉求，控制了灌溉工程，从此破坏了广府人和客家人此前的友好关系。[24] 虽然这不一定反映了雍正时期金铁治下的朝廷政策，但可以作为较具规模的开垦工程与广东移民后代有关系的一个事例。然而，在响应朝廷政策的这三波移民潮中，广东移民的传说更多地指向 16 世纪 70 年代的军事行动以及新行政单位建置之后的迁移，以及康熙朝早期实施迁海令时期的迁移，而不是 18 世纪为了响应土地开荒的迁移。

长期影响因素

虽然在一些案例中朝廷政策引起了移民潮，但非官方的因

①　"里"是清朝县以下的行政区划之一，道光年间《蒲圻县志》卷四"乡里"条记载："朝制百一十户为里，里统十甲为一图，甲系于里，里系于乡。"木棉坡位于北流"四里"（平陵、吉京、石一、石二）中的吉京。——译者注

素在 1570～1850 年持续驱动着人们迁移。对很多广东家庭来说，男性往外迁移比留在珠三角提供了更多向上的社会流动机会。这种情况普遍适用于本书讨论的广大移民，对第二章讨论的士子移民也的确如此。但最有希望通过迁移改变社会地位的是珠三角主流民众眼中居无定所的人群。萧凤霞（Helen F. Siu）和刘志伟在分析疍家人时指出，晚明士大夫袁崇焕就是一个典型例子，他的家人通过往上游迁移、经商以及参加科举考试，完成了从居无定所到成为普通人家再到精英阶层的身份地位提升。袁家来自东莞县一个疍家船只聚集的地区，而且从事河运生意的袁崇焕家庭并不受东莞其他袁氏家族待见，这两点让萧凤霞和刘志伟推测袁家是疍家人。不过，袁崇焕设法获得了平南县的户籍，以这一身份通过了 1606 年的广西乡试，并于 1619 年考取进士。[25] 金榜题名让袁崇焕被载入 1639 年的《东莞县志》，虽然直至 1798 年县志里才详尽记录了他的生平。[26] 对疍家人而言，即使没有实现文人精英这一终极目标，仅仅在一个上游县里获得户籍并因此能够参加科举，就足以补偿疍家人为迁移付出的代价。

晚明时期一些往上游迁移的故事暗示从珠三角迁往上游的其他移民可能来自疍家。虽然大部分移民走的是水路，但强调船只的迁移传说意味着移民者是疍家人。东安县南乡圩的陈氏就是一个例子。陈氏家族称自己的祖先是东莞一个东江边上村子的村民。他们迁移到此地的祖先（1562～1616 年）是"同迁船至六都泊岸"的两兄弟之一。这段文字的措辞表明他们的船只是自己的而非租赁的。这位移民祖先带着家人在邻县的南乡镇定居，而另一位兄弟搬到了广西。[27] 移民传说中若没有提及任何特定的珠三角迁出社区，也有可能意味着祖上是疍家人。浔州府城桂平县的冼氏家族自称是广州府祖先的后代，但没有提到某个特定的村镇甚至县城。冼氏族人称他们是为了躲避万历年间珠三角的暴乱以及被浔州的商机所吸引而来到当地的。他们的移民祖先"撑渔家艇"。这位父亲最后因为某些不明原因回到了广州，但儿子们在桂平南部定居了下来。[28] 万历年间似乎是通过迁移摆脱飘零身世的常见时期，或者为人们此后声明自己的祖籍提供了方便。但这种利用迁移来摆脱无根状况的策略一直持续到清朝。[29]

　　吸引移民前往上游的一个类似的长期因素是经商的机会，这一机会继而促进了粤商网络在上游的扩张。在广东人的迁移故事中，以垦荒为目的的迁移明显谈不上是普遍现象。商业作为迁移和永久定居的动因，可能在 18～19 世纪变得越来越重要。到了帝制统治的最后一个世纪，西江中上游流域的家庭及宗族普遍自称粤商后裔，例子多得数不胜数。不过其中两个例子让我们对这类家族沿着西江水系的广泛分布留下了初步印象，甚至在本地人数量远超粤商的地方也有他们的踪影。东江是河池州和庆远府治所宜山县之间的圩镇，林氏是镇上唯一自称粤人后代的家族。他们认为自己的祖先来自南海县北边的一个村子，到东江来经商。此人事业有成，能够养育在 19 世纪头二十年间出生的九个儿子。虽然名字对不上，但南海北边村子里的林氏族谱提到八个兄弟以及一名堂亲"迁往西粤宜山东江圩"。[30] 在广西西南部，广东人在南宁府和太平府之间的驮卢镇更有影响力。蔡氏宗祠里一块 1817 年的石碑显示，当时的蔡氏自称是晚明时期一名原籍顺德龙江的商人移民后代。碑文的作者也是商人，他在碑文中庆贺自己一家由于儿子们考取生员而成为士绅阶层的事情。[31]

208

人们普遍自称粤人后裔同时反映了广东人迁移的普遍性以及这种做法越来越大的吸引力，即使对那些和珠三角关联很少甚至完全捏造了这种关系的群体来说也是如此。在分析桂平县北部的薛氏家族时，唐晓涛巧妙地展示了这个家族在明代很可能源于一个被朝廷定性为"猺人"的群体。通过粤商及其宗族在桂平地区的活动以及某些薛氏族人在科举中的成功（家族在1800年出现了第一位生员），这个家族在19世纪早期编造了祖先是明朝中期广东移民的传说。通过这种方法，薛氏得以摆脱"猺人"这个民族标签，被重新归入汉人的行列。自称粤人移民后裔是一种确立他们新获得的上层地位的策略。他们声称祖先来自顺德龙江的说法十分有说服力，因为薛姓是那儿的大姓，其族人包括薛藩，他是17世纪早期的南宁知府，为乌蛮滩的伏波庙撰写了碑记。[32]

在宗族形成的过程中，上游群体自称粤人后裔的说法真假不一，其中一些已经无从考证或者很可能是捏造的。典型的情况有：传说中的粤人祖先落脚上游的年代已经很久远，关于祖籍的说法十分笼统，以及后世的上下游亲属之间没有互动痕迹。当然也有一些例外。比如，唐晓涛提到的薛氏家族，他们自称祖先来自顺德某乡镇，而那儿的薛氏的确十分知名。与之类似的是，关于这类祖籍的说法，我们可以大致上认为在河港定居的群体比在与江边有一定距离的村落里定居的群体更可信。通过比较隆安县两个家族的说法，我们可以发现这种差异。黄氏家族住在县城的商业主街上，他们自称祖先是一个名叫黄纯广（1800~1880年）的移民。黄纯广原籍高要县河江村，这个地方后来被纳入高明县管辖范围，它在珠三角的位置与南海县相对，中间隔着西江。黄纯广在年轻时搬到隆安县城，在那里的店铺当雇工，之后有了自己的杂货铺。19世纪中叶，在一次盗抢中失去了一切后，黄纯广开了一间草药铺，慢慢变得富有起来。他和后人在粤东会馆所在的同一条街上建起了一座府邸。　210 黄纯广和河江村黄氏联系紧密，他和儿子们的辈分字号与1835年捐款重修宗祠的第十四代及第十五代的几个资助人的名字相符，验证了这一事实。[33]

　　隆安县某村梁氏家族自称粤商后裔的说法就没那么站得住脚了。这个村子在下颜镇（如今的雁江镇）外，而下颜位于连接南宁和百色的江河边上。1938年梁氏族谱上有一篇写于1923年的序言，声称家族的第一位先祖是万历年间到隆安做生意（"经营生理"）的南海人，此人最后在洪造村定居，这个村子离下颜有半小时的路程。到了19世纪，随着梁凤翘在1879年通过乡试，家族在科举考试中再添成就，梁氏一族才开始采取大量手段构建宗族。1938年族谱中有一条1843~1844年修建宗祠的记录，记录人是梁凤翘的父亲，他笔下的移民祖先来自南海的白沙村。宗祠一根横梁上刻于1889年的文字证实祠堂建于19世纪。梁氏族人在19世纪还积极为年代久远的先祖立碑。1835年，他们为一位四世祖勒碑，同时承认这位祖先的生卒年月以及下葬时间已不可考，他们还为这位四世祖的孙子立起了墓碑。1882年，梁氏族人为一世祖及其子翻新旧坟（分别立于1764~1765年和1706年），为这个儿子所刻的碑文把他的生卒年份写为1587~1656年。在梁凤翘这位于1879年考取举人的文人笔下，族谱里的宗族不断壮大。到了19世纪晚期，梁氏成为当地名门。在1889年重修下颜镇大庙——文武庙的捐资者名单中，梁凤翘名列榜首（在两间当铺之前）；至少还有12位梁氏族人捐资，包括2名武生员和1名文增生。下颜镇的粤东会馆

是在这一时间或者稍晚一些的时候出现的，不过很难想象它的
服务对象是自称明朝粤商后裔的村民，它的捐助者必然是镇上
的当铺主以及与梁氏族人一同出现在 1889 年石碑上的其他商号
主人。尽管如此，梁氏自称粤人后裔的说法和梁凤翘及其亲属
获得的功名一样，成了他们在这个河港社区以及其他地方的一
种文化资本。[34]

211　　沿河流寓

通过探寻广东人资助的祠庙会馆位置、广东移民倾向定居
的地点，以及自称广东移民后裔的说法最为普遍的地方，我们
可以得出一幅广东流寓群体在西江流域的空间分布图。虽然本
书缺乏足够的数据来系统地勾勒出广东人在上游的各个定居点，
但流传下来的证据提供了可信的概况。

首先，西江中上游流域的广东官员、士子和商人往往集中
在西江及其支流沿岸的城镇，粤语在本书所研究的时期里成了
西江流域的日常语言并通用于商业领域验证了这一情况。在这
一时间里，粤语作为商用语言，其范围延伸到上游更远的地区。
早在 1620 年前后，一个前往梧州的南海人在刚穿越广东边界时
就注意到"乘河筏来回穿梭"的大部分居民言谈间皆是"广州
声"。[35]1882 年，一名英国籍探险者打算乘船从珠三角经过梧州
前往百色，在进入这些区域以外的高地前，他发现自己虽然已
经雇了官话翻译，但还是有必要再请一名粤语翻译。这名旅行
者解释说，由于他在两广"水路全程"遇见的人都讲粤语，
"没有粤语翻译寸步难行"。[36]不管是府城还是圩镇，西江沿岸
的河港都大同小异，石子阶梯形成了码头，一直从河岸通向与
河流平行的商业街，令人印象最深刻的建筑物通常是广东人资
助的会馆祠庙或者他们经营的当铺及其他商号。[37]虽然广东人最

集中的地方是生产谷米的梧州、浔州和南宁各府，但作为广东人"地盘"的各处河港沿着穿过广西的大部分西江支流一路向远处延伸分布，使商业河港成了被内陆的非广东人群体所包围的"广东飞地"。[38] 一些广东移民深入西江支流的源头，在刚好与广西西隆州接壤的贵州西南兴义府等地落脚。[39]

在广东人最为集中的定居地之外，珠三角的移民遇到了其他群体。在广西东北部的漓江及其他地区，广东人要和与自己有竞争关系的江西、湖南商人和士子关系网共处在一个空间之中。1773 年的广西省志显示，桂林两个最大的商人群体是粤商和赣商。[40] 然而在广西东北部和贵州南部，湖南人似乎才是广东人最大的竞争者。在这一地区，围绕着以流寓人群为服务对象的会馆形成了流寓社区。比如，在沙子镇，除了一座曾经属于粤商的当铺以及一所粤东会馆外，还有一所湖南会馆。镇上有一块 1879 年的墓碑，墓里葬的是一名来自湖南西南部的移民，他在 18 世纪 90 年代到当地做生意，1804 年去世。[41] 古宜上游的瓢里镇是粤东会馆和湖南会馆的所在地，两个会馆沿着河边各自占据着镇上的两头，都有自己的码头。[42] 在桂林下游的重镇大圩，粤东会馆在规模更大的湖南会馆和江西会馆面前相形见绌。[43]

在广西中部和西部，最流行的说法不是自称广东移民后裔，更多人愿意说自己是早期山东移民的子孙。具体而言，提出这种说法的人普遍称自己的祖先来自 11 世纪 50 年代镇压侬智高起义的狄青军队。在南宁周边以及远至宾阳北部和龙州南部的地区，持这种说法的人称自己祖籍在山东白马县。这样说的人有很多如今被划入壮族行列。[44] 广西西部也有土司声称自己是山东人的后代。

在广西中部的上林县，一部民国时期的地方志记载了很多自称祖先来自狄青军队的宗族，不过他们的祖籍并不是白马县，而是一个叫宜都的县。然而即使在上林县众多据说祖先是狄青麾下将士的人当中，还是零星有人自称是南海商人的后代。劳氏就是一个例子。他们自称祖先是一名叫劳国标的南海人，乾隆年间到上林来做生意，并且和其他商人一同在山区深处建立了北更乡。1944 年发布的上林县姓氏调查显示，偏远的北更乡一共有 39 个姓氏，人口总数为 14764 人。北更人口的 84% 以上由 6 个姓氏组成，其中没有一个自称广东人后裔。劳姓人士只有 236 名，主要聚居在北更乡外的两个村子里。近代为劳国标修建的墓碑特别刻上了他的南海籍贯，虽然他的后人现在认为自己是壮族人。[45] 劳国标在 18 世纪帮助建起北更乡时，住在这个新圩镇的广东人必定远远少于上林本地人。

北更乡劳氏的例子要么可以被视为广东人向土司据点迁移的证据，要么说明了 18~19 世纪在这些地区自称广东人后裔的说法越来越有吸引力。18 世纪的确可能有一位南海人来到北更乡做生意并定居此地。[46] 同时，本地有人姓劳让这一说法显得可信。如果从表面来分析接下来的两个移民故事，它们显示出广东人迁入了广西西南的土司地区；如果不考虑这点，它们至少表现了 18 世纪和 19 世纪早期自称粤人后裔的吸引力已经蔓延到广西西南边地。这是两个关于广西西南地区宗族的移民故事，他们声称自己的南海祖先于 17 世纪来到当地，担任土司的幕僚。

其中一个自称祖籍南海的家族是曾氏，他们在湖润寨定居。这个土司寨于 1747 年被取消，当时最后一位岑姓的土知县死后无人继承，于是湖润寨被并入了归顺州。曾氏家族自称在比湖润寨改土归流要早得多的时候就在当地居住。我们对曾氏家族的认识来自两座在乾隆二十六年（1761～1762）修建的坟墓。其中一座属于他们的移民祖先曾起雷。碑文一开始提到他"清初自东至西，于永康州入籍"；接下来说到曾起雷"娶原配黄氏"，她和丈夫合葬在这座湖润寨的墓里。碑文继续提到他们有四个儿子，但只有次子曾光宪和父亲一同长途跋涉至广西。接下来这句话说明墓主（不是曾起雷就是曾光宪）是一名被连续多个"侯邦"雇用的娴熟吏员和管理者。"侯邦"应该指的是太平府和镇安府边界上的土司。最后他受雇于湖润寨，和土知县相处融洽，并在那里定居。虽然碑文没有表明曾起雷在广东的具体籍贯地，但一本编纂于晚清时期后来又加上了民国时期增补内容的族谱手稿指出他是南海人。[47]

　　第二座坟墓在湖润寨外的几公里处，墓主是曾光宪。碑文上的生卒时期是1638～1688年。我们可以由此推断他的父亲曾起雷可能出生于1608年前后。碑文指出曾氏的远祖来自山东，后来定居在广州。没有任何提示说明这种祖籍山东的说法和狄青的传说有关，也许他们指的是孔子的著名门徒曾子。碑文提到曾光宪在永康"游学"，其后被湖润寨聘为幕僚，这意味着第一座坟墓上的相同碑文实际上指的是曾光宪而不是曾起雷。曾光宪的儿孙辈靠经商发迹，进入了湖润寨新兴士绅阶级的底层。1825年，一位身份是湖润寨平民的曾氏后人取得了拔贡的功名。[48]

　　这一地区另一个自称源自南海的家族是住在养利州治所的袁氏。养利州不是土司州，即使在明朝它也是流官区的一部分。像区次颜或庞一夔这样的南海人分别于隆庆年间和万历年间担任过养利的知州。然而与养利南边、北边和西边接壤的是几个土司州，大部分和养利一样在太平府的管辖之内。养利西边稍

214

远的地方是湖润寨，以及几个属于镇安府管辖的土司州。

晚清时期的袁氏族谱集中在声称自己的移民祖先原籍为南海袁边村的一支族人身上。[49] 在明代，这位先祖到广西做官，担任太平府的通判，并取得了养利的户籍，[50] 但我在并不完整的太平府职官录上没有找到这一任命记录。

216 　　这位移民祖先致仕后，他的儿子留在了这个地区，定居养利。流传下来的说法是他的妻妾中有一名当地女子，不过他回到广东时，将这名当地女子留在了养利。这位移民祖先的儿子袁葵冲是恩贡（在因为某个庆典而举行的特别考试中被录取的贡生），在新宁州学担任学正。虽然这个关于祖先的说法在别的史料中得不到印证，但 1694 年的养利地方志还是记载了袁葵冲在养利考取功名以及在新宁当官的情况。[51]

袁氏族谱记载，十四世祖袁君佐（袁葵冲的孙子）是茗盈土司州知州的幕客，茗盈是养利周边的土司州之一。他的嫡妻与他的母亲都姓赵，他还纳了一个侍妾（"又娶侧室"），这名侍妾是州里一位官员的堂妹，姓李。袁君佐死后与李氏合葬在茗盈。这不是唯一与袁氏缔结关系的周边土司家族，1844～1845 年为十八世祖袁从楷（1764～1844 年）所刻的墓碑碑文作者是赵奉藩，他自称是龙英州世袭土知州赵氏家族的成员。1846 年为袁从楷之子所刻的墓碑碑文由"龙英州官赵奉孝"撰写，根据清代史料，1842 年至 1847 年的龙英世袭土知州是赵奉仪。因此，撰写这两篇碑文的不是土知州本人，而是他那统治家族的成员。袁氏有可能和这个家族通婚——袁从楷的妻子姓赵，袁氏三世祖和四世祖的妻子也是这一姓氏。[52]

除此之外，有个移民故事讲述了一位南海人为湖润寨土司充当幕客的经历，这发生在湖润寨于 1747 年改土归流之前。另一件事则是一个南海移民的孙子成为一名土知州的幕客并与其家族通婚，这个南海人的后代很可能以联姻方式与其他的土知州家族结成了密切关系。这种土司与广东移民（及其后代）之间的融合关系必然成为广东人向广西西南部进行商业扩张的驱动因素。值得注意的是，幕客们的后代也理所当然地进入了商业领域，袁从楷成为一位"半学半商"的人物。于是，到了18世纪和19世纪早期，即使在广西西南的偏远之地也有一些广东人定居下来，他们自称广东移民后裔的说法尽管不一定准确，但也变得普遍起来。[53]

上游移民与珠三角宗族

珠三角族谱中充斥着移民本人或者一连串近亲"前往西粤"并且"不归"的事例。这类记叙反映了族谱编纂者的视角，表现了上游迁移给维持珠三角宗族带来的挑战。继子追求个人利益而放弃延续男方宗族血脉也造成了相同的问题。[54]南海东边雷岗劳氏家族的一名族人就是遭到继子背叛的例子。此人可能是清初人士，由于年老无子，找人过继了一个孙子（"育孙"）。但不幸的是，这位不孝的继孙迁往广西中部的宾州，在那里娶妻生子，再也没有回到雷岗的家中。[55]这样的记载让人们觉得男性迁移和履行宗族义务的确是有冲突的。

除了永久性的迁移，暂时迁移或者"寓居"也会让珠三角宗族更加难以维持，因为能干和富有的族人更多时候在上游生活。这种情况可见于陈氏和霍氏族人因为佛山的地产而起的争端。根据陈氏家族的记载，有争议的地产是一座小山，山上有二世祖陈友俊的坟墓，而陈氏族人据称全是这位二世祖的后代。[56]霍氏家族住在附近的一条街上，街道以霍氏九世祖

（1377~1454 年）命名——这位祖先字"隔塘"，这样做彰显了他在 1449 年黄萧养起义中的作用。[57] 根据陈永赐草拟的诉状，这场争端始于 1845 年，当时陈氏族人正在重修陈友俊的坟墓。两年后，陈氏诉称霍两春覆盖了陈家的坟墓，并在别处修了一处假坟。这个花招几乎奏效，因为陈氏家族在超过三十年的时间里都没搞清楚哪里才是真正的祖坟。陈永赐再三要求霍氏族人帮助他找回真正的祖坟，但对方拒绝施援。霍两春死后，陈永赐试图让霍家的儿子明白事情的来龙去脉，但也徒劳无功。1881 年，陈永赐决定告交官府，并且写好了诉状。然而在把诉状提交官府之前，他找了一位来自佛山陈氏家族另一分支的知名文士居中调停，在后者的努力下，霍氏家族的态度有所缓和，说出了真正的墓址，于是陈永赐得以重修原来的祖坟。[58]

人们也许和回顾这个案件的官员一样，猜想陈氏家族如果一直坚持拜祭祖先，怎么会被如此愚弄。陈氏族谱中收录了陈永赐起草的诉状，他在文中提到了这一情况，"蚁族人等素业生意工艺，不知讼事何为，任其恃众强暴，不敢与争"。趁着陈氏不清楚哪个才是自己的祖坟，霍氏修起了一块石碑，上书"隔塘霍公后土"。陈永赐显然是个商人移民，1854 年 6 月从广西回乡后才发现霍氏的花招。[59] 陈永赐让人觉得他是同辈族人中最有见识和最为活跃的，当他在上游谋生时，霍氏正在佛山老家构建自己的宗族。[60] 正如男性迁移对家族造成压力一样，这种为了提升社会经济地位的策略也给维持父系宗族造成了挑战。

作为珠三角宗族资助者的上游商人

往上游迁移的情况即使不是永久性的，也让宗族的维持面临挑战，然而人们还是能找到办法履行对宗族的义务。虽然珠三角大部分社团型宗族（Corporate Linage）的收入似乎主要来自对当地市场的控制，特别是在靠近海岸的地区，收入来自对"沙田"的围垦，但是在一些例子中，旅居上游的族人也会供养宗族。[61] 这意味着个别在上游获利的族人或者家族会把一部分财富捐给宗族。[62] 在河内经商的九江富商朱廷贵的生平传记就记录了一些上游获利被输送至珠三角宗族的直接证据。我们回想起朱廷贵的次子到第五子均在河内出生，为他的越南侍姜杜氏所出。这位侍姜有两个儿子因为支持九江的朱氏家族而尤为突出，他们的事迹被记载在朱廷贵的传记中，表明两人在父亲于1849 年去世后继承了他支持宗族的遗志。[63] 这两个儿子为编纂、印刷 1869 年的九江朱氏族谱捐出了超过 1700 两银子，又赞助了 3000 两银子以扩建祠堂。[64] 与之相似的是，思恩知府李可琼的父亲李士震从湖南和广西郁林州的生意中发家致富，地方志编纂者称他用赚来的钱财支援宗族，为族人结婚和修建祠堂提供资金。[65] 行善的不止商人。18 世纪早期的杜祖昌在家乡高明县建起了宗祠，又花费了大量钱财供奉宗祠。杜祖昌的父亲曾经是广西的吏员，而他本人考取了思明府学的生员。[66] 当成功的商人和文士捐出在上游的获得的利润以资助珠三角宗族时，男性迁移成了一项家庭和宗族都能获益的策略。

　　除了朱廷贵和李士震这种富商以外，身份没那么显赫的移居上游者也为珠三角宗族的构建做出了贡献，不过要想了解这一情况，我们要同时查阅珠三角和西江上游的史料，而不是只依赖于某篇歌功颂德的传记。有一组特别突出的史料与南海山南镇塘冲村关氏的北支有关。一篇纪念塘冲村某个宗祠重修的碑文里记载了 80 名捐助者。与朱廷贵父子的捐助相比，这是一件不起眼的事情，很多人共同承担了这次捐款。捐助的金额从

219

8 块蕃银到 0.36 两白银不等，这 0.36 两是有资格在碑上刻姓名的最小金额。[67] 这 80 个人名大部分都用了表字，其中 64 个人名可以在 1889 年的山南关氏族谱中找到，这本族谱记录了关氏北支从第二十四世到第二十七世的全部族人。虽然族谱提供的信息有限，但这 64 名族人中有 23 人要么是旅居上游的商人，要么就是他们的祖父、继祖父、父亲、养父、叔父、兄弟、堂兄弟或者儿子在广西旅居行商或者已经移民到那里。比如，第二十四世中唯一有记载的族人是关成高（1765~1840 年?），他是捐助了 8 块蕃银的三人之一。关成高是三兄弟中最小的，他的长兄到百色经商并在那里定居，长兄之子则落脚于越南。他的二哥也是一名商人，在南宁下游的永淳生活并在那里去世。[68] 其余两名捐资最多的人是关成高的儿子关广进（1792~1860 年）以及关文进（1803~1874 年），关广进还是 1830 年重修工程的两名司理之一。在族谱的记载中，关广进的一个孙子和关文进的一个儿子迁到了广西。[69]

不那么宽裕的家庭也为 1830 年重修工程做出了贡献。比如，关伦先（1778~1834 年）是捐赠了最小金额的 48 人之一。关伦先的父亲和兄弟都迁到了广西。父亲关起鹗是我们在第四章中提过的移民，他在 1773 年以商人身份定居广西中部柳州东边的雒容镇，包括关伦先在内的儿子们在 1821 年为他的坟墓立碑作记。[70]1830 年的塘冲村记录当然没有直接提到迁移在维持宗族方面发挥的作用。碑文的作者们也没有像朱廷贵或者李士震的传记作者那样，赞颂上游生意积攒的财富得到了妥善利用。不过，在对比阅读碑文和族谱时，我们可以发现迁往上游以及在上游经商的现象很普遍，而进一步抽取上游财富以及将之投向下游机构的做法也很常见。上游商业活动的一大部分收入必然被投入这个祠堂于 1830 年开启的重修工程。和 20 世纪早期某些宗族要仰赖男性海外移民不一样，山南关氏也许并不完全依靠男性上游移民。但显然有一部分珠三角宗族从男性的上游迁移中得到了大量好处，这显示当地宗族很快就把跨地域迁移当作一种提升社会经济地位的手段。

族谱修撰与上游迁移

对珠三角宗族制度而言，人们迁往上游是好坏参半的，这让人好奇某些珠三角地区的族谱编纂者如何看待上游移民，不管他们编写的是当地族谱还是追溯更早更久远的合族谱。为了探讨这一问题，重要的事情是区分在珠三角各乡镇和村落的"本地化"宗族和根基在省城广州的"合族"。后一种本地宗族拥有共同的姓氏和祖籍，地域分布范围从省内两府到广东、广西两省不等。[71] 本书的重点与之不同，本书探讨的是珠三角各乡镇和村落的本地宗族如何通过认可迁移而把上游的亲属纳入族中。我们可以认为"合族"的规模基于行政单位（县、府、省）不断往外扩大，但本书研究的本地宗族通过人们加入具有宗族性质的同姓群体构建起宗亲关系，这一同姓群体分布广泛，通过西江水路联系起来。

我们可以想象，珠三角本地宗族的族谱编纂者在一定范围内用不同的手法来对待迁往上游的移民。在这个范围内，极端做法是采取严格的排除手段，永久移民将被族谱除名。因为珠三角绝大部分本地宗族的族谱或多或少记录了迁移出去的人，尤其是沿西江迁移的族人，于是有人怀疑一些较大宗族族谱里没有这种情况是因为编纂者刻意决定把这些不再被视作族中成员的人排除在外。[72] 一些族谱编纂者直接表明他们不会把已经完全迁走的人纳入族谱。在南海九江的六支关氏家族中，有一支

221

把移至他地且三代都未曾返回族中的人士不列入族谱作为原则之一。[73]

与这种激进的排除手段不同，编纂于 19 世纪和 20 世纪早期的大部分珠三角族谱把迁移出去的族人记录在册，同时感叹这种情况对父系血脉的不良影响。我们已经在劳姓老人和他的继孙身上看到过这类问题。1868 年的劳氏族谱根据早前的族谱信息，为劳姓老人和他的不孝继孙增加了一条注释。[74] 在没有评注的情况下，这种对迁移族人的记录分散于很多珠三角族谱之中。在一些时候，族人仅仅被标注为"外出"。在记录了具体的迁移目的地的情况下，西江沿岸地区是最普遍的，其他常见的目的地包括琼州府（清代处于广东辖下的海南岛）以及广东西部沿海地区和海外。比如，在高明某支罗氏家族的族谱里，编纂者提到一位 18 世纪的族人"迁居西省"，族谱记载这位族人有两个儿子，当提及其中之一时，编纂者写的是"与长兄同迁至西省"。在结束这段关于族人父子的简短条目时，编纂者用"适西未考"这句话来表示他们再也没有获得这家后代的音讯。[75]

人们把移民纳入族谱的动机是希望移民的后代未来有可能重新回到族中，在一些事例中，族谱附有移民直系子孙的姓名。1848 年的佛山霍氏族谱由与陈氏家族有争端的族人编纂，他们就采用了这一方式。第五房十七世祖的记录结尾有一份表格，编纂者在里面增加了如下评论：

乾隆丙申旧谱注云：据五房修谱值事称，十七世林惠起至裔贤止，已下十四人所有子孙俱往广西，谨记于此，俟后或有回籍者有所考焉等语，今道光戊申修谱仍无所考，故谨按旧谱抄录。[76]

这 14 位族人都出自同一位十世祖，[77]他们确实都被记录在表中，被收录的还有他们按辈分属于第十八世的 21 个儿子以及第十九世的 17 个孙子。一些第十七世族人的妻子以及她们的安葬地也被列入了族谱，这些妻子显然全是珠三角的女性。[78]族人也许是在上游亲属到访珠三角的时候获得其相关信息的。[79]

在一些事例中，这种把移民的信息纳入族谱从而为未来的接触留下可能性的手法要求编纂者处理延续性缺失的问题。我们可以回想一下冯瑚，他是顺德大良人，18 世纪 30 年代任崇善县令。没有证据表明他在广西定居。但是，大良冯氏族谱把冯瑚膝下生于 1706 年、1708 年和 1717 年的三个儿子记录为移民。族谱给出了他们的表字，表字由两个汉字组成，第二个汉字都是"牧"。族谱中与他们同一代而又没有前往广西的近亲则以"牧"作为表字的第一个汉字。冯瑚的次子于 1749 年在广西去世，这个儿子的第一任妻子以及继妻都是顺德人。长子娶了顺德女子，这位顺德妻子死于 1756 年，而长子则在 1758 年去世。关于长子的条目下附有注释，提出"因兄弟在西粤，故字派误派在下"。[80]冯氏族谱就是这样总结按字排辈方面的延续性缺失问题，同时确认了族人与知县的移民儿子们的宗亲关系。

一些珠三角族谱采取了相当包容的手法，详细记载在上游事业有成的移民。这种情况的典型例子是另一支冯氏家族的族谱，这个家族定居在南海县盐步镇的高村。这本 1932 年印刷的族谱由第十七世的一位族人编纂，收录了一篇第十五世族人（这位族人又指出上一个版本的族谱只记录至 1735 年）所作的

223

序言以及一篇写于 1831 年的序言，后一篇序言由娶了高村冯氏女子的一位南海进士所撰。[81] 在编者序中，族谱的编纂者强调，只有在世系"极为清晰"的情况下，于村外"流寓"或者"徙居"的族人后代才能被纳入族谱。编纂者希望通过表明这一原则来"免冒认本族之弊"。[82] 然而，编纂者收录了与上游移民有关的大量信息，包括一支在南宁上游佶伦土州定居的移民和另一支住在南宁府治所宣化县的移民。佶伦和宣化的移民属于同一房，全部自称是一位七世祖的后人。更有名望的宣化冯氏可以追溯至一名十一世祖及其妻子。此人的儿子冯麟祥在宣化入籍（"占籍"）。冯麟祥有四个儿子，其中就有 1723 年的宣化举人冯世俊。我们从宣化地方志中得知冯世俊是南宁城的居民。[83] 然而，我们也记得第三章提到冯世俊为戎墟粤东会馆的 1764 年奠基石碑刻写过碑文，他在文中自称是南宁的举人。除了出过几位底层士绅以外，这个家族还有另外三位举人：一位是冯世俊的侄子冯绍业，此人于 1774 年中举；另两位是冯世俊的曾孙，即于 1813 年中举的冯建勋和冯赞勋兄弟。冯赞勋接着在 1820 年考取了进士，并进入翰林院。[84] 高村冯氏大肆宣扬他们上游亲戚的成功。族谱里收录了一组高村冯氏大宗祠的匾额。宗祠悬挂的庆祝匾额由各位广西省级官员所赠，对象是广西举人冯世俊、冯绍业、冯建勋和冯赞勋。[85] 族谱中列出的所有匾额只有一个不是献给这四位迁至南宁的移民的。这算不上我们预料中的纯正"本地"宗族，这个南海宗族宣扬的成就属于一个多世纪前迁出南海的族人后代。显而易见的是，除了出资支持宗族事务，考取功名和当官是上游移民及其后代在珠三角族谱中赢得一席之地的最便捷方式。[86]

珠三角宗族的上游分支

晚清珠三角的一些族谱在某一范围内的包容性上又往前了一步，不管移民是否获得功名，都为他们以及他们迁移的目的地留出了篇幅。[87]南海北部甘蕉镇蒲氏族谱里有一章名为"甘蕉立本堂内支分考"，里面列出了族中的迁出者，简略提及他们的迁入地以及某些人士迁出的原因。上游的田野调查也许发现了这些迁出者的轨迹，因为这一不常见的姓氏让他们较为容易被追踪。比如，编纂者提到第十八世的一名族人在贵县的覃塘镇经商并定居下来。覃塘粤东会馆的1842年石碑上有两名捐资者姓蒲，其中一人与南海族谱中的一名第十五世族人姓名相符。这意味着他们活跃在覃塘的时间比南海宗族确认他们在那里定居的时间要早得多。[88]

广州东边东莞县张氏家族1922年的族谱继续往前发展。这本族谱列出了族人"里居"的地点，根据其离县城外村中大祠堂的距离排列顺序。这些地点从离祠堂只有1里路的东莞县城到5里之外的黄村，再到东莞的其他村子，还有两个东莞之外的地方——（海南岛）崖州和丽江，后者其实指的是在龙州和南宁之间、流经太平府的河段。编纂者提出这个地方在太平府、离祠堂有2000里路，自上一个版本的族谱编纂至今，张氏已经有五代人在那里繁衍生息。[89]

然而，张氏的谱牒并没有把移至丽江地区的族人作为一个独立分支，他们被放到了族谱中一个更有名望的本地分支中。据称第十九世的族人张绍宗（1615~1682年）是第一个搬到太平府治所崇善县的。张绍宗前往广西的时候把妻子留在了东莞，这位妻子没有生下儿子。张绍宗在广西落脚后又再娶妻刘氏（1618~1680年），刘氏生下儿子张炳（1651~1737年）。张绍

225

宗另外得到"广西一世祖"和"丽江一世祖"的头衔。在一篇引自早前版本族谱的文章里，编纂者指出张绍宗在族谱中的所有子孙都生活在广西。他们提到 1757 年修族谱的时候写信索要并收录了张绍宗的谱系表。[90] 张绍宗的后代不像宣化冯氏那么有名望，但他们的知名程度显然足以让他们与在东莞的亲戚缔结联系。张炳在永康州获得了户籍，永康属于太平府辖下，但实际上离南宁更近，他在 1698 年考取了永康的岁贡。张炳有五个儿子，族谱称其中三个在 18 世纪 20 年代至 40 年代也以永康户籍考上了岁贡。[91] 在张绍宗的孙子那一代，堂兄弟们开枝散叶：一些人迁到了太平府城崇善这个张绍宗待过的老地方，而其他人直闯广西西南的土司领地，在向武州定居。一人留在永康，成了那里的增生，他在 1728 年向东莞家乡的大祠堂捐赠了一口祭鼎。[92]

一些珠三角族谱的编纂者甚至采取了更为宽容的编修手法，把整个上游的家族分支都正式纳入族谱。南海庞氏族谱的两版分别编纂于 1872 年和 1932 年，其中包含了桂平的分支（"桂平支派"）。[93] 在这部南海族谱里，桂平分支的一世祖是第十八世的族人庞世苏（1684～1762 年）。此人一开始在桂平上游来宾县东北部的食盐市场和分销中心石牙镇经商，最后和妻子合葬在桂平城外。[94] 他们的两个儿子在桂平县城定居并经营家族生意，获得了桂平户籍。这个家族连续几代人都继续经商，但也有人很快就学习经书并考取功名。清代和民国时期的族谱中还有一些珠三角本地宗族接纳上游分支的其他例子。[95]

绝大部分移民至上游的人士都不是珠三角族谱中上游分支的一世祖。被珠三角族谱收录的两个必要条件是：上游的后代获得某个层级的士绅地位；他们可以来往于移出地和移入地之间。比如，在南海庞氏族谱中，桂平分支第二十六世的一位族人因为给族谱绘制了自己南海亲戚的住所而有功于宗族。这自然展示了下游移出者社区和上游移入者社区之间宗族纽带的维系或构建。[96] 这种情况在雷岗的劳氏族谱中更为明显。整个劳氏家族就是一个主支（"房"），由几个分支（"支派"）组成：在雷岗的分支，在南海附近其他村镇的分支，曾经定居邻县顺德后来又回到原籍的分支，以及在广西龙州的分支。族谱中第一位在龙州居住的族人是第十四世的劳公让，他大约生活在晚明时期。[97] 族谱列出了他的后代以及后代妻子的信息，一直到第十九世，即劳公让的来孙那一辈。[98] 第十八世的一位劳氏族人是1726 年捐献供炉给龙州北帝庙的资助者之一。族谱的编纂者加上了一条注释，称无法得到这一分支在第十九世之后的详细信息。不过他们提到龙州分支的第二十世的一名族人劳赞猷，此人在1810 年通过了乡试。劳赞猷的长子是龙州生员，于1831 年回乡到祠堂拜祭祖先，如此一来，族谱编纂者就能提供关于劳赞猷诸子孙的辈分信息了。[99]

就这样，珠三角族谱的编纂者在应对西江流域普遍的男性迁移时采取了各种各样的手法。一些编纂者坚持把迁移到上游而且和宗族失联的人排除在外，但很多族谱收录了男性移民的目的地信息，即使仅仅是模糊地提到"西省"。如果移民们在上游致富或者考取功名，珠三角宗族就更有可能接纳他们为族人，甚至为他们在族谱中构建上游分支。

社会流动、地域流动与宗亲关系的构建

回想高村冯氏族谱的编纂原则，一种明显的情况是如果上游移民的后代中出了功名加身的人，这支族人就最有可能得到

下游亲族的"明证"。当移民的后代进入士人行列，珠三角族谱编纂者在使用排除原则时会对他们网开一面。此外，上下游亲族之间的沟通，需要通过人们在上下游地方之间的旅行来维持、修复或者构建。从事长距离贸易的商人必然是流动的，同时考取功名和科举考试制度的要求，以及官员的任命，都促进了人口流动，因此宗族关系构建在社会流动和地域流动的结合之上，而这两种流动都要借助商业和功名/学识方面的资源集合才能达成。来自各种史料的案例研究显示了这一机制是如何运作的。

获得功名可以让远亲们与珠三角宗族缔结宗亲关系。1867年，一位象州文人应邀为象州人冯昌绅（1735~1781年）撰写祭文。这位作者在开头写道："国朝康熙间，吾粤地始有科举，至乾隆，吾州人始有科第，而开先则庶吉士仕佩冯先生也。"作者由此指出，在1761年考取功名的冯昌绅是象州在清代的第一位进士。他提到冯昌绅在1765年"持谱而东谒初祖"。后面又提到冯昌绅的祖先在分散到象州之前是南海本地居民。[100]

228　　　在声称有南海宗亲的邓氏家族中可以发现一种更加多元化的手段，他们活跃在永康州，但主要居住在扬美镇。这个圩镇在南宁上游，靠近今天所说的左江和右江的交汇处。在一项对扬美镇的详细研究中，人类学学者吕俊彪把这个地方描述为自称祖籍山东或广东的汉人的一块"飞地"，前者很可能是军户的后裔，后者源自粤商。吕俊彪笔下高度商业化的扬美镇与大部分从事农业活动的周边村落很少有交集，这些村落的居民是我们今天所说的壮族人。相比与周边村庄的联结，扬美镇位于河边的地理位置让这里与长距离贸易商人的关系更加紧密。邓氏是声称其祖先为粤商移民的扬美镇宗族之一。[101]

邓氏家族提出他们的移民祖先是一位南海商人。在一本民国时期编纂的族谱手稿里，收录的最早的序言是邓宰善在 1794 年撰写的。他讲述了一个家族迁移的故事：他的曾祖父邓瑞芝带着母亲和妻子从广东迁来，他们全都跟着邓瑞芝的一个叔父到扬美来做生意。族谱表显示邓瑞芝的生卒年是 1636 年和 1686 年。邓宰善在序言中进一步提到邓瑞芝的父亲安葬在广东。邓宰善接下来解释道，自己曾经听说祖先来自南海县丰宁堡一个叫洞神堂的村子。到了邓宰善的年代，扬美邓氏还在一心经商，尚未拜访过他们在南海的亲戚。但邓宰善的堂兄邓宰令被委任为广东北部某县的县令时，邓宰善、他的一个侄儿以及另一名族人陪同邓宰令赴任。1794 年，扬美邓氏的这四名成员在返回广西的路上到访了洞神堂。他们发现那里的邓氏祠堂里挂着一块赞颂一名广西举人的匾额，这让他们确信自己找到了宗祠。邓宰善虽然自称与南海邓氏有宗亲关系，但还是进行了一番对比：他自豪地提出，洞神堂目前有超过 500 名邓氏族人，但只有 1 位举人、2 位生员，还有 1 人捐了官，而扬美镇的邓氏家族（"我邓"）从邓瑞芝到这一代只有 100 人，但在科举考试上的成就要大得多。[102]

邓宰善没有在文中提到的是，扬美邓氏的功名并不是在他们定居的宣化县获得的，而是在永康州这个更远的西南边城获得的。扬美邓氏在乾隆年间的 6 名贡生和 2 名举人全部都以永康户籍考取功名。19 世纪中叶的 2 名贡生复制了这一模式。[103]扬美邓氏是如何在永康站稳脚跟的呢？永康州学的文庙里纪念 1730 年建庙的碑文给出了答案。碑文作者是一名在永康担任学正的桂林人，他解释了建造文庙的最初动议来自一名 18 世纪 20 年代的永康知州，此人捐了少得可怜的 1 两银子，希望

229

带动州里的士绅捐出更多资金。然而，永康州的士绅阶层过于穷困，无法响应这一号召。来自宣化的童生邓廷辅解决了这一难题。作者称邓廷辅的父亲在永康购置了房产，但根据法律未能获得永康户籍。邓廷辅愿意向这一项目捐助 20 两银子，这样他的儿子和孙子就可以在永康登记户籍并因此有资格进入州学。[104]

在邓氏族谱里，最早在永康购置房产的邓廷辅父亲是移民祖先邓瑞芝的第三子。大部分在永康考取功名的邓氏子弟都是他的后代，他们构成了扬美邓氏的第三房。邓廷辅的捐助起了作用，他有两个儿子考取了举人，一个儿子、三个侄子以及一名兄弟成了永康州学的生员。获得户籍以参加科举考试不是扬美邓氏与永康的唯一联系。婚姻模式也暗示他们与永康有商业纽带。永康州不像扬美镇那样处于内河贸易的通道上，但永康州城连接着通往 30 公里开外下楞港的一条货运通道，这个河港在扬美对面，而且距离非常近。[105] 邓氏族人必定会与扬美镇的女子通婚，但他们也有很多人娶了来自永康和下楞的妻子。邓廷辅这位宣化县举人娶了一名永康女子，而他那身为永康贡生的兄弟娶了扬美女子。邓廷辅最年轻的儿子邓宰金娶了一位永康女子，并以永康户籍通过了 1779 年的广西乡试。邓廷辅的长子邓宰令于 1762 年中举，在广东担任知县，他的妻子来自下楞大族梁氏。纵观从邓廷辅到他孙辈那一代的扬美邓氏三个分支，至少有八位族人娶了永康女子作为原配或继妻，另外七位则迎娶下楞女子作为原配或继妻，其中六位妻子均来自梁氏家族。[106] 邓氏一族还分别投身到扬美和永康的慈善事业中去。在 19 世纪早期一块纪念永康北城门和西城门之外道路修建工程的石碑上，两名曾于乾隆年间在永康州学考取贡生的邓氏子弟名列捐助者之中。[107] 在接下来那一代人里，包括邓宰令儿子在内的四名族人资助了 1824 年对某条扬美道路的修整工程。[108] 流动性成就了邓氏家族。在扬美经商积聚了财富后，他们前往永康，投入资源以考取功名，在新获得的名望加持下，他们获得了南海宗族的接纳。

富商吴才略资助过服务于广东人士的祠庙和会馆，他与桂平官员建立了联系，在上下游都妻妾成群，他的生平传记提供了更多关于上下游之间个人流动的细节，也展示了家族及宗族同时维系上下游地方纽带的情况会延续好几代人的时间。吴氏宗族桂平分支的族谱印本编纂于 1887 年与 1888 年之交的冬天。族谱中有一张桂平县城的"家庙"地图，但也清楚地指出族谱的木刻印刷版存放在南海西隆堡的石碣村。[109] 族谱附有吴才略之子吴祖昌为父亲撰写的年表，我们从中可以得到更多信息。在上下游之间的流动也让吴才略得以和南海宗族建立联系。吴才略在 1786 年"返回"石碣村，同行的是他的第一位南海籍侍妾。1789 年他再一次到访石碣村，这次是为了重新安葬祖母和母亲（后者应当是他的嫡母，即吴才略父亲的原配，于 1741 年去世）。1831 年，吴才略让年少的吴祖昌陪同一位兄长"回东省墓"。两人回到广西后，临终之际的吴才略还在询问自己成年后曾经回过的"家乡"的讯息。[110]

即使已经从商人转变为士绅，吴祖昌和父亲一样，继续保持着与上下游的联系。他通过了 1839 年的广西乡试，之后考中 1841 年的进士。桂平和南海的地方志中都有他的名字，前者称他是祖籍南海的桂平人，后者认为他是南海人，经商的祖先曾经在桂平落户。[111] 简而言之，由于这些享有社会地位的富商、文士和赞助者，吴氏家族至少有三代人得以同时维持与上下游

231

地方的联系而不需要构建或者重建这种联系。也就是说，吴祖昌赶在最早的几代商人移民与珠三角家乡失去正常联系之前就考取了功名。

在本章的案例研究中，社会流动性和地域流动性对于维持、重建或构建珠三角移出者社区与西江沿岸直至广西的上游地方这两者之间的宗族联系是同样重要的。每个案例中考取功名的上游移民后代都是珠三角宗族的荣光。除了声望以外，随着上游族人为珠三角宗族机制的构建或重建提供资助，财富也会向下游流动。

宗亲关系的传承和竞争

不管本章事例中向下流动的是财富还是名望，宗亲关系的传承以及由此衍生的珠三角祖籍传承，也会让上游社区的某些人获利。对于西江沿岸及其分布在广东西部和广西中部、东部、南部的支流沿岸的商埠中新兴的精英家族而言，声称祖先是广东人可以展示令人信服的汉人身份与国家认同。到了19世纪，自称广东人后代的说法变得普遍起来。这些说法一方面反映了迁移模式的改变，从而体现广东经济影响力在上游的扩张，另232 一方面反映了明清时期朝廷对西南边地的控制有所加强。到了19世纪，想要自称汉人并因此提升社会地位的广西百姓需要表明自己的祖先是过去某个时期迁移到广西的。归为本地人的居民则属于某一非汉族群：从瑶人、壮人、苗人到明朝用来镇压广西东部和广东西部其他族群起义的广西西部"狼军"。避免被划入这些本地人行列的一个方法就是声称祖先是宋朝将军狄青的山东籍部下，于11世纪50年代随军前来镇压侬智高起义。第二种常见的移民起源说法在广西东部尤为流行，指向明初从湖广调拨过来守备整个广西的各支部队。16世纪开始向上游投射的广东经济势力则为汉人祖先的说法提供了前两种起源以外的第三种可能性。[112]

由于自称广东移民后裔可以让一些上游地方家族获得社会地位，这种情况日益普遍，即使其中一些说法经不起推敲。当一群上游族人积聚了足够的财富和地位时，这种说法就更加容易得到证实，但上游的族人需要通过前往特定的珠三角地方来与当地宗族构建宗亲关系。这种上下游宗亲之间的接触既可以证实其中一支族人的同宗同源，又能否定另一支族人的这类说法。东安县同村的两群潘姓人士之间长达一个世纪的土地纠纷就很好地展示了这一过程。19世纪早期，这两群人在东安乡下杨柳都的石巷村分别有各自的宗祠。[113]其中一个祠堂建于1729年，[114]里面悬挂的一块1836年的石碑记录了这场争端。为了表述清晰，这里把和这个祠堂有关的潘氏称为"正统"潘氏，以便与属于另一个祠堂的"侵占者"潘氏相区别。碑文的开头提到冒认祖先而"扰乱宗族"是不道德和不合法的，接着讲述了这一支潘氏的起源，提到河清一世祖的名字是潘有光，此人住在正好位于九江上游的南海县河清堡，他的孙子潘荣昌迁到杨柳镇，在石巷安顿下来，成为石巷一世祖。[115]

石碑接着记录了两个潘氏家族之间的争端——从撰写碑文的潘氏族人的角度。在讲述这些事件以及从自身利益出发记录官府判决时，"正统"潘氏再三指出"侵占者"潘氏虽然和他们同姓，但并不出自同一个祖宗或来自河清。第一场纠纷发生在1736年，"侵占者"潘氏向官府呈状，诬称他们是石巷潘氏第四房之下的第三支子孙，而"正统"潘氏属于其他三房族人，因此在人数上比他们要多。"侵占者"潘氏控告"正统"

233

潘氏利用他们的人数优势霸占了村里原本应该属于"侵占者"潘氏的店铺。由于包括至少一名生员在内的"正统"潘氏代表向东安知县提供了证据，证实这些店铺实际上属于本族族人，第一场纠纷得到了解决。1739 年，围绕店铺的纠纷再次爆发，"侵占者"潘氏的一群族人毁坏了有争议的店铺，并把他们的案子呈送给肇罗道台，希望能够推翻早前的判决。经过东安知县的深入调查，道台判定 1736 年的裁决结果偏袒了"正统"潘氏。

一次回到珠三角寻访宗亲的活动引发了第三场争端。1834 年，"正统"潘氏的族人代表为了编纂和重修族谱，前往河清查找族谱年表并祭祖。他们之前已经在自己的祠堂里安放了河清一世祖（潘有光）和石巷一世祖（潘荣昌）的牌位，但从这次寻访中他们得知自己祖先生活的年代在这两位之间。1835 年春，从河清归来后，他们把二世祖和三世祖的牌位加到了祠堂里。然而"侵占者"潘氏设法拿到了这些牌位，并将其安放在他们位于街尾的祠堂里。"正统"潘氏向当地巡检求助，一同前去收回牌位。他们在那里发现"侵占者"潘氏也许为了掩盖痕迹而对牌位做了改动，"荣昌"被改为"华昌"，他的董姓妻子被改成了张姓，不过原来的笔画痕迹还是依稀可见的。此时的"侵占者"潘氏还向衙门呈送了诉状，但这一举动让他们自食其果：当官府要求他们出示族谱时，知县发现记录了祖先"有光"的那一页和其他页的颜色不一样。"侵占者"潘氏再次输了官司。[116]

在这场争端中，"正统"潘氏有能力在上下游地方之间流动，并和下游的宗亲称兄道弟，这让他们得以在石巷的潘姓人群中独占河清后裔的名头（也许从更广泛的意义上看，他们独占了广东后裔的名头并因此获得汉人身份认同）。通过这种上下游流动，双方建立了宗亲关系。1867 年河清潘氏族谱的编纂者记录了第四代族人潘荣昌和他的儿子潘升，提到"父子迁居杨柳"。编纂者还补充说明杨柳都（1867 年时）属于东安县。针对上述情况，编纂者的解释是，经查询杨柳潘氏族谱后发现，潘荣昌迁移至杨柳地区时一开始在蟛咀落脚，后来搬到石巷，他们补充说目前有超过 1000 名族人生活在那里。[117] 石巷潘氏族谱的编纂者提到，1834 年"族众回河清谒祖省墓"。他们发现河清族谱里记载了迁移到杨柳的潘荣昌父子的相关信息。[118]

对石巷的潘姓村民来说，这一争端也许永远无法得到妥善解决，然而两支潘姓族人都表现出对广东移民后裔这一名头的渴望。"正统"潘氏和他们自认为的河清宗亲有效地利用了地域流动性和宗族行为，一方面驳斥了竞争者提出的宗亲关系，另一方面为自己构建起宗亲关系。

流寓和宗族

19 世纪早期，贵县商人林仕经花费力气将自己祖先的牌位移往上游，一个世纪之后，东安县的"侵占者"潘氏竟然窃取了"正统"潘氏的牌位并对之进行篡改，这些不仅表明祖先对父系血脉至关重要是一种普遍认知，还显示了宗族构建和迁移在帝制晚期华南的深层纠缠。正如亚当·麦基翁关于海外华人的观点一样，迁移"作为一种经济手段，可以超越家庭，把整个村庄和宗族融合到一起"。[119] 虽然珠三角宗族不一定把移民派向上游（准确来说，这样做的是珠三角家庭），但宗族联系显然为前往上游的广东移民提供了知识网络和支持网络。此外，很多珠三角宗族采取了灵活手段来维护或者构建上游移民及其

235

后代的空间。

虽然这一章的主要目的并不是将各种宗族形态美化为理想类型，但其中呈现的事例的确显示出宗族机制比人们通常描述的更为灵活、对本地以外人员的排斥程度更低。在华南的偏远地区，人们广泛接受的宗族概念是"同族人的集合体……生活在一个地方或者紧密相连的一系列地方"。[120] 本章研究的宗族全部位于珠三角的某个地区，但也纳入了一系列千里之外的上游宗亲甚至为其构建正式的分支，这两个地区之间通过河运相连。在向北美或者欧洲移民之前，一些珠三角宗族的成员就已经采取了周期性男性迁移的策略。[121]

类似的流寓群体还有苏州等江南城市中的徽州商人及其后代，杜勇涛对其成员之间的宗族联系进行过研究，他提出了一种"跨地域"的宗族行为，将之定义为"由族人跨地域活动引发的宗族行为，涉及的地方不止一处，并且让身处各地远隔千里的族人维持着宗亲联系"。[122] 这种提法和本书对西江流域广东人的研究大致吻合。虽然上下游之间的活动并不是连续不断的，两地宗亲也并非一直维持着联系，但地域流动性是必须的，人员、信息、财富和名望的上下游流动可以构建此前被切断甚至并不存在的联系。在西江流域广东人的案例中，这种"跨地域"行为是一类更广泛的"流寓"活动的一部分，联结珠三角和上游地方的家庭、宗族、商行以及其他机制都处于这种活动中。

若要把西江这一端的珠三角特定村镇与沿着西江迁移到上游的另一端所谓族人后代之间的宗亲关系联结起来，人们就要依靠地域流动性和社会流动性的结合。宗亲关系的构建涉及某些交换：上游的宗亲从经商所得中划拨钱财进行捐助，还可以提供科举功名带来的声望；下游宗亲则为他们提供广东后裔以及进一步的汉人身份佐证。上游宗亲的财富和地位让他们进入下游宗族的体制，下游宗族则从上游宗亲成功人士的财富和名望中获得好处。不那么成功的所谓上游宗亲在取得令人信服的广东后裔身份时要更为困难，至少在取得被特定下游宗族承认的身份时是这样。通过修建祠堂或者编纂族谱构建起事实上的宗族关系，需要上下游地方之间的物理流动。这种宗族关系的构建模式也证实了广泛意义上的迁移方式——上下游之间的人员流动——对构建由粤商控制的地域经济至关重要。

结语
回望惨淡之旅

237 招健升是在偏远圩镇古宜去世的两位不幸商人的叔父，他用诗篇记录了自己在 19 世纪 30 年代的上游之旅。他的惨淡旅程突出了跋涉上游的危险：他的侄儿在边地山区染病死去，之后运载他们棺木的船又在梧州损坏。他的诗歌和其他广东旅人的上游之旅以及本书主题颇有共鸣之处。我们可以参看他的组诗五首《春日舟上梧州》。第一首的开头就展示了以羚羊峡为分界线的珠三角及上游地区的根本差异：

> 舟行入峡独来西，簇簇群山夹一溪。
> 尽日村居人迹罕，夕阳唯听鹧鸪啼。[1]

  离开珠三角后，招健升随即借鹧鸪抒发流离之感。正如薛爱华（Edward Schafer）指出的那样，鹧鸪鸟是唐代诗人笔下的南方风物："南方的离人听到鹧鸪鸟的哀怨鸣叫，如同在抒发他们的心声，为他们的流离失所落泪。"[2] 接着，在途经羚羊峡238 时，招健升把自己比作被放逐到南疆的文士，然而，最重要的一点是，他离开的发达文化中心不是江南或者中原，而是珠三角。

在组诗接下来的几首里，招健升把支撑西江流域粤籍流寓群体的交通网络元素和商业网络元素融合到一起，第二首和第四首诗都提到了纤夫，他们沿着河道的一侧，依靠拴在招健升船上的纤绳艰难地把船往上游方向牵引。比如，第四首诗是这样开头的：

> 缆行舟转曲湾湾，穿过千重万叠山。[3]

第三首诗提到了肇庆上游重镇乐城的一所著名祠庙。

> 万峰朝拥忽开张，龙母庙灵护一方。
> 远迩客舟同晚泊，纷纷虔祷竞拈香。[4]

招健升笔下的龙母庙护佑一方，不管那是狭义上的乐城圩还是更广泛的粤西地区。[5]龙母庙也为"客舟"提供了一处庇护所，这里的"客舟"也许表达为"旅人之船"或者"他处之船"更为合适。和乌蛮滩的伏波庙一样，这座祠庙面向高度流动的人群，在这个例子中包括从珠三角居民、商人移民到地位低微的水手不等。龙母庙是西江流域典型的宗教机构，广东人的商业网络借助这些宗教机构向上游延伸，并渗透到当地社会中去。这座特别的祠庙也和同样供奉龙母的一系列上游祠庙有联系。[6]与此同时，这种普遍的信仰把这些河港连缀成更大的沿河社区。

招健升最后的西江旅途之作是一首长篇律诗，题为《西行舟中纪遇》。他在诗中以典型的旅人视角来描述自己的沉重任务。在群山夹岸的河舟之中，他却感叹"髯翁诗酒难风骚"。

这趟上游之旅的唯一目的是取回侄儿的棺木，他只希望可以尽
快回家。他梦见了家乡横沙村，然而醒来时发现自己还是身处
停靠在梧州盐税关卡边的一艘船上。[7]

招健升上游之旅的目的提醒我们，即使在 19 世纪 30 年代，
上游之旅也会带来某些风险，不过尽管有危险，还是有越来越
多的广东人前往上游碰运气。招健升诗中的纤夫、祠庙和关卡
都表明，西江是广东流寓人士的一条关键通道。在其他诗作中，
我们得知招健升对族人把妻子留在家中相继外出经商的行为感
到不解。然而，横沙村的兴旺要仰赖这种旅行。我们可以想象，
招健升能够识文断字写诗，必定是族人以西江经商所得大力资
助的缘故。招健升得知侄儿死讯并顺利取回棺木，这意味着大
量其他广东人都是沿这条通道前往上游的。地方志编纂者认为
招健升领回广东移民棺木是一桩莫大的善事，而事实也的确是
这样；但我们发现，把失去联络的上游移民领回家乡是一种普
遍现象，不管他们是生是死。[8]

招健升的上游之旅是本书开篇的几个事例之一。这些故事
的作者立场不一，遵循特定的风俗习惯，出于各种目的向不同
的受众传递信息，故事的重点可以是一桩善举、一个成为城隍
的鬼魂、一位节妇、一件谋杀案的受害者、一名伤心等待但依
然忠贞的妻子，或者一个合乎祭祖之仪的孝顺儿子，但每个事
例都和上游之旅有关。当我们把这些事例放到一起探讨，关注
那些作者并未强调的信息时，这些故事揭示了我们在本书中定
义的迁移，即广东人沿着西江流域在珠三角家乡和上游各地之
间的流动所具备的共同特点。人员的流动以及他们携带的物品
和拥有的观念为明清帝国巩固对西江边地的统治发挥了强大作
用，同时也影响了支撑华人在全世界移寓的许多家庭及社区。

帝国的中间人：广东移民和帝国整合

　　1570 年至 1850 年，广东人的流寓活动和明清朝廷的统治　240
力量共同向西江中上游流域的边地延伸。16 世纪 70 年代，部
分军事行动和行政变革同时加强了明帝国对西江中游流域的控
制，并为广东人的商业活动和影响扫清了障碍。与之类似的是，
18 世纪西江上游流域的改土归流巩固了清帝国的统治，同时也
让迁移到该地的广东籍官员、士子和商人得到提升社会经济地
位的机会，而这些人都可以被当作帝国的中间人。到了 18 世纪
末，帝国西南边疆与西江上游重合的那一部分地区比以往更加
充分地整合到朝廷直接控制的范围内。与此同时，西江上游在
很大的程度上被并入了一个以珠三角为基础的经济文化圈，这
个圈子连接了远在上游的各个地方与珠三角。换句话说，帝国
能够在西江流域成功统治，是因为这样能让双方都得到好处。
和帝国中间人的常见行为一样，广东移民会破坏朝廷政策，如
为了参加科举考试而伪造户籍等，而一些国家代理人会与粤商
爆发冲突，一个例子就是发生在 1804 年的迁江知县与粤东会馆
商人之间的争端，[9] 但通常而言，来自广东的移民和帝国官员的
利益是一致的。广东移民的流动，即他们在西江流域上下游地
方之间的定期来往，是明清帝国在西南边地进行行政变革并巩
固统治的重要影响因素。[10]

　　关于 1570 年至 1850 年广东移民以及中华帝国的研究，对
近期关于东南亚大陆低地国家和边疆高地的一些著述有启发意
义。维克托·李伯曼（Victor Lieberman）发现，安南、暹罗和
缅甸几乎在同一时期加强了领土、经济和文化的融合，这些国
家都位于西江流域的西南边缘。广州和珠三角组成的低地中心

241　和东南亚国家的低地中心类似。珠三角必然是西江流域的经济和文化核心，而且由于异常众多的官员聚集此地，广州成了帝国的政治代理中心。[11] 在珠三角和上游地区流动的广东籍官员、士子、商人和其他移民通过不同方式推动了上游地区与明清帝国其他地区在政治和经济上的融合。广东移民也是文化融合的中间人，从粤语作为上游普遍的商用语言以及声称祖先是广东人的说法在上游的流行中可见一斑。[12]

　　当广东移民抵达贵州南部、云南东部以及越南北部的西江支流源头时，他们便进入了类似詹姆斯·斯科特所说的"赞米亚"地区。在最近关于中国西南高地和东南亚大陆北部的研究中，斯科特提出人员流动性是一种逃避朝廷统治的重要特质。这让我们得以理解低地国家应对在高地遇到的当地居民时经常对这些以往处于流动状态的人口采用安置、登记户籍和征税的手段。[13] 事实上，这肯定也是明清帝国改土归流的驱动因素之一。然而，帝国也需要人员流动，至少需要那种符合国家政策的人员流动：在核心地带和边地之间的流动不限于国家官员和富有的商人，还包括教师、风水先生、商贩、垦荒者，甚至是有特定技能的劳工和矿工。西江上游边地的政治、经济和文化的融合很大程度上是广东移民在珠三角和上游地方之间流动的结果。

　　这种融合在沿河的人员流动中发生，记住这一点很重要。李伯曼和斯科特都认识到大江大河对融合进程的重要性。在缅甸和暹罗，低地政权整合了伊洛瓦底江和湄南河沿岸的高地村庄。[14] 从更普遍的意义上看，斯科特强调可航行的水道是前近代"距离阻力"（Friction of Distance）这一普遍规律的例外。缓慢而艰难的陆路流动阻碍低地国家向高地渗透，而河流为国家扩张提供了高效的途径。[15] 在中国南部，西江推动了明清帝国的行政变革和粤商网络及其社会文化影响在上游的延伸，然而这些都不是由地理因素预先决定的。广东移民的流动构建了西江体系，并在这个过程中把西江上游边地与珠三角乃至帝国其他部分融合到了一起。[16]

242

流寓家庭：沿河迁移与海外迁移

　　向上游迁移的广东人主要是男性，但也有女性，他们这样做最主要是出于保持和提升社会经济地位的家庭策略。珠三角族谱和其他史料确有记录男性抛弃养父母、妻子或其他家庭成员前往上游广西的情况，但根据史料所载，更多人是通过宗亲和同乡网络前往上游的。尽管这些移民中有些人功成名就，因而后世有人为其立传，但更多移民显然都是一介平民。从意图提升社会经济地位的角度来看，前往上游的广东人也许是具有开创精神的移民，不管他们为衙门当差、参加科举考试，还是在当铺里干活。即使迁移到上游的是移民个体，他们也以家庭和宗族成员的身份在做这件事。这种情况意味着很多珠三角家庭和宗族会适应，以及在某种程度上会做出规划以匹配甚至促进上游迁移这一保持和提升社会经济地位的手段。

　　这部关于西江流域广东人流寓活动的作品受到了近来现代华人海外迁移研究的启发，并且希望对这一研究有所贡献。对海外华人家庭和宗族行为的研究与我对西江移民的探讨有很多共通之处。在以内部迁移为主的背景下对移出者社区的研究证实了一种新观点，即对华人被"推向"海外尤其是北美和南美这一既往假说的质疑。例如，陈勇在尝试了解早期加州华人移民时把目光放在了珠三角的移出者社区上，并且强调了做出迁移决定背后的闯荡精神。[17] 此外，海外华人研究者定义的很多现代流寓或跨国活动似乎与三个世纪之前西江流域广东移民的行为紧密相连。在关于 20 世纪中叶分居家庭以及广东男性海外移民的研究中，宋怡明展示了留守家乡的家庭成员是"迁移策略的积极参与者"。[18] 这一判断也适用于西江移民的嫡妻和其他家庭成员。

如果我们关注广东人上游迁移和海外迁移之间的联系，就能进一步消解内部迁移和外部迁移之间的分析鸿沟，这一鸿沟也受到了近期学术研究的质疑。比如，目前对现代早期欧洲人海外迁移的研究让人认识到，最后迁往海外的欧洲人在欧洲内部的流动程度已经相当高。[19] 与之相似的是，孔飞力认为最好把华人的海外迁移理解为以内部为主的迁移现象的一个分支。[20] 亚当·麦基翁提出类似观点："在区分不同类型的迁移时，中国帝国的边界不一定是最有用的出发点。"[21] 珠三角的迁出者社区必定也是如此，它们同时往上游和海外输送移民。[22] 此外，即使在西江流域的场景中，很多商人的活动也遍及中越边界两侧的圩镇。

当我们思考同一背景下的中国内部移民和海外移民时，关于海外移民的观点也有可以修正的地方。在探讨从珠三角西南角新宁县（如今的台山）前往到加州的移民时，徐元音形容这些移民"在忠于家庭、宗族和籍贯的基础上有策略地改造了传统行为"。[23] 把徐元音关于跨国活动的观点用到本书提出的西江沿岸跨地域活动中，这一表达应该修改为：新宁移民在忠于家庭、宗族和籍贯的基础上，改造了近代早期的行为，而这些行为从一开始就已经被改造，甚至有一部分被设定好，以推动迁移这一提升社会经济地位的手段。虽然具体的策略会有所改变，比如，从"冒籍"到"名义子嗣"，结合了迁移和利用国家政策的家庭策略能够很快适应新的环节。

从外部迁移研究的角度来探讨内部迁移也有助于突出两者的特点。很多西江流域的广东移民享有优势地位，这部分得益于他们与上游官员的关系，因此很难认为他们像美国的新宁人那样处于"身份可疑的边缘地位"，"在哪里都没有归属感"。[24] 西江沿岸的广东人是"两头得势"的，至少那些事业较为成功因而得到详细记载的人是这样的；也就是说，他们可以调动在一个地方获得的地位或财富来提升他们在另一些地区的影响或声望。[25] 正如 1802 年龙州胡晚连被凶残谋杀所显示的那样，西江边地的广东移民有时候会成为心怀不满的经济竞争者暴力袭击的对象，在北美的西部边疆也必然存在针对中国移民的类似不满和暴力行为。然而，西江流域边地的广东移民经常获得强大帝国的支持，这个帝国坚定地维护自己对这一地区的支配权力。流寓活动和帝国经略最终在西江流域边地交会。

244

注　释

引言

255　1.　关于西江河面船只的描述来自杨恩寿《坦园日记》，第 112~114 页；Legge,
Palmer, and Tstang, *Three Weeks on the West River of Canton*, 6, 37; Lovegrove,
"Junks of the Canton River and West River System", 241–247；赖定荣等主编
《珠江航运史》，第 170、173 页。一位 20 世纪初的观察者描述了珠江上的
"运棺船"，珠江是一条流经广州的西江支流［此处的珠江指狭义上的珠江，
即西江水系流经广州的一段干流河道（珠江广州河道或珠江水道），而非广
义上由西江与东江、北江交汇后，与珠三角诸河网合称的珠江流域——译者
注］，而运棺船是一种专门用来运送棺材的中式帆船。Worcester, "Six Craft
of Kwangtung", 140–141.

2.　《南海县志》（1872 年），卷十九，第 18 页上栏。招健升当时很可能已经年
过七十，因为一首在 1853 年写给他的诗中提到他这一年是八十六岁。张维
屏：《松心诗集》，《草堂集》卷四，第 13 页下栏。

3.　招健升：《自怡堂小草续集》卷二，第 19 页上栏。

4.　在语言学家看来，有时被称为广东话的粤方言包含了五种主要的次方言，其
覆盖区域从广州府的核心县开始，沿珠三角的西南部直至广东西南和广西南
部沿海（明清时期这一区域属于广东），以及西江南部干流流经的广西东南
部区域。Moser, *The Chinese Mosaic*, 205, 215. 罗杰瑞（Jerry Norman）认
为"广东话"仅限于广州城内使用的方言。Norman, *Chinese*, 214–215.

5.　Markovits, Pouchepadass, and Subrahmanyam, *Society and Circulation*, 2–3.

6.　Brubaker, "The 'Diaspora' Diaspora", 5–7. 我所使用的"流寓"一词和萧洛
克（Lok Siu）的定义基本相符："人们共有一段从（真实的或想象的）故乡
256　向外流散、定居他乡的历史，并和上述两地以及散布在不同地理区域的同
一族群同时保持一种联系感的集体状态。" Siu, *Memories of a Future Home*,
10–11. 由于商人是广东人在西江流域进行流寓活动的重要角色，我提出的
"流寓"和有些研究者提出的"贸易流寓"在很大程度上是重合的，但我避
免使用后一个术语，因为其概念过于狭隘，难以概括我在本书中提到的各
种移民。Curtin, *Cross-Cultural Trade in World History*, 2–3；亦可参见 Cohen,
"Diasporas, the Nation-State, and Globalisation", 118–119。

7.　唐晓涛:《俍傜何在》，尤其见第 101~111 页。

8. 关于徽州人流寓活动的最近研究参见 Finnane, *Speaking of Yangzhou*; Guo, *Ritual Opera and Mercantile Lineage;* Du, *The Order of Places*。

9. 《南海县志》（1835 年 /1869 年），卷三十九，第 4 页下栏 ~ 第 5 页上栏；南海横沙招氏族谱，第 147~148 页；张伟仁主编《明清档案》，A39–141。

10. 田野考察，2008 年 2 月 26 日于广州横沙。

11. 招健升：《自怡堂小草续集》卷二，第 16 页上栏；Rowe, *Hankow*, 229。

12. 刘志伟：《在国家与社会之间》，第 15 页；Faure, *Emperor and Ancestor*, 107–108, 125。

13. Scott, *The Art of Not Being Governed*, 73–74.

14. Ballantyne, *Between Colonialism and Diaspora*, 29–31, 69. 关于迁移对边疆整合的重要性，参见 Perdue, "Empire and Nation in Comparative Perspective", 287。

15. 伯班克与库珀提出帝国中间人也包括该地区的地方精英和帝国派来管理该地区的代理人。我关注的是另一个细分类别中的帝国中间人——来自家乡的人士，我认为从珠三角原籍地被派出的人士也是帝国代理人。Burbank and Cooper, *Empires in World History*, 13–14.

16. 同上书，第 14 页。

17. 施珊珊（Sarah Schneewind）在研究明代社学时提出"利用朝廷体制谋求私利"的情况。Schneewind, *Community Schools and the State in Ming China,* 169.

18. 关于地方与中央之间关系的详细研究，参见 Bol, "The 'Localist Turn' and 'Local Identity' in Later Imperial China"。

19. 这一特征基于迈克尔·赫克特（Michael Hechter）的研究。然而赫克特强调的是边缘地带劳动力的迁移，而我强调的是核心地带的劳动力迁移。Hechter, *Internal Colonialism*, 8–10, 30–33.

20. Shin, *The Making of the Chinese State*, 16–17.

21. Crossley, Siu and Sutton, *Empire at the Margins*, 3.

22. Weinstein, *Empire and Identity in Guizhou*, 5–6,10.

23. Shepherd, *Statecraft and Political Economy on the Taiwan Frontier, 1600–1800*, 7; Giersch, *Asian Borderlands*, 10.

24. 钟文典：《广西近代圩镇研究》，第 360~361 页。

25. 参见何汉德关于汉人在贵州定居的研究：Herman, *Amid the Clouds and Mist*, 14–15。

26. Scott, *The Art of Not Being Governed,* 22–24.

27. 招健升：《自怡堂小草续集》卷二，第 18 页上栏。

28. 同上书，卷一，第 15 页上栏。

29. 关于清代台湾的汉人移民和当地女性，参见 Shepherd, *Statecraft and Political Economy on the Taiwan Frontier, 1600–1800,* 386–387; Teng, *Taiwan's Imagined Geography,* 185–187。

30. White, *The Middle Ground*, 63–65; Sleeper-Smith, *Indian Women and French Men*, 4–5.

31. 关于福建男性海外移民原配妻子的最新研究，参见 Shen, *China's Left-Behind*

257

Wives; Li Guotong, "Reopening the Fujian Coast"。

32. Cohen, *House United, House Divided*, 59–64；Hsu, *Dreaming of Gold, Dreaming of Home*, 109–111；Kuhn, *Chinese among Others*, 25–27.

33. Freedman, *Chinese Lineage and Society*, 20–21；Watson, "Chinese Kinship Reconsidered", 607–608.

34. James Lee, "Migration and Expansion in Chinese History", 35.

35. 西川喜久子关于珠三角新会县的宗族研究：「珠江デルタの地域社会—新会県のばあい—」、244~245 頁。

36. Wang Lianmao, "Migration in Two Minnan Lineages in the Ming and Qing Periods"；Chia, "The Butcher, the Baker, and the Carpenter", 513.

37. Faure, "The Lineage as a Cultural Invention"；Szonyi, *Practicing Kinship*, 27, 29–36；唐晓涛:《俍傜何在》, 第 101~111 页。

38. 招健升必定很熟悉广东移民的这两种轨迹。早在他的侄儿们到广西去之前, 招健升就写过一首题为《送贾贩入海》的诗, 诗中表明, 在招健升的时代, 像这位商人一样渡过南海前往东南亚的现象是很普遍的。招健升:《自怡堂小草》卷二, 第 6 页下栏。

39. Chen Yong, "The Internal Origins of Chinese Emigration to California Reconsidered"；Szonyi, " Mothers, Sons and Lovers", 45.

40. 关于淡化中国人内部迁移和外部迁移的分析性区别, 参见 Kuhn, *Chinese among Others,* 4, 16；McKeown, *Chinese Migrant Networks and Cultural Change*, 65。关于对"传统"华人行为进行创新性改造的北美广东移民群体的跨国行为, 参见 Hsu, *Dreaming of Gold, Dreaming of Home*, 2。

41. Wang Gungwu, "Sojourning".

42. McKeown, *Chinese Migrant Networks and Cultural Change*, 85; Kuhn, *Chinese among Others*, 49.

43. 马立博（Robert Marks）在关于华南经济与环境史的研究中把岭南地区作为研究对象, 他采取施坚雅（G.William Skinner）的提法, 认为这一区域大部分位于西江流域, 但也包括广东境内的北江和东江流域。Marks, *Tigers, Rice, Silk, and Silt*, 8. 另一位在华南研究中采取区域研究方式的学者是班凯乐（Carol Benedict）, 他回溯了鼠疫从原发地云南沿着西江流域经过广西和越南, 到达珠三角乃至中国境外的跨区域传播。Benedict, *Bubonic Plague in Nineteenth-Century China*, chap.2.

44. Haslam, *The Riverscape and the River*, 2, 6–7, 237. 我采用"西江流域"的说法, 而没有采用较为突兀的"西江河流景观"。格兰特·阿尔杰（Grant Alger）把福建北部闽江沿岸的男性船夫以及疍家人形成的"河岸社区"作为研究对象。我更关注河港以及在其中穿梭的人们。Alger, "The Floating Community of the Min." 其他关于中国帝制晚期的河流或水道的研究参见 Van Slyke, *Yangtze*（把长江作为面向大众读者介绍中国历史的窗口）；Dodgen, *Controlling the Dragon*（关于治水工程与黄河）；以及 Leonard, *Controlling from Afar*（关于治水工程与漕粮海运）。

45. 招健升:《自怡堂小草续集》卷二，第 20 页上栏。

46. 龙廷槐在写给另一位知名的广东籍精英人士的信中讨论哪些社区应响应国家要求上缴较多或较少的财政收入，他特别提到南海县最为富裕，因此应当负担较多的税赋，而自己的家乡顺德则应少缴税。考虑到文中表现出来的意图，我们应当谨慎看待龙廷槐的说法。

47. 龙廷槐:《敬学轩文集》卷二，第 10 页上栏 ~ 第 13 页下栏。研究华人海外移民的学者也许会对龙廷槐关于新会的描述感到惊奇，在他笔下的新会和南海、番禺、顺德这"三邑"更相似。而在现代的海外华人看来，新会通常与新宁（台山）、恩平、开平同属"四邑"。Hsu, *Dreaming of Gold, Dreaming of Home*, 141–143; McKeown, *Chinese Migrant Networks and Cultural Change*, 63, 184.

48. 比如，可参见《南海县志》（1835 年 /1869 年），卷八，第 6 页上栏;《龙山乡志》（1804 年），卷四，第 17 页上栏;《东莞县志》（1911 年），卷九，第 1 页下栏。

49. 《龙州县志》，第 367 页;《龙津县志》，第 200 页。"渡"这个词我翻译为"crossed through"，在珠三角的文献中，这个词通常指在上下游间运载旅客的船只。

50. 例如，参见《南海县志》（1835 年 /1869 年），卷七，第 43 页上栏。

51. 明清两代缺乏精准的城市人口统计，我的统计结合了地方志中的测算、清代海关的数据、西方观察者的测算以及民国时代的数据。我尽可能使用 19 世纪的海拔测算法，尤其针对剥隘的情况，为了给新修建的水库腾出空间，该地近年来被转移到了海拔较高的地方。Inspectorate General of Chinese Imperial Customs, *Decennial Report*, 1882–1891, 647, 660; 1892–1901, 270, 293, 311。《百色厅志》卷五，第 1 页下栏 ~ 第 2 页上栏; 广西统计局编《广西年鉴（1936 年）》，第 141~144 页。陈晖:《广西交通问题》，第 28 页; Wilton, "Yun-nan and the West River of China", 421–422, 425, 431; Cressey, *China's Geographic Foundations*, 349–350, 369; Colquhoun, *Across Chrysé*, 327; 广东省国土厅、广东省地名委员会编《广东省县图集》，第 123~124 页及第 125~126 页地图。

52. 斯科特定义的"赞米亚"是一片海拔约 300 米的山地，涵盖中国云南和贵州的大部分地区、广西的一部分，以及包括越南北部在内的东南亚中部的大部分区域。斯科特认为这些高地是山地人的庇护所，他们之中有人是为了逃离在山谷中扩张的农业国家而到这里来的，这些国家的最佳例子就是明清时期的中国。山地人过着迁移不定的生活，在山间地形和无法航行的河流所形成的强大"距离阻力"保护下，依靠刀耕火种来延缓被纳入中央政府直接统治的进程。Scott, *The Art of Not Being Governed*, ix, 9, 43–45, 也可参见 Van Schendel, "Geographies of Knowing, Geographies of Ignorance", 653–657。

53. 《南海九江乡志》卷一，第 20 页上栏;《九江儒林乡志》卷一，第 43 页下栏。

54. Marks, *Tigers, Rice, Silk, and Silt*, 67–68.

55. Mahoney, "Urban History in a Regional Context", 320. 马哈尼关于河港的观点来自一项对 19 世纪密西西比河的研究，同时也回应了一项关于同时期刚果河的研究发现。参见 Harms, *River of Wealth, River of Sorrow*, 5, 28。在研究

259

中国的河流流域时，芭芭拉·桑兹（Barbara Sands）和马若孟（Ramon H. Myers）早前通过指出包括长距离贸易在内的一系列复杂因素，质疑了"宏观区域"概念的有用性。Sands and Myers, "The Spatial Approach to Chinese History", 724–725. 施坚雅在《19 世纪中国的区域城市化》（"Regional Urbanization in Nineteenth-Century China"）中提出的中国宏观区域定义最有影响力。

56. 关于移民流出社区的研究包括：窦德士（John Dardess）的《明代社会》（*A Ming Society*），书中的泰安县是一个出了很多官员的地方；詹姆斯·H. 科尔（James H. Cole）的《绍兴》（*Shaohsing*），此地盛产吏员和幕客；以及与著名的徽商有关的研究，比如宋汉理（Harriet Zurndorfer）的《中国地方史的变迁与延续》（*Change and Continuity in Chinese Local History*）。关于移民城市的重要研究包括罗威廉（William Rowe）的《汉口》（*Hankow*），尤其是第七章，以及安东篱（Antonia Finnane）的《说扬州》（*Speaking of Yangzhou*），尤其是第十章。一项研究以很大篇幅探讨了作为移民流入社会的四川，而不是关注那些有人口移入四川的地区。参见 Entenmann, "Migration and Settlement in Sichuan"。

57. 参见 Marcus, "Ethnography in/of the World System"。杜勇涛把活跃在苏州和杭州等江南城市的徽商作为研究对象，他使用"跨地域性"（translocality）来理解游商的"多地联系"。Du Yongtao, *The Order of Places*, 238.

58. 关于民族学研究中"多位点"和"边界"之间的矛盾，参见 Falzon, *Multi-sited Ethnography*, 3, 27, 89–90。

59. 关于东南与西部边地国家与商人的关系，参见 Ng, *Trade and Society,* 220；Dai, *The Sichuan Frontier and Tibet*, 176–179。

60. 招健升：《自怡堂小草续集》卷二，第 20 页下栏。

第一部分　帝国的中间人

第一章　官员：上游边地的帝国代理人（1570~1740 年）

1. 《九江儒林乡志》卷十四，第 6 页上栏~第 7 页下栏。

2. 和很多广西土司一样，泗城岑氏声称他们的祖先是来自中原的汉代将官，曾参与平定 11 世纪 50 年代的侬智高叛乱。《泗城岑氏家谱序》卷八，第 3 页上栏~第 4 页下栏。关于侬智高，参见 Anderson, *The Rebel Den of Nung Tri Cao*。

3. Johnson, "The City-God Cults in T'ang and Sung China", 424.

4. Parsons, "The Ming Dynasty Bureaucracy", 199. 我把中文里的"州"译为"department"而不是"subprefecture"。一项近期研究使用了潘瞻睦的数据，显示明朝倾向于把知县指派到邻近省份任职，参见何朝晖《明代县政研究》，第 32~34 页。

5. 《广西通志》（1800 年），卷二十八~三十三。在广东任职的广西文官没有这么多，明代顺德的 52 位知县中只有 4 名广西人。《顺德县志》（1674 年），卷四，第 2 页下栏～第 5 页下栏。吴廷举是其中一位广西籍知县，他在当地并无多大影响。参见 Schneewind, *Community Schools and the State in Ming China*, 209–275。

6.　明朝的最后几年里，整个帝国的省级及以下级别官员名单显示，广东籍官员的比例减少了一些。广西共有 57 位知州和知县，来自湖广行省的数量最多，有 9 人（15.8%），接下来是广东和南直隶各 8 人（14%），福建 7 人（12.3%）。《分省抚按缙绅便览》，无页码。

7.　《南宁府志》（1743 年），卷二十六，第 5 页上栏～第 8 页上栏；卷二十七，第 1 页上栏～第 2 页下栏。《明史》，第 1159 页。

8.　《龙江乡志》卷三，第 13 页下栏～第 16 页下栏；《九江儒林乡志》卷十，第 6 页上栏～第 25 页上栏。九江人陈官顺被指派至怀集任职的情况除了九江地方志外，别无记载。

9.　《苍梧县志》（1874 年），卷三，第 9 页下栏～第 16 页下栏；《梧州府志》（1631 年），卷九，第 9 页上栏～下栏。

10.　Nimick, "The Placement of Local Magistrates in Ming China", 43.

11.　支持广西境内军事行动的额外军费来自邻近的湖广行省和广东行省，分别自桂林和梧州流入。《苍梧总督军门志》卷十二，第 1 页上栏～第 3 页下栏；《广西通志》（1599 年），卷二十三，第 55 页上栏～第 56 页上栏。

12.　《梧州府志》（1631 年），卷九，第 5 页下栏；《南海县志》（1835 年），卷二十，第 41 页下栏；《南海县志》（1869 年），卷三十六，第 22 页上栏。

13.　编撰于 1754 年的《鹤山县志》称吴应鸿是本县举人。《鹤山县志》卷九，第 5 页上栏。

14.　《梧州府志》（1631 年），卷九，第 6 页下栏；《新会县志》（1690 年），卷十二，第 69 页下栏。

15.　参见郭棐《粤大记》卷十八，第 28 页上栏～下栏。《顺德县志》（1674 年），卷七，第 31 页下栏；卷八，第 15 页下栏～第 16 页上栏。担任梧州的官职并不是全无风险。例如，1628 年有一个顺德人同时担任梧州同知和怀集县的署理知县，由于未能在规定的时间内平息匪乱，他被罚没了三个月的俸禄。《中国明朝档案总汇》卷四，第 310~312 页。关于平息匪乱的时限，参见《明律集解附例》卷二十七，第 18 页下栏～第 22 页上栏；《大明会典》卷一百七十一，第 5 页下栏～第 6 页下栏；Jiang trans., *The Great Ming Code*（《大明律》），225–226。

16.　《南海县志》（1835 年 /1869 年），卷三十六，第 22 页上栏。

17.　《新会县志》（1690 年），卷十二，第 69 页下栏。

18.　《新会县志》（1609 年），卷三，第 72 页上栏。

19.　《梧州府志》（1631 年），卷九，第 9 页下栏；卷七，第 31 页上栏；卷八，第 3 页上栏。《苍梧县志》（1874 年），卷十四，第 41 页下栏。《南海县志》（1835 年 /1869 年），卷三十八，第 20 页上栏。

20.　《东莞县志》（1911 年），卷四十五，第 6 页下栏、第 25 页下栏；《南海县志》

（1835 年 /1869 年），卷二十，第 37 页下栏、第 61 页下栏、第 71 页下栏；《顺德县志》（1674 年），卷五，第 37 页下栏～第 38 页上栏；《新会县志》（1609 年），卷三，第 71 页下栏～第 72 页上栏、第 79 页下栏。

21. 《大明一统文武诸司衙门官制》卷十三，第 3 页下栏～第 4 页上栏。巡检司通常设置在县内的交通节点和战略要地。何朝晖：《明代县政研究》，第 15 页。

22. 《苍梧总督军门志》卷八，第 14 页下栏～第 15 页上栏。

261

23. 杨芳：《殿粤要纂》卷一，第 39 页下栏。其他县和州包括罗城、来宾、宾州、祥州、武宣。杨芳：《殿粤要纂》卷一，第 43 页上栏、第 44 页下栏、第 47 页上栏～下栏、第 51 页下栏、第 53 页下栏。

24. 郭棐：《粤大记》卷二十，第 4 页上栏～下栏。广东文献中关于晚明时期融县广东籍知县的说法也差不多。《新会县志》（1609 年），卷三，第 71 页下栏～第 72 页上栏。广东《余氏族谱》卷八，第 8 页上栏～下栏。《南海县志》（1835 年 /1879 年），卷二十，第 71 页下栏。《南海九江朱氏家谱》卷六，第 51 页下栏；卷十一，第 48 页上栏～下栏。《广西通志》（1733 年），卷五十六，第 32 页上栏。

25. 郭棐：《粤大记》卷二十，第 48 页上栏～下栏。《南海县志》（1835 年 /1869 年），卷二十，第 37 页下栏；卷三十六，第 15 页下栏～第 16 页上栏。关于承担一部分国家教化功能的边区社学，参见 Schneewind, *Community Schools and the State*, 33。

26. 《博罗县志》卷十二，第 26 页上栏～第 27 页下栏；东莞《翟氏族谱》卷八，第 82 页上栏～下栏。

27. 庞嵩：《弼唐遗书》卷二“墓志”，第 11 页上栏～下栏。

28. 《明史》，第 1163 页；《广西通志》（1733 年），卷六十一，第 17 页下栏。

29. Cushman, "Rebel Haunts and Lotus Huts", 195a.

30. 《广西通志》（1733 年），卷五十六，第 24 页上栏；《顺德县志》（1674 年），卷五，第 57 页上栏。

31. 《南海县志》（1835 年 /1869 年），卷三十六，第 37 页下栏；《广东通志》（1731 年），卷三十三，第 91 页上栏；《广西通志》（1733 年），卷五十六，第 19 页下栏。

32. 张仲孝原名张仲汤。《东莞县志》（1911 年），卷五十八，第 12 页上栏；《广东通志》（1731 年），卷三十三，第 91 页下栏。

33. 霍与瑕：《霍勉斋集》卷五，第 10 页下栏；《明史》，第 8236 页。广西西部的几名土司因为参与 1576~1577 年对广东西部罗旁地区猺民叛乱的讨伐而得到公开褒奖，黄承祖是其中之一。参见瞿九思《万历武功录》卷三，第 85 页下栏。

34. 《太平府志》卷四十，第 3 页上栏～下栏。

35. 同上书，卷四十，第 12 页下栏～第 14 页上栏；《宁明州志》，第 91 页。

36. 《广西通志》（1733 年），卷六十六，第 57 页上栏～下栏引用了州志的内容，亦可参见《上思州志》卷三，第 17 页上栏；有一部南宁地方志把曾畧列为番禺人，见《南宁府志》（1564 年），第 264 页。

37. Shin, *The Making of the Chinese State*, 96–98; Shin, "The Last Campaigns of Wang Yangming", 104–115.

38. 《明史》，第 5326、5591、5465、8265 页。王阳明：《王阳明全集》，"年谱"，第 67 页，卷十，第 88~89 页。《广西通志》（1733 年），卷五十三，第 13 页上栏；卷六十七，第 17 页下栏。《化州志》卷七，第 18 页上栏。

39. 王阳明：《王阳明全集》，"年谱"，第 62 页。这句话也记录于《明实录》中，但没有特别指出反映了两广士人和百姓的看法。《明世宗实录》卷八十六，第 10 页上栏。

40. 另一个突出的例子是方献夫，他的父亲在广西东北部全州学政的任上去世。王阳明：《王阳明全集》，"年谱"，第 63 页、第 65 页。（南海）《方氏家谱》，"五房丹造"，第 1 页下栏~第 2 页上栏；"行状"，第 5 页上栏；"列传"，第 2 页上栏~下栏。《南海县志》（1691 年），卷十二，第 7 页下栏~第 8 页上栏。《南海县志》（1835 年 /1869 年），卷二十九，第 48 页下栏。

41. 王阳明：《王阳明全集》，"年谱"，第 69 页；霍韬：《渭厓文集》卷十，第 21 页下栏~第 22 页下栏；Faure, "The Yao Wars in the Mid-Ming", 185–186。

42. 霍与瑕：《霍勉斋集》卷十一，第 83 页下栏；庞嵩：《弼唐遗书》，霍与瑕作序，第 2 页下栏。

43. 霍与瑕：《霍勉斋集》卷二十二，第 23 页下栏。

44. 庞嵩：《弼唐遗书》卷四，第 12 页下栏；《南宁府志》（1743 年），卷二十六，第 9 页下栏；霍与瑕：《霍勉斋集》，卷二十二，第 7 页上栏~下栏。刘汉在佛山颇有人脉，曾为冼氏家族的姻亲们以及佛山霍氏家族的另一名姻亲撰写祭文。《南海鹤园冼氏家谱》，卷六之二，第 12 页下栏、第 15 页上栏；（南海佛山）《霍氏族谱》卷九，第 23 页上栏。

45. "明谷"很可能是李良臣（1565 年进士）的字。《广西通志》（1733 年），卷五十三，第 10 页上栏。

46. 霍与瑕：《霍勉斋集》卷十七，第 18 页上栏~第 19 页下栏。

47. 柏桦在对明朝州县管理的研究中强调了私人关系网络对知县官场生涯的重要作用。柏桦：《明代州县政治体制研究》，第 275~278 页。

48. 庞一夔由于编纂了苍梧县和养利州的地方志而知名，虽然这两部地方志都没有留存下来。《南海县志》（1691 年），卷十二，第 31 页上栏~下栏。《广西通志》（1733 年），卷五十五，第 11 页上栏；卷五十六，第 11 页下栏。《养利州志》（1694 年，广西壮族自治区图书馆藏），第 12 页上栏。

49. 屈大均：《翁山文外》卷二，第 18 页上栏~第 19 页下栏。

50. Faure, "The Yao Wars in the Mid-Ming", 178.

51. 在 16 世纪 70 年代的军事行动之前，帝国用十年时间巩固了对南部的统治，在两广、江西南部和贵州设置了巡抚。参见 Guy, *Qing Covernors and Their Provinces*, 38。

52. 《广西通志》（1800 年），卷三十，第 14 页下栏~第 22 页上栏。

53. 另一个在这十年间改土归流的例子是在广西东北部府河边上设立的昭平县。Shin, *The Making of the Chinese State*, 135–137；《明史》，第 1150~1151 页。

262

关于在该地区担任地方官员以及参与军事行动肃清当地、建立行政机构的人士，参见东莞《梁崇桂堂族谱》卷三"施文公派"，第 2 页上栏；卷十五"列传"，第 31 页下栏～第 33 页上栏。另见可《广西通志》（1733 年），卷五十四，第 22 页上栏、第 34 页上栏。《明世宗实录》卷八十四，第 6 页上栏；卷八十八，第 1 页上栏。《高明县志》卷十三，第 13 页下栏～第 14 页上栏。《平乐县志》卷六，第 25 页下栏。

54. 《大明一统文武诸司衙门官制》卷十三，第 9 页上栏～下栏；《明史》，第 1162 页、第 8233 页。

55. 《明史》，第 1159 页、第 8238 页；《新宁州志》，第 465 页。

56. 《明史》，第 8236 页、第 8238 页。

57. 《南海县志》（1835 年 /1869 年），卷三十七，第 15 页上栏。其他例子参见《新会县志》（1609 年），卷四，第 79 页下栏；《新宁州志》，第 284 页；《顺德县志》（1674 年），卷七，第 50 页上栏。

58. 广西行省地方志提到霍与瑕在隆庆六年（1572~1573）被任命为按察司金事，负责左江地区的军务，但《明实录》以及霍与瑕本人的记录表明他在隆庆五年二月（1571 年 2~3 月）到任。《广西通志》（1733 年），卷五十三，第 52 页下栏；卷六十八，第 8 页下栏。霍与瑕：《霍勉斋集》卷五，第 7 页下栏；卷七，第 1 页上栏；卷十七，第 15 页下栏～第 16 页上栏。《明穆宗实录》，卷五十，第 3 页上栏。霍与瑕的名字在上述《明穆宗实录》的内容中被写作"霍璇"。

59. 霍与瑕：《霍勉斋集》卷十七，第 16 页上栏～第 17 页下栏。

60. 同上书，卷十七，第 19 页下栏～第 20 页下栏；卷十九，第 9 页上栏～第 10 页下栏、第 30 页下栏～第 31 页上栏。

61. 《新宁州志》，第 466 页。

62. 霍与瑕：《霍勉斋集》卷十九，第 47 页下栏～第 52 页上栏、第 56 页上栏。

63. 《新宁州志》，第 103 页。

64. 《明世宗实录》卷四十一，第 7 页上栏。

263   65. （南海）《石头霍氏族谱》卷一，第 40 页下栏～第 41 页上栏。这座生祠确实存在。参见《新宁州志》，第 156 页。托马斯·尼米克发现《明实录》中有一份 1444 年的奏折，其中提到 14 世纪中叶的知府和知县在通常的长期任期后会与任职地建立起纽带，包括购买地产、娶妻纳妾和安家定居。Nimick, *Local Administration in Ming China*, 70. 还有另一种情况，比如，这个案例中，由官员捐赠用于支持某个机构的土地以纪念该名官员的方式来命名。东莞人翟宗鲁在四川担任科举考官期满后就遇到了这样的情况，这还是在他赴任广西融县知县之前。庞嵩：《弼唐遗书》卷二"墓志"，第 10 页下栏。

66. 霍与瑕：《霍勉斋集》卷九，第 25 页上栏；（南海）《石头霍氏族谱》卷　，第 18 页下栏～第 29 页上栏、第 68 页上栏～下栏。

67. （南海）《石头霍氏族谱》卷一，第 34 页上栏。

68. 同上书，卷二，第 21 页上栏。

69. 同上书，卷一，第 31 页下栏～第 32 页上栏、第 63 页上栏；卷二，第 82 页

上栏 ~ 下栏。

70. 郭棐:《粤大记》卷三，第 28 页下栏。

71. 《德庆州志》卷七，第 11 页上栏 ~ 下栏。

72. 庞嵩:《都阃朱公罗旁成功序》，第 105 页；瞿九思:《万历武功录》卷三，第 80 页下栏;《明世宗实录》卷六十二，第 1 页上栏。

73. 关于征讨罗旁，以及东安和西宁建县的详细叙述，参见 "Imperial Discourse, Regional Elite and Local Landscape on the South China Frontier, 1577–1722"。

74. 霍与瑕:《霍勉斋集》卷十一，第 49 页下栏 ~ 第 51 页上栏。

75. 《东安县志》(1740 年)，卷四，第 34 页上栏 ~ 第 35 页下栏;《东莞县志》(1911 年)，卷五十八，第 15 页上栏 ~ 第 16 页下栏。

76. 《西宁县志》(1592 年)，卷八，第 65 页上栏 ~ 第 67 页下栏。

77. 《西宁县志》(1592 年)，卷一，第 13 页下栏 ~ 第 14 页上栏。这部地方志的资助人和挂名编纂者是知县林致礼。

78. 《东安县志》(1740 年)，卷四，第 8 页上栏 ~ 第 11 页上栏。

79. 《罗定州志》卷八，第 2 页上栏 ~ 第 5 页下栏。

80. 《西宁县志》(1830 年)，卷四，第 1 页上栏 ~ 第 2 页上栏;还可参见《西宁县志》(1592 年)，卷八，第 61 页下栏 ~ 第 64 页下栏。一位南海文人撰文纪念了 1592 年新宁这一新建州与罗定州之间的新路开通。《西宁县志》(1592 年)，卷八，第 79 页上栏 ~ 第 82 页下栏;《广州府志》卷三十四，第 22 页上栏。

81. Shin, *The Making of the Chinese State*, 137.

82. Struve, *The Southern Ming*, 101–105, 128–129, 141–154.

83. 例子参见屈大均《翁山文外》卷七，第 3 页下栏 ~ 第 4 页上栏、第 7 页下栏、第 9 页下栏。

84. (南海九江)《关树德堂家谱》卷一，第 20 页下栏;卷二十，第 19 页下栏 ~ 第 20 页上栏。另一个例子是一位来自南海九江附近村庄的人士在 1645 年被指派为博白知县。《粤东简氏大同谱》卷二，第 28 页上栏 ~ 下栏;《博白县志》(1832 年)，卷八，第 20 页上栏 ~ 下栏。

85. 还有一位担任兴业县学教谕的新会举人在该城沦陷时被杀，参见(顺德水藤)《邓永锡堂族谱》，"人表"第 3 页下栏，"世袭考"第 36 页上栏，"艺文"第 5 页上栏;马福安:《止斋文钞》下卷，第 25 页下栏 ~ 第 26 页上栏;《广州府志》卷四十，第 21 页上栏;《兴业县志》卷三，第 6 页上栏。

86. (顺德水藤)《邓永锡堂族谱》，"人表"第 7 页下栏，"艺文"第 5 页上栏及第 48 页上栏;《顺德县志》(1853 年)，卷十一，第 29 页上栏(经核查，第 29 页上栏并未出现任何邓氏之人，而"邓太勋"之名出现于第 36 页上栏——译者注)。

87. 《大清一统志》卷二百三十九，第 30 页上栏 ~ 下栏;钱实甫:《清代职官年表》，第 1545~1547 页、第 3228 页。

88. 《清圣祖实录》，卷六十七，第 3 页上栏 ~ 下栏;卷六十八，第 18 页下栏 264
卷七十二，第 10 页下栏 ~ 第 11 页上栏;卷七十八，第 17 页下栏 ~ 第 18 页上栏;卷八十，第 26 页下栏;卷八十二，第 11 页下栏 ~ 第 12 页上栏;卷九十，第 14 页下栏 ~ 第 15 页上栏。

89. 《东莞县志》(1911 年)，卷六十六，第 5 页上栏；《广西通志》(1733 年)，卷五十八，第 2 页下栏。

90. 《镇安府志》(1892 年)，卷四，第 4 页上栏；《南海县志》(1835 年 /1869 年)，卷二十二，第 14 页上栏；《南海县志》(1911 年)，卷十六，第 1 页上栏 ~ 下栏。后来的部分记述似乎有点不切实际。

91. 《南海县志》(1835 年 /1869 年)，卷三十九，第 4 页下栏 ~ 第 5 页上栏；张伟仁主编《明清档案》，A39~141。有两个相似的例子可参见《龙山乡志》(1804 年)，卷八，第 55 页下栏；《顺德县志》(1853 年)，卷二十五，第 23 页下栏；以及 (南海佛山)《霍氏族谱》卷十，第 65 页下栏。

92. (南海河清)《潘式典堂族谱》卷二，第 20 页下栏；卷六，第 9 页上栏 ~ 第 10 页下栏。

93. 这个人叫蔡云翔，1713 年担任灌阳知县及广西乡试的同考官，其他知县的分布相当广泛，最常见的任命是浙江 (4 人)、直隶 (3 人)、湖广 (3 人)。《龙江乡志》卷三，第 17 页上栏 ~ 第 18 页下栏。

94. 《广西通志》(1800 年)，卷四十第 1 页上栏 ~ 卷四十四第 24 页下栏。关于另外 60 名没有列出籍贯地的官员，我通过查阅其他地方志确认了其中 16 人的旗籍，他们大部分都是汉族旗人。我的数据与李国祁、周天生以及许弘义提出的数字大致吻合，他们发现康熙年间的广西知府和知县中广东籍人士占比 2.9%，在雍正年间是 7.8%，在乾隆时期为 4.5%。李国祁、周天生、许弘义：《清代基层地方官人事嬗递现象之量化分析》，第 198~199 页。一览 1788 年春的任命也可得出相似的数字：中央任命的 47 名官员中只有 2 人 (4.3%) 来自广东。《清代缙绅录集成》卷三，第 422~428 页。

95. 安隆土司州变成了西隆州，上林土司州则成了西林县。《清圣祖实录》卷九，第 27 页；卷十九，第 14 页。

96. 同上书，卷六十，第 17~21 页；卷八十九，第 29~30 页。《清史稿》，第 14297 页。亦可参见 Weinstein, *Empire and Identity in Guizhou*, 54–56。

97. 《雍正朝内阁六科史书·吏科》卷五十九，第 479 页；《清圣祖实录》卷一百一十五，第 6 页；Faure, "The Tusi That Never Was", 173。

98. 这位土司是湖润土巡检司岑作柱。《清圣祖实录》，卷三百一十，第 13~14 页。关于这一过程的概述，参见黄家信《壮族地区土司制度与改土归流研究》，第 161~162 页、第 170 页、第 179 页；Cushman, "Rebel Haunts and Lotus Huts", 197–200; Herman, "Empire in the Southwest", 49, 69–70。

99. 《清代官员履历》卷九，第 398 页。《雍正朝内阁六科史书·吏科》卷三十九，第 570~571 页；卷四十，第 206~208 页。《顺德县志》(1853 年)，卷十一，第 34 页上栏。这五个省很可能是福建、湖南、广东、云南和贵州。参见《钦定大清会典事例》卷五十一，第 6 页上栏 ~ 第 7 页上栏。

100.《雍正朝内阁六科史书·吏科》卷五十一，第 73~74 页、第 199~200 页；《广西通志》(1733 年)，卷五十八，第 47 页上栏。作为这类奏折的常规内容，金镇还提到冯瑚在任恭城知县时没有出现俸禄被削减或被停发的情况，也没有暂时不适宜晋升的情况。关于这些条件，参见 Metzger, *The Internal Organization of Ch'ing Bureaucracy*, 301。

101.《广西通志》（1733 年），卷六十一，第 9 页下栏～第 10 页上栏；《清史稿》，第 14300 页。这位土知县是赵康祚。

102.《雍正朱批谕旨》，"鄂尔泰"，卷四，第 20 页上栏～第 22 页上栏（第 2855～2856 页）；卷七，第 14 页下栏～第 15 页上栏（第 2905~2906 页）。黄家信：《壮族地区土司制度与改土归流研究》，第 162 页。

103.古州西边的都柳江上游还存在土司制度，与之相反的是，古州所在的"苗区"完全不受帝国的控制。参见陈贤波《土司政治与族群历史》，第 88 页、第 93 页、第 109 页。

104.巡抚将此事交由张广思办理。《雍正朱批谕旨》，"高其倬"，卷一，第 91 页上栏～第 92 页下栏（第 4776 页）；《古州厅志》卷一，第 2 页上栏。

105.张伟仁主编《明清档案》，A53–74。《宫中档乾隆朝奏折》卷二，第 52～53 页；卷三，第 746～747 页。《明世宗实录》卷一百三十三，第 14～15 页。《黔南识略》卷二十二，第 3 页上栏。《古州厅志》卷一，第 7 页下栏；卷三，第 19 页上栏及第 31 页上栏～下栏。陈贤波：《土司政治与族群历史》，第 107 页。关于 18 世纪每年从广西运往广东的谷米量，参见陈春声《市场机制与社会变迁》，第 38 页。

106.《雍正朱批谕旨》，"金鉷"，第 110 页下栏～第 111 页上栏（第 5286~5287 页）；《黔南识略》卷二十二，第 8 页下栏；《古州厅志》卷三，第 25 页下栏。在古州的"开辟"中表现积极的广东官员之一是劳孝舆，他于 1737 年奉命为建立军事基地而调查土地情况。《内阁大库档案》，042165-001。劳孝舆：《阮斋诗文钞》卷三，第 9 页上栏～下栏。《诗钞辑后》，第 2 页上栏～第 3 页上栏。（南海雷岗）《劳氏族谱》，"序言"，第 2 页；"传略"，第 6 页上栏；卷二，第 53 页上栏～下栏。劳潼：《荷经堂文钞》，上卷，第 2 页上栏～第 3 页上栏；下卷，第 37 页上栏、第 38 页上栏、第 40 页上栏。

107. 参见 Guy, *Qing Governors and Their Provinces*, 98—99；王志明：《雍正朝官僚制度研究》，第 120 页。

108. 张伟仁主编《明清档案》，A75–81；《新会县志》（1841 年），卷六，第 81 页下栏。

109. 张伟仁主编《明清档案》，A75–81。实际上，1723 年至少有一次在这五个府中无法找到合适人选，在这种情况下，巡抚要求从郁林州各县（博白和兴业）中调派两名官员赴任西边的"烟瘴缺"左州和养利。《宫中档乾隆朝奏折》，第 234~236 页。1731 年明确了可以从这五个府以及郁林和宾州两州的官员中进行选拔。《钦定大清会典事例》卷五十一，第 4 页上栏～下栏。

110.《清圣祖实录》卷一百二十四，第 22 页。

111.《清史稿》，第 3212 页。《钦定大清会典事例》卷五十一，第 4 页上栏～下栏。

112. 张伟仁主编《明清档案》，A75–81；《清世宗实录》卷七十八，第 25～27 页；甘汝来：《甘庄恪公全集》卷五，第 3 页上栏～第 5 页上栏；亦可参见《太平府志》卷三十八，第 10 页上栏～第 11 页下栏。

265

113. 《清世宗实录》卷七十八,第25~27页。将隆安在1729年被重新归类一事作为先例,参见张伟仁主编《明清档案》,A79-75中1738年3月21日广西巡抚杨超曾的奏本。

114. 《钦定大清会典事例》卷五十一,第7页上栏~第9页上栏;《清高宗实录》卷四百二十九,第12页上栏~下栏。

115. 《清世宗实录》卷一百零四,第4页上栏。

116. 张伟仁主编《明清档案》,A75-81;刘观栋于1729年5月抽中隆安的职位,并于11月上任,三年试用期满后,他于1732年10月获得正式任命。《清代官员履历》卷十一,第309~310页;《雍正朝内阁六科史书·吏科》卷七十一,第80~81页;《南宁府志》(1743年),卷二十八,第13页下栏(第1153页)。1741年新会地方志的编纂者注意到刘观栋“当时”担任西林知县。《新会县志》(1741年),卷八,第63页上栏。杨超曾在奏折中指出去世的知县是王瑞,广西地方志中有一位河南籍的王瑞于1730~1731年被任命为平南知县。《广西通志》(1733年),卷五十八,第28页下栏。关于在这些官员考察中使用的专门术语,参见 Kuhn, *Soulstealers*, 193–196; Guy, *Qing Governors and Their Provinces*, 91–93。

117. 关于入仕的不同方式,参见瞿同祖《清代地方政府》,第18~21页。Watt, *The District Magistrate*, 50–55。张乐翔(Lawrence Zhang)提出捐官者和依靠科举考试功名获得官职者大多来自同一个社会经济阶层,而且通常出同样的家族。我在这里关注的是一个取得高等级功名的人士如何利用这种文化资本。参见 Zhang, "Power for a Price", 27, and chap. 3。

118. 《清代官员履历》卷十一,第309~310、319~332页;《新会县志》(1841),卷六,第48页上栏、第81页下栏。刘观栋于1724年向鄂尔泰的圈子再次捐官,参见许大龄《清代捐纳制度》,第73页;王志明:《雍正朝官僚制度研究》,第344~345页。关于捐官的过程概述,参见 Zhang, "Power for a Price", chap.1; Kaske, "The Price of an Office", 292–298。

119. 何梦瑶称他的同伴是“分发广西候补者十人”,而广西巡抚金钅共的一份例行奏折里提到何梦瑶是“分派来粤学习进士”的其中一位。何梦瑶:《菊芳园诗钞》卷五《寒坡集》,第8页上栏~第10页下栏;张伟仁主编《明清档案》,A63-113;《南海县志》(1835年/1869年),卷三十九,第13页下栏~第14页上栏;《潮阳县志》卷十七,第12页上栏;《浔州府志》卷十三,第14页下栏;《澄海县志》卷十八,第25页上栏;《广西通志》(1733年),卷五十八,第18页下栏;朱宝炯、谢沛霖编《明清进士题名录索引》,第657、976、1228、1267、1321、1598、1782、1974页。

120. 1661年及1729年的例子,参见于成龙《于清端公(成龙)政书》卷一,第19页上栏;《雍正朱批谕旨》,“鄂尔泰”,卷八,第88页上栏(第2889页)。

121. 乾隆朝早期的例子,参见《清高宗实录》卷六十七,第22~23页;《钦定大清会典事例》卷五十一,第7页上栏。

122. 何梦瑶:《菊芳园诗钞》卷二《鸿雪集》,第3页上栏;《南海县志》(1835年/1869年),卷三十九,第15页上栏。

123. 何梦瑶在任上是幸运的，他离任不到半年后，义宁知县和其他官员在进入湖南与广西交界的苗民活动要害之地并试图"教谕"他们服从帝国的权威时遭到杀害。据称这位知县临死前作为俘虏被折磨了一段日子。张伟仁主编《明清档案》，A63–113；何梦瑶：《菊芳园诗钞》卷五《寒坡集》，第 1 页上栏；《南海县志》（1835 年 /1869 年），卷三十九，第 14 页上栏；《清高宗实录》卷一百二十五，第 4~6 页；《义宁县志》，第 64 页。

124. 张伟仁主编《明清档案》，A63–113。1936 年的阳朔地方志误将何梦瑶的任命时间写成了乾隆三年（1738~1739）。《阳朔县志》卷一，第 38 页下栏。

125. 张伟仁主编《明清档案》，A63–113。《雍正朝内阁六科史书·吏科》卷八十一，第 386~387 页；《吏科题本》，04231-009/QL9.10.28。根据嘉庆朝的《大清会典事例》（卷六，第 37 页上栏~下栏），担任岑溪知县不算"保举"或者"题补"。

126. 《岑溪县志》，第 2 页、第 11~12 页、第 21~22 页、第 45 页；《南海县志》（1835 年 /1869 年），卷三十九，第 15 页上栏。

127. 《吏科题本》，03606-002/QL4.4.12；《思恩县志》卷六，第 2 页上栏。1750~1751 年，思恩县属于腹俸 / 边俸的序列，官员任命权属于吏部。《钦定大清会典事例》卷五十一，第 7 页下栏。

128. 何梦瑶：《菊芳园诗钞》卷五《寒坡集》，第 8 页上栏。

129. 这些腹俸 / 边俸职位包括修仁县、武宣县、恭城县、北流县、隆安县、灌阳县、宣化县，以及属于"烟瘴缺"的思恩县和宁州。何梦瑶：《菊芳园诗钞》卷五《寒坡集》，第 8 页上栏~第 10 页下栏。

130. 《清代官员履历》卷二，第 336 页；《北流县志》（1880 年），卷十三，第 14 页下栏。李瑜在 1742 年晋升为泗城知府，他在何梦瑶写下这首诗的几年后去世。《清代官员履历》卷一，第 462 页。

131. 《吏科题本》，03606-002/QL4.4.12。

132. 何梦瑶：《菊芳园诗钞》卷五《寒坡集》，第 9 页上栏。张月甫是新会荷塘镇人。何梦瑶关于张月甫的诗被记录在新会的地方志中。《新会县志》（1841 年），卷九，第 48 页上栏。关于张月甫于 1735 年调任思恩的情况，参见《雍正朝内阁六科史书·吏科》卷七十六，第 30~31 页及卷七十九，第 388 页；《庆远府志》卷十三，第 35 页下栏；《新会县志》（1741 年），卷八，第 9 页上栏。

133. 这份例行奏折汇报何梦瑶完成了任期，并清楚地说明闰月已包括在任期内。何梦瑶的任上有两个闰月，一次是乾隆五年的闰六月，一次是乾隆八年的闰四月。他于乾隆四年十一月初十（1739 年 12 月 10 日）上任思恩知县；60 个农历月份后，他于乾隆九年九月初十（1744 年 10 月 15 日）完成任期。《吏科题本》，04231-009/QL9.10.28；《清代官员履历》卷十六，第 328 页、第 332~333 页；《南海县志》（1835 年 /1869 年），卷三十九，第 14 页上栏~第 15 页下栏。

134. （南海）《方氏家谱》，"列传"，第 3 页上栏~下栏；《南海县志》（1835 年 /1869 年），卷三十七，第 26 页下栏；区大相：《区海目诗集》卷十三，第 17 页下栏。

267

135.《顺德大良竹园冯氏族谱》（1887年），卷三，第51页下栏~第52页上栏；卷十，第57页上栏~第61页下栏。

136. 何梦瑶：《菊芳园诗钞》卷五《寒坡集》，第3页下栏。

137.《清代官员履历》卷十，第328页；《雍正朝内阁六科史书·吏科》卷三十三，第489~490页；（东莞）《翟氏族谱》卷六，"又"，第8页，以及第十一卷，第32页上栏~第35页上栏。

138. 于成龙：《于清端公（成龙）政书》卷一，第8页下栏~第9页上栏。

139.《北流县志》（1880年），卷七，第8页下栏。

140. Skinner, "Mobility Strategies in Late Imperial China", 335; Cole, *Shaohsing*, 75–85.

141.《龙江乡志》卷三，第25页上栏、第27页上栏、第35页下栏；《博白县志》卷七，第24页上栏。

142.《梧州府志》（1631年），卷二，第33页下栏。

143.《高明县志》卷十二，第32页上栏~第49页上栏。关于另一个范州家族罗氏族人的任职情况，参见（高明）《罗氏族谱》（1904年），卷五，第3页下栏；（高明）《罗氏族谱》（1932年），卷二，第16页下栏；《高明县志》卷十二，第42页下栏。

144. Marks, *Tigers, Rice, Silk, and Silt*.

第二章 士子：迁移与科举考试（1570~1760年）

1. 《东莞县志》（1798年），卷二十三，第41页上栏；卷二十七，第15页上栏。《东莞县志》（1911年），卷四十七，第9页上栏；卷七十五，第6页上栏。东莞地方志中有个1606年的岁贡叫"罗启明"，他应该就是濮启明，《东安县志》（1740年），卷三，第39页下栏。在一份相似的记载里，一名妇人的东莞籍丈夫于1705年在前去参加广西乡试的路上去世，见（东莞）《张氏族谱》卷九"彦瑜公派"，第24页上栏。

2. （顺德大良）《龙氏族谱》卷十二，第7页下栏~第8页上栏。亦可参见《顺德县志》（1853年），卷二十九，第6页上栏。

268

3. Burbank and Cooper, *Empires in World History*, 14.

4. 《南海县志》（1691年），卷十二，第11页上栏；《新宁州志》，第250页；（南海）《石头霍氏族谱》卷一，第40页下栏~第41页上栏。

5. 霍与瑕：《霍勉斋集》卷十九，第55页下栏。

6. 同上书，卷十九，第57页上栏。

7. 《新宁州志》卷五，第13页下栏~第15页下栏（第466~470页）。县学设立的时间说法不一，有一份文献称霍与瑕在隆庆六年（1572~1573）请求设立县学，另一项研究提出县学是在万历三年（1575~1576）设立的。《广西通志》（1733年），卷三十八，第9页上栏。三浦满「明代の府州县学の构造とその性格」、536页。17世纪早期的一位宣化文人也注意到新宁州学里都是外县人士，但他并不十分担忧。《中国少数民族社会历史调查资料丛刊》修订编辑委员会编《广西少数民族地区碑文契约资料集》，第 137 页。

8. 《南宁府志》（1743 年），卷三十三，第 3 页上栏~下栏；卷三十五，第 13 页。《东莞县志》（1798 年），卷二十三，第 31 页上栏、40 页下栏。《东莞县志》（1911 年），卷四十五，第 32 页上栏、第 34 页上栏。

9. （南海）《石头霍氏族谱》卷二，第 37 页下栏。

10. 《东安县志》（1823 年/1934 年），卷四，第 12 页上栏。

11. 霍与瑕：《霍勉斋集》卷十一，第 53 页下栏。

12. 《西宁县志》（1830 年），卷四，第 9 页下栏~第 10 页上栏。

13. 《西宁县志》（1592 年），卷六，第 43 页下栏。

14. 同上书，卷四，第 32 页下栏。《西宁县志》（1830 年），卷四，第 10 页下栏；卷十一，第 15 页上栏~下栏；卷十二，第 13 页下栏。庞嵩与西宁的联系是有限的，比如，他还是被埋葬在家乡南海的西樵山，何维柏为他撰写了祭文。《南海县志》（1691 年），卷二，第 41 页下栏。

15. 《东安县志》（1823 年/1934 年），卷三，第 24 页下栏~第 25 页上栏。

16. "皇明待赠显太祖考若川冯公府君"，《恩平冯氏族谱》，第 27 页下栏；考察笔记，2007 年 7 月 14 日于广东云浮大庆村冯楼。

17. 《西宁县志》（1830 年），卷九，第 2 页上栏。

18. 欧大任：《欧虞部集》，"散文"卷十三，第 16 页下栏~第 19 页上栏。《顺德县志》（1674 年），卷五，第 57 页上栏、第 61 页下栏。《西宁县志》（1830 年），卷九，第 2 页上栏、第 3 页上栏；卷十一，第 2 页下栏。《梧州府志》（1631 年），卷九，第 6 页下栏。

19. （南海沙头莫氏）《巨鹿显承堂重修家谱》册一，第 16 页上栏；册二，第 24 页上栏、第 25 页下栏。《西宁县志》（1830 年），卷九，第 10 页上栏。

20. （南海山南联表）《关氏族谱》，"一世恩谱"，第 2 页下栏、第 3 页上栏；册一图表，11 页下栏、第 32 页上栏；册四，第 27 页下栏、第 28 页下栏。（顺德）《水藤堡沙边乡何厚本堂立族谱》（1923 年），卷四，第 1 页下栏、第 2 页下栏、第 4 页上栏。其他例子可参见《南海鹤园冼氏家谱》卷三，第 21 页下栏；（南海佛山）《霍氏族谱》卷三，第 82 页下栏；（南海）《新桂梁氏家谱》。另见《粤东简氏大同谱》卷四，第 9 页下栏、第 10 页下栏、第 17 页上栏；卷十，第 40 页上栏。《顺德县志》（1853 年），卷二十五，第 14 页上栏、第 54 页上栏。（东莞）《鳌台王氏族谱》卷四，第 67 页下栏~第 68 页上栏。

21. 《南海九江朱氏家谱》卷四，第 8 页下栏~第 9 页上栏、第 39 页下栏~第 40 页下栏；卷六，第 63 页下栏~第 65 页下栏；卷七，第 49 页上栏；卷八，第 85 页下栏~第 86 页上栏、第 88 页上栏。《西宁县志》（1830 年），卷九，第 3 页上栏。

22. 在西宁的这一支霍氏族人一直延续至清初，下一代中有人成了西宁的武生员。（南海）《石头霍氏族谱》卷二，第 103 页下栏。

23. 同上书，卷二，第 1 页上栏。另一位姓梁的生员请霍与瑕为自己从顺德到当地经商的祖父撰写墓志铭。霍与瑕：《霍勉斋集》卷二十二，第 9 页下栏~第 10 页下栏。

24. （南海）《庞氏族谱》卷二，第 23 页上栏~下栏；卷七，第 85 页上栏。

25. （顺德水藤）《邓永锡堂族谱》，"瓜瓞图"，第 25 页上栏；"世袭考"，第 52 页上栏~下栏。《东安县志》（1740 年），卷三，第 32 页上栏；《广西通志》（1733 年），卷五十五，第 38 页下栏；《龙江乡志》卷二，第 11 页上栏~下栏。

26. （东莞）《张氏族谱》（1922 年），卷十四"齐卿公派"，第 14 页上栏~下栏、第 16 页上栏；卷二十二，第 50 页上栏。《东莞县志》（1911 年），卷四十七，第 12 页下栏。《东安县志》（1740 年），卷三，第 42 页上栏。

27. 关于万历年间转到广州府学的士子，参见（南海）《上园霍氏族谱》卷二，第 70 页上栏~第 71 页上栏、第 101 页下栏。

28. 《东安县志》（1823 年 /1934 年），卷二，第 36 页下栏；卷三，第 24 页下栏、第 40 页上栏。一部新会地方志指出，李朝鼎是新会小塘人，但他通过东安县学考取功名。《新会县志》（1841 年），卷六，第 9 页下栏。

29. （新会）《云步李氏宗谱》卷八，第 20 页下栏~第 21 页上栏；《新会县志》（1841 年），卷六，第 9 页下栏、第 48 页下栏。

30. 这一绝妙的比喻毫无疑问来自 Ho, *The Ladder of Success in Imperial China*（该书已有中译本，见何炳棣《明清社会史论》，徐泓译注，中华书局，2019——译者注）。

31. 乾隆年间出现了一种不同的模式：163 名举人中有 152 人在南海登记户籍。《南海县志》（1835 年 /1869 年），卷二十一。何炳棣对安徽的徽州府进行了相似的分析，参见 Ho, *The Ladder of Success in Imperial China*。

32. 《新会县志》（1841 年），卷六，第 45 页下栏~第 53 页上栏。

33. 《顺德县志》（1853 年），卷十一，第 23 页上栏~第 37 页下栏。

34. 《新会县志》（1841 年），卷六，第 45 页下栏~第 63 页下栏。

35. （东莞）《张氏族谱》卷二十二，第 50 页上栏~下栏。

36. 《封川县志》（1835 年），第 145 页（1935 年，第 173 页）。封川地方志并没有注明其中一名 1696 年的举人来自外乡，但 1872 年的南海地方志里有他的名字。《南海县志》（1872 年），卷九，第 18 页上栏。

37. （南海）《石头霍氏族谱》卷一，第 29 页下栏。（南海佛山）《霍氏族谱》卷四，第 10 页下栏、第 34 页上栏；卷五，第 43 页下栏~第 44 页上栏。（南海西樵）《梁氏家谱》卷一，第 8 页上栏~第 9 页下栏、第 19 页上栏；《南海深村蔡氏家谱》卷十，第 40 页下栏；（顺德马齐）《陈氏族谱》卷四，第 7 页下栏~第 8 页上栏；（东莞）《张氏族谱》卷二十二，第 50 页上栏；《封川县志》（1835 年），第 156~157 页（1935 年，第 184~185 页）。

38. 《广东通志》（1822 年），卷三百三十一，第 43 页上栏。

39. 《广州府志》（1879 年），卷三十五~四十、卷四十二~四十六。这里自然忽略了来自惠州府尤其是来自肇庆府的人士，他们之中有很多人在广西考取了功名。

40. Elman, *A Cultural History of Civil Examinations in Late Imperial China*, 664.

41. （东莞）《张氏族谱》卷九"彦瑜公派"，第 21 页上栏；卷二十三，第 10 页上栏。九江关氏的一名族人是苍梧县学的学生。（南海九江）《关树德堂家谱》卷九，第 92 页上栏；卷十一，第 37 页上栏；卷十四，第 6 页上栏。

42.《南海深村蔡氏家谱》卷一，第 81 页上栏～下栏；卷十一，第 28 页上栏；卷十二，第 14 页上栏～下栏；卷十九，第 28 页上栏。在广西之外的西江上游流域，道光年间（1821～1850 年）有两名龙山人成为贵州西南兴义府的岁贡。由于龙山人从 18 世纪中期开始就已经向西隆移民，他们下一步往正好位于贵州和广西交界处的兴义府迁居也许是合情合理的。《兴义府志》卷四十九，第 57 页上栏～下栏。两人之中的冯奉尧在 1853 年的顺德地方志和 1930 年的龙山地方志中都被列为康熙年间的岁贡，然而 1804 年的《龙山乡志》里并没有他的名字。《顺德县志》（1853 年），卷十一，第 79 页上栏；《龙山乡志》（1930 年），卷十，第 9 页下栏～第 10 页上栏；《龙山乡志》（1804 年），卷七，第 9 页下栏～第 11 页上栏。由于"兴义"是当地在 1797 年土民起义后新改的名字，所以冯奉尧不太可能就在康熙年间就去了那个地方。关于起义以及兴义府的建置，参见 Weinstein, *Empire and Identity in Guizhou*, 105–106。 270

43.（东莞）《张氏族谱》，卷九"彦瑜公派"，第 22 页下栏。

44.（南海雷岗）《劳氏族谱》（1922 年），卷一，第 81 页下栏～83 页下栏；《封川县志》（1835 年），第 157 页（1935 年，第 184 页）。

45.（东莞）《张氏族谱》（1922 年），卷九"彦瑜公派"，第 51 页上栏～第 52 页上栏。

46.《南海吉利下桥关树德堂家谱》卷三，第 3 页上栏。

47. 如 1714 年的东莞进士，参见朱宝炯、谢沛霖编《明清进士题名录索引》卷七百八十六，第 604 页；卷七百九十，第 2688 页。又见《东莞县志》（1798 年），卷二十五，第 11 页下栏。

48.《东莞县志》（1911 年），卷六十七，第 10 页上栏～下栏；《宫中档乾隆朝奏折》卷十二，第 77 页；《武宣县志》卷十五，第 32 页上栏～第 34 页上栏。1803 年的龙州地方史料提到"几十名"士子在龙州参加县试。《龙州记略》下卷，第 55 页上栏。关于举人名额的各省差异，参见张杰《清代科举家族》，第 36～37 页。

49. 劳潼：《冯潜斋先生年谱》，第 1 页上栏～第 4 页下栏。

50.《顺德县志》（1853 年），卷二十六，第 20 页上栏～下栏；《来宾县志》，附记，第 55～57 页（第 663～664 页）。

51.《九江儒林乡志》卷七，第 21 页上栏～第 23 页上栏。

52.《东莞县志》（1911 年），卷五十七；温汝适：《携雪斋集》卷一，第 37 页上栏～第 38 页上栏。法式善等：《清秘述闻三种》，第 163、282、671、740、752、978 页。

53. 何梦瑶：《菊芳园诗钞》卷二《鸿雪集》，第 3 页下栏～第 4 页上栏、第 5 页上栏～第 6 页下栏、第 6 页上栏～下栏、第 7 页下栏～第 8 页上栏。《南海县志》（1835 年/1869 年），卷三十九，第 15 页上栏。广东人在 16 世纪中叶、17 世纪 80 年代早期、1720 年、1783 年以及 1789 年担任同考官的例子，参见《南海县志》（1835 年/1869 年），卷三十七，第 15 页上栏；《东莞县志》

（1911 年），卷六十五，第 13 页上栏、第 15 页上栏～下栏；（南海）《石头霍氏族谱》卷六，第 13 页上栏～下栏。

54. 《顺德大良竹园冯氏族谱》卷三，第 49 页上栏～第 50 页上栏。后来在 1825 年，还有一名担任恭城知县的南海人做过同考官。《各省乡试同年齿录》广西卷《考官名录》，第 1 页上栏。

55. 《新会县志》（1841 年），卷九，第 23 页上栏。

56. 《东莞县志》（1911 年），卷六十八，第 10 页上栏。二十年后，高明文士对广东东北部的客家移民参加本县的科举考试提出了抗议。《高明县志》卷七，第 33 页上栏～第 41 页下栏。

57. 《雍正朝汉文朱批奏折汇编》卷一，第 325~328 页。关于浙江北部移民在广州府文化圈中的影响，参见鄙作《学海堂与晚清岭南学术》（The Sea of Learning），第 29~24、104~105 页。

58. 《雍正朝汉文朱批奏折汇编》卷一，第 325~328 页。朱宝炯、谢沛霖编《明清进士题名录索引》卷七百八十九，第 2260 页；卷七百九十，第 2686 页。《南海县志》（1835 年/1869 年），卷二十一，第 5 页上栏、第 14 页下栏。《广州府志》卷四十一，第 6 页上栏～下栏；卷四十三，第 10 页上栏。我没有在 1911 年的东莞地方志中找到关赜的名字。

59. （南海大同）《西边郭氏族谱》，无页码；《明史》，第 1702~1703 页；王世贞：《弇山堂别集》卷八十三，第 14 页下栏～第 15 页下栏。《临桂县志》卷二十四，第 15 页上栏；卷二十八，第 18 页上栏～下栏。

60. 《明世宗实录》卷二，第 14 页上栏。《晋江县志》卷八，第 39 页上栏；卷九，第 49 页上栏。《南宁府志》（1743 年），卷二十六，第 7 页上栏。1733 年的广西地方志把其中一名晋江移民记为 1567 年考取功名的昭平县人，但昭平县是 1576 年才建置的。《广西通志》（1733 年），卷七十三，第 29 页下栏、第 331 页下栏～第 32 页上栏。

271 61. 《茶山乡志》卷九，第 33 页上栏～第 34 页下栏。

62. 关于"游学"的早期记载可见于《史记》第 2348 页的《孟子荀卿列传》。自 1727 年开始实施的规定明确了官学教师的职责，指出他们要负责学生的月考和季考，"游学"似乎是学子可以豁免于这一严格的考核制度的四种情况之一，其他三种情况是丁忧、患病和发生意外。《钦定大清会典事例》卷三百零六，第 2 页上栏。

63. （南海平洲）《西江冼氏族谱》卷四，第 38 页下栏～第 39 页上栏。18 世纪的例子参见（南海沙头莫氏）《巨鹿显承堂重修家谱》卷一，第 35 页上栏～第 37 页下栏；卷二，第 9 页下栏。又见《横县志》卷八，第 30~31 页；《新会县志》（1841 年），卷六，第 10 页下栏、第 65 页上栏。还可见《广西通志》（1733 年），卷七十，第 40 页下栏；卷七十五，第 31 页下栏。

64. 张穆：《铁桥集·投赠集》，第 11 页下栏～第 12 页上栏、第 15 页下栏～第 16 页下栏；《东安县志》（1740 年），卷一，第 12 页下栏；《东莞县志》（1911 年），卷六十四，第 9 页下栏；《广西通志》（1733 年），卷五十六，第 30 页上栏。

65. 《平南县志》（1835 年），卷十八，第 2 页上栏；《桂平县志》卷二十一，第

24 页上栏。

66. 如果这个在永福县旅居的龚重光就是顺德文士龚应霖，那么他就是在 1666 年中举的。《永福县志》卷二，第 38 页下栏；卷三，第 23 页上栏。《顺德县志》（1674 年），卷六，第 22 页下栏。关于明清更迭之际的这类上游广东籍教师，参见《广西通志》（1733 年），卷八十五，第 8 页下栏；卷八十六，第 60 页下栏。又见《三江县志》卷五，第 24 页上栏～下栏。

67. 《顺德县志》（1853 年），卷二十五，第 15 页下栏；《顺德大良竹园冯氏族谱》卷六，第 12 页下栏～第 13 页上栏。关于在广西的广东籍教师移民，亦可参见（南海）《石头霍氏族谱》卷三，第 30 页上栏；《顺德县志》（1853 年），卷二十五，第 55 页上栏；《高明县志》卷十三，第 50 页上栏；黄芝：《粤小记》卷二，第 7 页上栏～下栏。

68. 罗天尺：《五山志林》卷一，第 17 页下栏；何邵：《楚庭偶存稿》卷三，第 8 页上栏～第 9 页下栏；《顺德县志》（1929 年），卷十七，第 1 页下栏。

69. 《武宣县志》卷十三，第 11 页上栏～下栏。

70. Leong, *Migration and Ehnicity in Chinese History*, 57–62. Brokaw, *Commerce in Culture*, 211–215.

71. （武宣台村）《陈氏族谱》。这是一份 1999 年的手稿复印件，原件是 1909 年的木刻版本，没有标题、残缺不全，我在台村看到了原件的一部分。方苞：《方望溪全集》，第 176～177 页；考察笔记，2012 年 6 月 27 日于台村；陈仁：《用拙斋诗文集》卷二；《浔州府志》卷二十一，第 49 页上栏～下栏；《龙山乡志》（1804 年），卷七，第 5 页下栏。陈仁生于 1706 年，在为老师柯橲写的祭文中，他提到自己自年幼起就学习写作，但直到遇见柯橲才真正有所领悟。陈仁及其堂亲中举之前应该在柯橲门下学习过。《皇清诰授中宪大夫湖北督粮道体斋陈公墓》，载陈仁《用拙斋诗文集》卷二。

72. 《新修武宣县学记》，碑上的题字已不可见，此处使用的题字来自 1808 年武宣地方志对该碑文的记录。地方志上的记录省略了捐修者的名字。

73. 另一个例子是一个师从顺德人的广西学子在 1726 年考中了举人，参见（顺德）《文海林氏家谱》卷二，第 34 页下栏～第 35 页上栏、第 37 页上栏～下栏；卷五，第 26 页上栏～第 28 页下栏。《顺德县志》（1853 年），卷二十五，第 1 页下栏。《陆川县志》卷十三，第 10 页上栏～下栏；卷十六，第 18 页下栏～第 19 页上栏。

74. 《东莞县志》（1911 年），卷六十八，第 5 页上栏～下栏。

75. 这一奏折在开篇指出了"通考"的不法行为，同城异县（比如，广州府辖下的南海县和番禺县）的居民可以在其中任意一县参加科举考试。参见《清宣宗实录》的禀奏，卷四百一十二，第 25 页上栏；卷四百一十四，第 8 页上栏～第 9 页上栏、第 15 页下栏～第 16 页上栏。《钦定学政全书》卷三十，第 4 页下栏；亦可参见《钦定大清会典事例》卷三百一十三，第 6 页上栏～下栏。

76. 《钦定学政全书》卷三十，第 8 页下栏～第 9 页上栏；《清世宗实录》卷一百四十九，第 19 页下栏～第 20 页上栏。

77.《东莞县志》（1798 年），卷十九，第 43 页下栏。

78.（南海沙头莫氏）《巨鹿显承堂重修家谱》卷一，第 16 页下栏。因为南海地方志中的学官列表并不完整，我们无法确认莫光斗的任职是否属实。《南海县志》（1835 年 /1869 年），卷十，第 11 页下栏~第 12 页上栏。

79.《西宁县志》（1830 年），卷十，第 5 页下栏。

80.《西宁县志》（1718 年），卷十，第 63 页上栏~第 66 页下栏。

81. 同上书，卷十，第 67 页下栏~第 75 页上栏。

82.《西宁县志》（1830 年），卷九，第 5 页下栏；《新会县志》（1841 年），卷六，第 46 页上栏。

83. 士子移民可以利用的一项相关政策是在任土司的子弟可以在邻近的流官制府县参加科举考试。《清圣祖实录》卷二十，第 6 页下栏~第 7 页上栏；卷一百二十五，第 3 页上栏~下栏。Elman, *A Cultural History of Civil Examinations in Late Imperial China*, 168–169；Herman, "Empire in the Southeast", 52–54, 59–60.

84.《大明会典》卷七十八，第 3 页下栏~第 4 页上栏。这一史料中的说法是"各处士民"，还有另一种说法是"他处士民"。参见《钦定续文献通考》卷五十，第 28 页上栏。关于这一过程在台湾的情况，参见 Shepherd, *Statecraft and Political Economy on the Taiwan Frontier, 1600–1800*, 109–113。

85.《明神宗实录》卷五十，第 1 页下栏。

86.《养利州志》（1694 年，广西壮族自治区图书馆藏），第 17 页下栏~第 18 页上栏。《广州府志》卷三十九，第 11 页下栏；卷四十，第 7 页下栏、第 22 页上栏。芝加哥大学雷根斯坦图书馆所藏的 1694 年《养利州志》只记录了 8 名举人，其中显示为本地户籍的只有 1 人。《养利州志》（1694 年，芝加哥大学雷根斯坦图书馆藏），第 41 页上栏~下栏。关于祖籍的分类，参见 Du, *The Order of Places,* 161–163。

87.《上思州志》卷十九，第 25 页下栏~第 26 页上栏。本杰明·艾尔曼（Benjamin Elman）提出，明朝实施的"副榜"制度在 1662 年被废除，直到 18 世纪才恢复。Elman, *A Cultural History of Civil Examinations in Late Imperial China*, 170.

88.《东莞县志》（1798 年），卷二十五，第 9 页上栏；《东莞县志》（1911 年），卷四十七，第 7 页上栏；《广州府志》卷四十二，第 24 页上栏。

89.《清圣祖实录》卷二百四十六，第 22 页上栏；《西隆州志》，第 5 页；《广西通志》（1733 年），卷七十五，第 20 页上栏~第 36 页上栏；《广州府志》卷四十三，第 20 页下栏、第 21 页下栏、第 23 页上栏；《顺德县志》（1853 年），卷十一，第 42 页上栏。

90. 我认为原文中的"乙酉"应为"己酉"。《九江儒林乡志》卷十四，第 10 页上栏；《广西通志》（1733 年），卷一百一十三，第 31 页下栏~第 32 页上栏。

91.《朱批奏折》，0058-003/ 乾隆元年正月二十四日。这一史料可见中国第一历史档案馆编《乾嘉时期科举冒籍史料》，第 13~14 页。

92. 谢济世:《谢梅庄先生遗集》卷四，第 19 页下栏~第 20 页上栏。"明察秋毫"

的学政是 1687~1690 年任职的陆祚蕃，"公正无私"的那位则是 1703~1704 年任职的靳让。

93. 钱仪吉：《碑传集》卷四十二，第 10 页上栏~下栏；亦可参见《大清一统志》卷二百二十一，第 19 页下栏。我认为此处的"飞拨"指的是两类有关联的移民士子：飞来生和拨学生。

94. 谢济世：《谢梅庄先生遗集》卷四，第 20 页上栏。

95. 《雍正朱批谕旨》，"韩良辅"，第 73 页上栏~第 75 页下栏（第 1114~1114 页）；谢济世：《谢梅庄先生遗集》卷三，第 1 页上栏~下栏。关于谢济世的争议，参见 Elman, *A Cultural History of Civil Examinations in Late Imperial China*, 212。

96. 《广西通志》（1800 年），卷七十五第 1 页上栏~卷七十六第 5 页上栏。

97. 例外的情况参见《粤东简氏大同谱》卷四，第 20 页上栏。

98. 甘汝来：《甘庄恪公全集》卷五，第 6 页下栏。

99. 在乾隆朝的头十年里，直至 1760 年，这一比例稳定在 45.59%。桂林士子的中榜占比在整个 19 世纪里保持着绝对优势，但其主宰地位下降得很明显，到 1826 年其占比已经低至 29%，1894 年则是 28%。《广西通志》（1800 年），卷七十六第 5 页上栏~卷七十七第 29 页下栏。《各省乡试同年齿录》《甲午科十八省正副榜同年全录》。

100. 《广西通志》（1733 年），卷七十五，第 34 页下栏~第 36 页上栏。

101. 张伟仁主编《明清档案》，A45~A70。

102. 《钦定大清会典事例》卷三百一十三，第 9 页上栏~下栏；《钦定学政全书》卷二十九，第 3 页上栏~第 4 页上栏；《清世宗实录》卷一百零五，第 19 页上栏~下栏；《镇安府志》（1892 年），卷七，第 8 页下栏~第 9 页上栏；《广西通志》（1733 年），卷一百一十三，第 59 页上栏~第 63 页上栏。

103. 关于这种二十年规定在另一个清朝县份的实施情况，参见 Rowe, *Hankow*, 236。

104. 此处强调了重点。《朱批奏折》，0058-003/ 乾隆元年正月二十四日。

105. 《顺德县志》（1853 年），卷十一，第 42 页上栏；肇庆地方志并未提到何希尧。《肇庆府志》卷十五，第 11 页上栏。

106. 《朱批奏折》，0058-003/ 乾隆元年正月二十四日。

107. 谢济世：《谢梅庄先生遗集》卷四，第 18 页上栏~下栏。

108. 《雍正朝汉文朱批奏折汇编》卷三十三。第 376~379 页。关于绍兴人在顺天府冒籍的情况，参见 Cole, *Shaohsing*, 82–84, 108–111。

109. 《镇安府志》（1756 年），卷八，第 13 页下栏~第 15 页下栏；《镇安府志》（1892 年），卷七，第 10 页上栏~下栏；《钦定大清会典事例》卷三百一十三，第 14 页下栏；《钦定学政全书》卷二十九，第 5 页上栏~下栏；《清高宗实录》卷六十三，第 4 页下栏。

110. 《钦定学政全书》卷二十九，第 5 页下栏~第 6 页上栏；《钦定大清会典事例》卷三百一十三，第 15 页上栏~下栏。

111. 1841 年新会地方志和 1879 年广州地方志记载，周文华"本姓"唐，在 1838

年的唐氏族谱中，他叫唐良济，是一位"榜名"为"文华"的广西举人，此处没有提到他姓周。族谱提到唐良济的一个儿子是广西一所官学的生员。（新会）《唐氏族谱》，无页码；《广州府志》卷四十四，第 2 页上栏、第 3 页下栏；《龙江乡志》卷二，第 15 页上栏～下栏；《新会县志》（1841 年），卷六，第 67 页下栏；《镇安府志》（1892 年），卷七，第 16 页下栏。

112.《朱批奏折》，0073-043。这一史料可见已出版的《乾嘉时期科举冒籍史料》，第 17 页。这位学政是鞠恺。

113. Hsu, *Dreaming of Gold, Dreaming of Home*, 74–85.

114.《朱批奏折》，0073-043。如果明代的学官在边地县任职，而且本县在乡试中缺乏竞争力，他们也许有可能容忍冒籍行为，因为学官的考核与其任职的官学所出的举人数量有关，而这将影响他们的升迁。吴智和：《明代的儒学教官》，第 54 页；三浦满「明代の府州県学の構造とその性格」、495～496 頁。

115.《朱批奏折》，0073-043。

116.《钦定学政全书》卷三十，第 15 页下栏～第 17 页上栏；《钦定大清会典事例》卷三百一十三，第 20 页下栏～第 21 页上栏。

117.（新会）《林氏族谱》，无页码。

118.《龙山乡志》（1930 年），卷十，第 21 页上栏。

119. 一个典型例子是高明人何冠梧。《广州府志》卷四十五，第 2 页上栏、第 30 页上栏；卷四十六，第 4 页上栏。《高明县志》卷十二，第 25 页下栏；卷十三，第 76 页下栏。《苍梧县志》（1874 年），卷四，第 35 页上栏；《直省乡贡同年录》（广西卷），第 11 页下栏。

120.《广州府志》卷四十四，第 7 页下栏、第 18 页下栏；卷四十五，第 18 页上栏。《龙江乡志》卷二，第 17 页下栏。《高明县志》卷十二，第 4 页上栏～下栏。

121.《广州府志》卷四十四，第 15 页下栏；《顺德县志》（1853 年），卷十一，第 50 页下栏～第 51 页上栏；"乾隆甲午科举人"，石刻碑文。

122.《道光甲午科直省同年录》广西卷，第 4 页上栏；《广州府志》卷四十五，第 28 页下栏；关于在 1825 年和 1846 年以横州户籍通过广西乡试的顺德人，参见《各省乡试同年齿录》广西卷，第 8 页上栏；《龙江乡志》卷二，第 18 页上栏；《丙午科十八省乡试同年录》，第 29 页下栏；《龙山乡志》（1930 年），卷十，第 25 页下栏。

123.《龙江乡志》卷二，第 44 页下栏、第 46 页上栏～下栏、第 51 页下栏。

124.《高明县志》卷十二，第 22 页上栏～下栏；《武宣县志》卷十二，第 5 页上栏。

125.《顺德县志》（1853 年），卷十一，第 44 页上栏、第 95 页上栏；《各省选拔同年齿录：乾隆己酉科》卷四，第 45 页上栏。

126.《广州府志》卷四十五，第 2 页上栏；卷四十六，第 4 页上栏。《苍梧县志》（1874 年），卷四，第 35 页上栏；《九江儒林乡志》卷十，第 45 页下栏、第 51 页上栏～下栏；卷十四，第 18 页上栏。另一位有苍梧户籍的明姓人士据说是南海人，他通过了 1835 年的顺天直隶府乡试。《恩科直省同年录》顺天卷，第 30 页下栏；《广州府志》卷四十五，第 30 页上栏。

127. 《高明县志》卷十二，第 22 页上栏～下栏、第 23 页下栏、第 27 页下栏；《桂平县志》卷四十二，第 8 页下栏～第 9 页上栏。从名列 1849 年拔贡榜的另一位林姓人士的有关信息中可以确认这三人很可能是亲戚关系。参见《各省选拔同年明经通谱：道光己酉科》广西卷，第 11 页上栏。

128. 《粤东简氏大同谱》卷四，第 23 页下栏～第 25 页上栏；《龙江乡志》卷二，第 50 页下栏～第 51 页上栏。

129. 吴梯：《岱云编》卷二，第 4 页上栏～第 5 页下栏。《广州府志》卷四十四，第 19 页下栏、第 22 页下栏；卷四十五，第 8 页上栏。《顺德县志》（1853 年），卷十一，第 9 页下栏；卷二十七，第 10 页下栏。《迁江县志》（1935 年），第 103～104 页。我比较了在西隆州这种边地辖区注册户籍以及在苍梧等商业中心落户的广东移民，这和王日根、张学立提出的清朝“科举冒籍”的两大类型有相似之处，但我觉得这两种类型可以有重合之处。王日根、张学立：《清代科场冒籍与土客冲突》，第 70 页。

130. 《新会乡土志》卷四，第 10 页下栏。

131. 《九江儒林乡志》卷二十一，第 17 页下栏～第 18 页上栏。 Zeitlin, "Spirit Writing and Performance in the Work of You Tong (1618–1704)", 102–135. 本杰明·艾尔曼描述过考生如何让灵媒通过这种方式预测科考结果，参见 Elman, *A Cultural History of Civil Examinations in Late Imperial China*. 319–322。

第三章　商人：商业网络与国家支持（1700～1850 年）

1. 《刑科题本》，08908-016/ 嘉庆七年十二月十四日。案宗里的“桥圩”应该就是今天的“彬桥圩”。侄儿前去寻找胡晚连的两个村子名为弄岭和渠湾——这和彬桥附近的村庄能对应上。龙州县地方志编纂委员会编《龙州县志》，第 57 页；Bouinais, *The Lungchow Region*, 6。

2. 1631 年的梧州地方志提到大部分盐商、木材商人以及商店店主都来自新会、顺德和南海等珠三角县份。《梧州府志》（1631 年），卷二，第 33 页下栏。

3. 《东安县志》（1740 年），卷一，第 42 页下栏。

4. 《荔浦县志》（1709 年），无页码。

5. 《平乐府志》卷三十二，第 11 页下栏。

6. 《北流县志》（1880 年），卷九，“风俗”，第 3 页上栏；卷十三，第 17 页上栏。

7. 温汝骥：《灵渊诗钞》卷二，第 7 页上栏～下栏。

8. Williams, *The Chinese Comerical Guide*, 271；Colquhoun, *Across Chrysé*, 111；《西宁县志》（1937 年），卷二十二，第 21 页上栏；钟文典：《广西近代圩镇研究》，第 408 页。

9. Giersch, *Asian Borderlands*, 181.

10. Pomeranz, " 'Traditional' Chinese Business Forms Revisited", 20–21；Zelin, "The Firm in Early Modern China", 624–625.

11. 《刑科题本》，09248-007/ 嘉庆十二年十一月十二日。

12. 同上书，08754-007/ 嘉庆五年七月十二日。

13. （南海山南联表）《关氏族谱》，第 978~980 页、第 1137 页。有一则类似的记载是关于佛山商人陈观炳及其儿子的。《南海金鱼堂陈氏族谱》（1897年），卷七（下），第 6 页下栏～第 8 页上栏；卷八（上），第 16 页上栏～第 18 页上栏。（南海）《金鱼堂陈氏族谱》（民国时期），第 381~382 页。《佛山忠义乡志》（1926 年），卷十四，"人物"，第 10 页下栏。

14. （南海）《廖维则堂家谱》卷二，第 64 页上栏～下栏；卷七，第 68 页下栏～第 70 页下栏。《佛山忠义乡志》（1830 年），卷五，第 37 页上栏。

15. 原文中"石龙"和"龙江"的写法前后并不一致。（顺德龙江）《黄氏族谱》，无页码。

16. 有一个名为"广顺号"的商铺为 1807 年罗定州城广东会馆重修工程捐赠了五块蕃银，这个商铺名字与林益泰的商行名字相同。参见"丁卯重修会馆碑"。

17. 朱檀：《粤东成案初编》卷二十九，第 52 页上栏～第 53 页下栏；《刑科题本》，10345-010/ 道光二年二月二十日。

18. 《（重）修文武殿碑记》。我认为缺失的第一个字是"重"字，这个村子是百担村。参见《西宁县志》（1830 年），卷二，第 21 页上栏。《重修惠福堂碑记》："沐恩粤东南邑信士梁……"考察笔记，2006 年 7 月 22 日及 2013 年 6 月 8 日于广西桂平金田三界庙。

19. Taylor, *The Birth of Vietnam*, 30–4, 45–48；屈大均：《广东新语》，第 210~211 页。

20. 关于薛藩，参见《顺德县志》（1644 年），卷七，59 页下栏～第 61 页上栏。薛藩于 1603 年为"重修马伏波将军庙"撰文，另一块石碑上书"重修伏波庙碑记"。

21. 《鼎建后殿碑记》，伏波庙的这些捐助者似乎都是岭南盐务专营中"平柜"运输线上的商人和官员。《两广盐法志》卷四，第 1 页上栏～第 15 页下栏；Inspectorate General of Chinese Imperial Customs, *Decennial Report*, 1892–1902, 443–444；Imperial Maritime Customs, "Salt: Production and Taxation", 273。只有少数几名拥有盐务专营权的捐助者信息被重点展示在一块 1776 年的石碑上，大部分捐资者是没有注明所在地的商号。见《重塑满堂神将碑记》。

22. "霄壤同流"；《重塑满堂神将碑记》。有几位捐助者来自高要县的一个小乡绅家族，他们在广东西南沿岸地区的县学里考取了功名。《灵山县志》卷九，第 12 页下栏；《高要县志》卷十七，第 9 页下栏、第 11 页下栏。

23. "重建伏波"。

24. 广西省政府经济委员会编《广西各县商业概况》，无页码；《来宾县志》，第 115 页（第 429 页）。

25. 《来宾县志》，第 238 页（第 552 页）。

26. 《重修真武庙碑记》。石碑上黄萧养的姓被写成了"王"，很明显"黄"才是正确的姓氏。作者或者更可能是刻碑者出现这个笔误是可以理解的，因为在粤语中"黄"和"王"的发音相近。关于黄萧养起义以及佛山真武庙，参见

276

Faure, *Emperor and Ancestor*, 82。

27. Ter Haar, "The Genesis and Spread of Temple Cults in Fukien", 356, 387.

28. 钟文典：《广西近代圩镇研究》，第 25 页。

29. 《重修列圣宫题名碑记》，这篇碑记的片段载于广西壮族自治区通志馆编《太平天国革命在广西调查资料汇编》，第 256~257 页。这篇文章的作者是钟元辅，他用了别名登记为新会户籍。《南海县志》（1835 年 /1869 年），卷三十九，第 9 页上栏。一名 1699 年的新会举人书写了用于刻石的文字。

30. 《嘉庆乙丑年重修列圣宫增建后楼东西厅题名碑记》《嘉庆乙丑年重修列圣宫通墟喜助工金不敷商贾再将货利加捐银两题名碑记》。第一块石碑上的部分碑文载广西壮族自治区通志馆编《太平天国革命在广西调查资料汇编》，第 258 页。

31. 《刑科题本》，09225-005/ 嘉庆十二年十一月十二日。

32. 《内阁大库档案》，113741-001/ 嘉庆十八年八月六日。

33. 《南海县志》（1911 年），卷二十，第 4 页下栏 ~ 第 5 页上栏。

34. 《刑科题本》，11865-004/ 道光二十六年三月七日。

35. 在案件中做证的是附近码头的两名东主，他们的商行作为捐助者出现在 1788 年重修戎墟粤东会馆的碑记上。《重建粤东会馆碑记》，1788 年，龙圩。

36. 《刑科题本》，07213-014/ 乾隆四十一年十月十日。

37. Belsky, *Localities at the Center*, 20, 165.

38. 新的研究对此前统计的会馆数量进行了修订。白思奇 (Richard Belsky) 结合何炳棣和《支那省别全志》的数据，提出了广西共有 36 所会馆的保守估计。Belsky, *Localities at the Center*, 37. 侯宣杰认为，仅仅在广西就有 91 所面向广东人的会馆。侯宣杰：《清代以来广西城镇会馆分布考析》，第 51 页。我的实地考察显示不止这一数量。比如，六陈和平南（2008 年 5 月 25 日考察笔记）、平福和上思（2010 年 7 月 29 日考察笔记）、白沙和柳江（2012 年 6 月 29 日考察笔记）。

39. "奉左江道靳大老爷宣化县正堂……" 碑文；《邕宁县志》卷四十，第 74 页。某个机构的名称变更可能意味着其支持者有所变化。广西西南部中越交界处的下雷土司州就出现过这种情况。《大修粤东会馆碑记》，载广西民族研究所编《广西少数民族地区石刻碑文集》，第 102~103 页。王日根详细引用过这一碑文，但他的目的是展示一所会馆在经济方面经历的变化。王日根：《乡土之链》，第 140~142 页。

40. Rowe, *Hankow*, 253, 297.

41. "同声堂" 题匾；"正气扶伦" 题匾；"与汉无极" 题匾；《重新鼎建百色粤东会馆碑记》。

42. 钟文典：《广西近代圩镇研究》，第 151 页。

43. 最少的捐款不足 1 两银子。见覃塘的《重建粤东会馆碑记》。

44. 《粤东会馆碑记》；《各省选拔同年明经通谱：道光己酉科》广西卷，第 3 页下栏；《道光甲午科直省同年录》广西卷，第 12 页下栏；《象州志·纪人》，第 11 页上栏。

277

45.（南宁）《冼氏族谱》，无页码。

46.《龙州县志》，第 394 页。龙州地方志中的邓中是一名来自思恩的贡生，在康熙四十九年（1710~1711）被派往马平任职。但这似乎不太准确。1733 年的广西地方志提到邓中是一名来自思明的贡生，于康熙四十七年（1708）被任命为马平教谕。《柳州府志》（1764 年），卷二十一，第 8 页下栏。《广西通志》（1733 年），卷五十九，第 7 页下栏；卷五十七，第 16 页下栏。

47.《粤东会馆甲申年创造坝头碑记》。

48. 龙圩的《重建粤东会馆碑记》。

49. 同上。

50. 郑珠江是 1676 年的举人，会馆建成时他应该年事已高，但这位"珠江郑公"颇为出名，他为九江一所祠庙的 1710~1711 年重修工程所撰写的碑记显示，他在 18 世纪头十年里很是活跃。《顺德县志》（1853 年），卷二十五，第 17 页下栏~第 18 页上栏；李殿苞：《言行录》，载《碧梧园凤冈集》，第 2 页下栏、第 12 页下栏；《九江儒林乡志》卷四，第 15 页下栏。

51. 广西壮族自治区通志馆编《太平天国革命在广西调查资料汇编》，第 249~251 页；《迁江县志》（1935 年），第 242 页。1891 年的迁江地方志提到粤东会馆建于 1883 年，1835 年的县志提到由温汝适撰写的碑记，而他在 1883 年之前早已去世。《迁江县志》（1891 年），卷一，第 11 页上栏。

52.《重新鼎建百色粤东会馆碑记》。

53. 龙圩的《重建粤东会馆碑记》。温汝适很可能和四个人有亲属关系，其中一人是碑记中的"善士"之一，其籍贯在碑文中记作顺德龙山。另有六名温姓人士以及在温氏名下的商号出现在 1788 年的石碑上。

54. 同上。

55. 钟文典：《广西近代圩镇研究》，第 20、151 页。

56. 这些商号的排列可以被比拟为梧州沿岸商人在其上交易的木筏或浮排，这些木排据说宽达数丈，可以作为建筑物的地基。《苍梧县志》（1941 年），"民事篇"，第 25 页上栏。

57. 关于这组石碑更详细的研究可参见麦思杰《从两通〈重建粤东会馆题名碑记〉看清代戎墟的商业》。

58. 钟文典：《广西近代圩镇研究》，第 371、375 页。关于流寓商人，参见 Cohen, "Diasporas, the Nation-State, and Globalisation", 127–129。

59. 这些粤东会馆位于平南县、桂平县城以及宁明州城，还有剥隘的岭南会馆也供奉关帝。见龙圩的《重建粤东会馆碑记》。Inspectorate General of Chinese Imperial Customs, *Decennial Report*, 1892–1901, 334.《平南县志》（1835 年），卷六，第 4 页下栏；《桂平县志》卷五，第 4 页下栏~第 5 页上栏；《重修岭南会馆碑记》，载《宁明州志》，第 115~116 页。

60.《黎平府志》卷二（下），第 67 页上栏；《荔波县志》，第 345 页。

61.《临桂县志》卷十五，第 15 页上栏；《重修粤东会馆天后宫并鼎建戏台碑记》；2008 年 8 月 10 日于荔波的考察笔记；《迁江县志》（1891 年），卷一，第 11 页上栏；"特调宣化县正堂加二级记录一次李为背批滋扰扣宪伤禁事"石碑。

62. 平乐的《重建粤东会馆碑记》。

63. 王日根发现海南岛上有一座同样由天后宫改造的会馆，这座天后宫始建于万历年间。王日根：《乡土之链》，第 96 页。

64. 《重修会馆并戏台碑记》。捐助者似乎是按照《千字文》这一童蒙读本里的字词分类的，参见李逸安译注《三字经·百家姓·千字文·弟子规》，第135 页。石碑上一间位于沙子镇的商行表明，这个圩镇的建置时间远早于光绪初年。钟文典：《广西近代圩镇研究》，第 121 页。

65. 《重新鼎建百色粤东会馆碑记》。我认为石碑上的"百隘"就是"剥隘"，"禅山"就是"佛山"，捐了 100 两白银的"儒林堂"就在龙江，捐了 200 两白银的"金紫堂"在龙山。百色粤东会馆里一块 1911 年为儒金堂所刻的石碑很清楚地解释了上述情况，见《两龙儒金堂碑记》。这让我推测捐了 200 两白银的"蟾溪堡"是南海盐步堡的别名。参见（南海盐步）《南海蟾步房颜氏家谱》，无页码。

66. 霍与瑊：《霍勉斋集》卷十九，第 7 页上栏。

67. 同上书，卷十一，第 53 页下栏～第 54 页上栏。

68. 屈大均：《广东新语》，第 657 页。关于 17 世纪 70 年代的类似记载，参见王钺《星馀笔记》，第 7 页上栏～下栏。

69. Giersch, *Asian Borderlands*, 46–58; Herman, "Collabration and Resistance", 92–105.

70. 《雍正朱批谕旨》，"高其倬"，第 4776 页。

71. Millward, *Beyond the pass*, 113–114, 160–168; Dai, "The Qing State, Merchants, and the Military Labor Force", 63–75.

72. 《桂平县志》卷十，第 4 页上栏；卷十七，第 1 页上栏；卷二十，第 8 页上栏；卷三十一，第 63 页下栏。

73. 同上书，卷九，第 7 页下栏；亦可参见卷二十，第 9 页上栏～下栏。位于柳州下游西江干流边上的白沙圩是广东人占据当地市场的另一个例子。（柳江白沙）《胡氏宗支部》，无页码；考察笔记，2012 年 6 月 29 日于白沙柳江。

74. 《古州厅志》卷一，第 18 页上栏；与古州文化馆前任馆长张勇（音）的私人通信，2011 年 8 月 13 日；"皇清显考梁公讳升平之墓"；黎如玮：《半村草堂文钞》，第 462~463 页。

75. （南海佛山）《霍氏族谱》卷二"霍氏家训同善录"，第 3 页上栏～第 4 页上栏。家训实际上共有 43 条，霍姓举人似乎在原有的 36 条上又增加了 7 条"善举"，原来的 36 条被收录在几年前出版的一本名为《檀几丛书》的杂录里。"修补桥梁道路"和"敬重父母官"这两条不在原来的"三十六善"中。参见王晫、张潮《檀几丛书》卷十五，第 4 页下栏～第 5 页下栏。 Lufrano, *Honorable Merchants*, 89, 92.

76. 《重修粤东会馆天后宫并鼎建戏台碑记》；《顺德县志》（1853 年），卷二十七，第 22 页上栏（经核查，应为第 22 页下栏——译者注）。

77. 《重修粤东会馆天后宫并鼎建戏台碑记》。关于四川巴县的衙门杂役吏员群体，参见 Reed, *Talons and Teeth*, 33–34。

279

78. 接下来的记载来自《桂平吴氏支谱》的一组年谱，卷三，第9页上栏~下栏；卷五，第1页上栏~第16页上栏。龙圩《重建粤东会馆碑记》，以及"重修龙华寺大殿诸君乐助碑"。

79. Perdue, "Insiders and Outsiders".

80. 除了另有说明外，以下讨论的案件情况来自《内阁大库档案》155485-001/嘉庆十年六月二日。这基本和《内阁大库档案》182359-001/嘉庆十年五月二十九日是同一份档案。关于同一案件的另一份档案是《内阁大库档案》197026-001/嘉庆十年六月八日。本案中的陈达明也许是佛山金鱼堂陈氏的族人陈生祥（字达明，1764~1820年），但这一点无法证实。陈生祥的妻子梁氏以及两个儿子都在族谱中有记载，关于两个儿子的注释是"外出不知所踪"。（南海）《金鱼堂陈氏族谱》，民国时期，第35页。大乌圩列圣宫1805~1810年重修工程的捐助者中也有一位"陈达明"。《嘉庆乙丑年重修列圣宫增建后楼东西厅题名碑记》。关于"挟制"在清代规例中的适用范围，参见薛允升《读例存疑》，第979页；亦可参见 Ocko, "I'll Take It All the Way to Beijing", 294。

81. 陈春声：《市场机制与社会变迁》，第15~21、32~33页；Marks, *Tigers, Rice, Silk, and Silt*, 232–234, 249, 255.

82. 颜俊彦：《盟水斋存牍》，第364、400、54~55页。

83. 屈大均：《广东新语》，第371页。

84. 陈春声：《市场机制与社会变迁》，第39、64~64页。

85. Hechter, *Internal Colonialism*, 30–33.

86. 1891年迁江地方志中唯一的潘姓人士是一名叫潘经文的岁贡，此人于1817~1818年去世，但他也被记载为道光年间的岁贡。《迁江县志》（1891年），卷四，第5页下栏、第14页下栏。

87. 陈春声：《市场机制与社会变迁》，第146页。

88. 张鹏展：《峤西诗钞》卷十一，第21页下栏~第22页上栏。黄苏的另一个名字是黄道溥，参见《临桂县志》卷二十五，第18页下栏。最后一句诗引用了《孟子》中的话。参见 Legge, *The Chinese Classics*, 2: 129。

89. 《清高宗实录》卷一百九十七，第27页上栏~下栏。

90. 陈春声：《市场机制与社会变迁》，第142~143、147页。

91. 稻田清一、「『西米東運』考—清代の両広関係をめぐってー」、95~96页；《奉督宪行藩宪永禁派抽阻挠接济碑记》；"两广总督部堂郭为冒乞全恩怜准早济事"石碑。这些碑记收于广西壮族自治区通志馆编《太平天国革命在广西调查资料汇编》，第243~245页；中国社会科学院近代史研究所近代史资料编辑室编《太平天国文献史料集》，第336~337页。关于同一位署理总督对广东西部羚羊峡以上地区"遏粜"的禁令，参见谭棣华、曹腾騑和冼剑民《广东碑刻集》，第630~632页。陈春声也强调过这一史料的重要性，参见陈春声《市场机制与社会变迁》，第79页。

92. 这位知县是张久锜。《顺德县志》（1853年），卷二十七，第10页下栏；《迁江县志》（1891年），卷三，第6页下栏；《广西通志》（1800），卷五十，第

12 页上栏。

93.《内阁大库档案》，151942-001/ 嘉庆九年十一月二十三日。

94.《清世宗实录》卷五十三，第 32 页上栏 ~ 下栏；Benedict, *Golden-Silk Smoke*, 69。

95.《清代缙绅录集成》卷五，第 560 页；《清代官员履历》卷二十三，第 518 页。

96.《内阁大库档案》，151942-001/ 嘉庆九年十一月二十三日；《朱批奏折》，0143-098/ 嘉庆九年十月十八日。我认为史料原文中的"土著镇民"指的是"土著农民"。

97. Mann, *Local Merchants*, 25, 59.

98.《佛山忠义乡志》（1926 年），卷十四，"人物"；卷二，第 11 页上栏。《清代缙绅录集成》卷八，第 549 页。《清代官员履历》卷二，第 613 页。

99. 广东省社会科学院历史研究所中国古代史研究室编《明清佛山碑刻文献经济资料》，第 369 页。

100.《佛山忠义乡志》（1839 年），卷九，第 20 页下栏 ~ 第 21 页上栏；《南海县志》（1835 年 /1869 年），卷三十九，第 34 页下栏 ~ 第 35 页上栏、第 41 页下栏；朱宝炯、谢沛霖编《明清进士题名录索引》，第 1216 页；陈春声：《市场机制与社会变迁》，第 31 页。

101. 邱澎生：《当法律遇上经济——明清中国的商业法律》，第 232、243 页。

102.《刑科题本》，08754-007/ 嘉庆五年七月十二日。

103. 如 1758 年在桂平发生的一宗案件涉及欠下南海商人债款的桂平本地人，关于一名南海人在广西乡下收债时被老虎扑杀的事例，参见（南海盐步）《邵氏家乘》，第 39 页。

104.《刑科题本》，08696-011/ 嘉庆四年九月一日。

105. 民国时期的阳朔地方志提到大部分"钱铺"都设在杂货店里面。《阳朔县志》卷二，第 46 页下栏。

106. Lufrano, *Honorable Merchants*, 13.

107. 考察笔记，2012 年 7 月 4 日于广西平乐沙子镇。

108. 关于 18~19 世纪之交的两个案例，参见《吏科题本》，08066/ 乾隆五十九年五月二十一日以及 08571-012/ 嘉庆八年九月一日。第一个案例中的当铺名字出现在一块纪念北流某个祠庙重修的石碑上，见"市镇诚……"石碑。

109.《邕宁县志》卷十六，第 107 页；广西统计局编《广西年鉴（1936 年）》，第 275、635 页；广西少数民族社会历史调查组：《广西省大新县僮族调查资料》，第 339 页。广西壮族自治区通志馆编《太平天国革命在广西调查资料汇编》，第 37~38 页；欧季鸾：《广东之典当业》，第 42 页。

110. Mann, *Local Merchants*, 41,43；欧季鸾，《广东之典当业》，第 109 页；潘敏德：《中国近代典当业之研究（1644~1937）》，第 134~135 页；Whelan, *The Pawnshop in China*）, 25, 50；《桂平县志》卷三十，第 2 页上栏；《迁江县志》（1891 年），卷三，第 21 页上栏；《平南县志》（1835 年），卷十，第 9 页上栏。

111.《南海县志》（1835 年 /1869 年），卷二十一，第 18 页下栏；《桂平县志》卷三十四，第 12 页上栏。

281

112. 这并不是李可琼的传记作者在夸大其词。在 19 世纪 20 年代，思恩府的院试实际上是在宾州举行的。《宾州志》卷二十一，第 34 页上栏。

113.《佛山忠义乡志》（1926 年），卷十四 "人物二"，第 11 页上栏。李可琼的继任者于 1825 年上任，此人建立了当地的保甲制度，这是一种由若干家庭组成的监视和保卫单元。他把当铺主和盐商列为有能力实行武装自卫的群体之一。李彦章：《思恩府新编保甲事宜》，第 10 页下栏；《清代缙绅录集成》卷九，第 492 页。

114.《古州厅志》卷四，第 18 页上栏。牂牁江是汉代史料中提到的河流名字，清代的地理学者对到底哪条江河才是牂牁江没有定论，普遍的意见是牂牁江指整个西江水系或其中的一部分。

115. 张相文：《南园丛稿》卷八，第 3 页下栏。

116. 广西统计局编《广西年鉴（1936 年）》，第 335 页。亦可参见 Inspectorate General of Chinese Imperial Customs, *Decennial Report*, 1882–1891, 659；钟文典：《广西近代圩镇研究》，第 152、168 页。

117. Inspectorate General of Chinese Imperial Customs, *Decennial Report*, 1882–1891, 320；关仲乐：《桐油运销概况》，第 1 页上栏、第 11 页上栏、第 13 页下栏；Worcester, *Sail and Sweep in China*, 58。

118. Morse, *The Trade and Adminstration of the Chinese Empire*, 263; Williams, *The Chinese Comerical Guide*, 109；Bourne, *Report by Mr. F.S.A Bourne of a journey in South-West China*, 66; Inspectorate General of Chinese Imperial Customs, *Decennial Report*, 1882–1891, 659；《百色厅志》卷三，第 13 页下栏；张相文：《南园丛稿》卷八，第 3 页下栏。

119.《清史稿》，第 11358 页。

120. 比如，三个南海人在广西中部忻城土司县的茅峒圩开了一间杂货铺。《内阁大库档案》，116239-001/ 嘉庆十三年二月十四日。1829 年庆远地方志也记载了忻城南边一个读音相同的地方。《庆远府志》卷八，第 39 页上栏。

121. Took, *A Native Chieftain in Southwest China*, 149–150；钟文典：《广西近代圩镇研究》，第 22 页。

122. "广南府富州正堂加一级沈为恩恩照以垂永久事" "富州正堂加一级记录二次沈为晓谕事" 石碑。

123.《中国少数民族社会历史调查资料丛刊》修订编辑委员会编《广西少数民族地区碑文契约资料集》，第 132 页。

124.（南海盐步高村）《冯氏族谱》，无页码。

282 125. 关于这条穿越太平府和龙州的路线，参见杨正泰《明代驿站考》第 208~209 页中由黄汴编写的《一统路程图记》，这是 1570 年商人使用的路线图。

126.《雍正朱批谕旨》，"韩良辅"，第 1096~1097 页；《清世宗实录》卷一百零八，第 36 页下栏 ~ 第 37 页上栏。

127.《雍正朱批谕旨》，"金锸"，第 5292~5294 页。

128.《清高宗实录》卷二百一十九，第 22 页下栏 ~ 第 24 页下栏；《龙州纪略》上卷，第 15 页下栏；徐延旭：《中越交界各隘卡略》，第 2 页下栏。

129.《宁明州志》，第 126 页；《龙州纪略》上卷，第 15 页下栏；徐延旭：《中越交界各隘卡略》，第 2 页下栏。

130. 朱廷贵有两个写法不同但读音相同的名字。《南海九江朱氏家谱》卷五，第 85 页上栏。

131. 朱次琦：《朱九江（次琦）先生集》卷九，第 10 页上栏～第 11 页上栏。关于另一名在越南的九江商人，参见（南海九江）《关树德堂家谱》卷六，第 53 页上栏～下栏；卷十七，第 36 页上栏～第 37 页下栏。

132. 李塔娜提出 19 世纪早期中国与越南北部山区省份之间的陆上贸易规模比原先设想的更大。Li, "Between Mountain and the Sea", 71.

133.《内阁大库档案》，114337-001/嘉庆十八年三月二十九日。

134.《清高宗实录》卷二百二十六，第 4 页下栏～第 6 页下栏。

135. 1836 年，一名遭遇沉船事故的中国人经由西江水路回国，他在谅山得到了当地广州同乡会和潮州同乡会两名领袖的招待。蔡廷兰：《海南杂著·炎荒纪程》，第 20~23 页。

136.《刑科题本》，10507-004/道光五年六月初六。

第二部分　流寓家庭

第四章　西江流域的丈夫和妻子

1. 华南的望夫山或望夫石数不胜数。仅广西一地，明清作者提到的望夫山或望夫石所在地就有桂林、贵县以及北流。参见徐弘祖《徐霞客游记》，第 307、424 页；《北流县志》（1880 年），卷四，第 3 页下栏；《贵县志》（1894 年），卷一（上），第 12 页上栏～下栏。然而对广东作者和西江旅人来说，最重要的望夫石就是羚羊峡的那块。

2. 屈大均：《广东新语》，第 181~182 页。屈大均可能到访过上游的留人洞，但误以为留人洞位于江的北岸。柯乐洪（Archibald R. Colquhoun）提到留人洞在位于南岸的板圩镇对面。Colquhoun, Across Chrysé, 134–135;《邕宁县志》卷二十七，第 22 页；考察笔记，2008 年 7 月 25 日，于广西南宁蒲庙镇八平村附近的留人洞。徐弘祖在 1637 年经过此处，提出留人洞在"江右"（自顺流方向观察），也就是南岸。徐弘祖：《徐霞客游记》，第 446 页。

3. 陈昙：《邝斋杂记》卷六，第 12 页上栏～下栏。

4. Colquhoun, Across Chrysé, 34–35. Thomas, A Trip on the West River, 68. 1864 年，理雅各（James Legge）和他的旅伴把望夫石的样子形容为"石化的玛丽安娜"，好似一个"登上山丘等待丈夫从军中归来"的女子。Legge, Palmer, and Tstang, Three Weeks on the West River of Canton, 19. 两位英国作者可能引用了阿尔弗雷德·丁尼生的一首诗。Ricks, Tennyson, 3–6.

5. Henry, Ling-Nam, 99–100.

6. 虽然这个传说的背景被设定在很久以前，但其中描述的都是清代的行商特点和家庭面貌。陈庆浩、王秋桂：《中国民间故事全集》卷三，第 22~27 页。

7. Cohen, *House United, House Divided*, 59–64.

8. Hsu, *Dreaming of Gold, Dreaming of Home,* 109–111.

9. Kuhn, *Chinese among Others*, 14–15, 25–26.

10. 陈勇令人信服地提出了这种关于加州华人移民的观点，见 Chen, "The Internal Origins of Chinese Emigration Reconsidered", 546; 亦可参见 Mazumdar, "What Happen to the Women?", 60。

11. Szonyi, "Mother, Sons and Lovers", 60.

12. Mann, *Precious Records*, 35–36; Mann, "Dowry Weath and Wifely Virture", 69–70.

13. 王连茂在关于福建宗族的研究中发现很多男性在前往海外之前已经成婚。Wang, "Migration in Two Minnan Lineages in the Ming and Qing Periods", 203–204.

14. Shepherd, *Statecraft and Political Economy on the Taiwan Frontier, 1600—1800,* 383–387; Giersch, *Asian Borderlands*, 127–128. 关于美国边疆的类似动态，可参见 White, *The Middle Ground*, 63–65; Sleeper-Smith, *Indian Women and French Men*, 5。

15. 西尔维娅·范·克里克（Sylvia Van Krik）在分析同时代上游贸易的形式时提出这种贸易"带来了独特的地区生活方式"，参见 Sylvia Van Krik, *Many Tender Ties*, 2, 4, 52。

16. 关于精英和朝廷对节妇的描述，参见 Ebrey, *The Inner Quarters,* 188–203; Mann, "Widows in the Kinship, Class, and Community Structures of Qing Dynasty China", 40–48; Sommer, *Sex, Law and Society in Late Imperial China*, 166–209。关于男性移民嫡妻的弱点，参见 Theiss, *Disgraceful Matters*, 167–168, 193。

17. Hsu, *Dreaming of Gold, Dreaming of Home*, 118.

18. 邓淳:《岭南丛述》卷五十六，第 21 页下栏 ~ 第 22 页上栏。这个故事出自董含（生于 1624 年）所著的《莼乡赘笔》。

19. 例如，参见（南海）《石头霍氏族谱》卷三，第 93 页上栏。又见（南海）《上园霍氏族谱》卷四，第 60 页上栏 ~ 下栏；卷五，第 108 页上栏。

20. 例如，参见（顺德沙滘）《陈氏族谱》，第 2 页；（南海）《庞氏族谱》卷十三，第 18 页上栏；（南海沙头莫氏）《巨鹿承显堂重修家谱》卷二，第 12 页下栏。关于寡妇带子再嫁，参见 Waltner, "Widow and Remarriage", 143–144。

21. 邓淳:《岭南丛述》卷二十三，第 14 页下栏，这个故事出自《霭楼胜览》；关于平乐的陈士拨，参见《平乐县志》卷七，第 12 页上栏。

22. （南海山南联表）《关氏族谱》卷八，第 3 页上栏。

23. 《南海县志》（1835 年 /1869 年），卷四十一，第 10 页下栏；（南海）《石头霍氏族谱》卷一，第 74 页上栏。关于南海九江的例子，参见《九江儒林乡志》卷十八，第 22 页下栏 ~ 第 23 页上栏。

24. 《南海县志》（1835 年 /1869 年），卷四十一，第 16 页下栏、第 18 页上栏。

25. Mann, *Precious Records*, 143–145；Bray, *Technology and Gender*, 183–191。

26. 《顺德县志》（1853 年），卷二十九，第 13 页下栏。关于族谱如何记载一名 **284** 18 世纪被许配给广西粤商的贞女的事迹，参见（南海）《石头霍氏族谱》卷七，第 14 页下栏～第 15 页上栏。相似的故事可见于《顺德县志》（1929 年），卷二十一，第 9 页上栏。关于供奉贞女的信仰，参见 Lu, *True to Her Word*。

27. Guo, *Ritual Opera and Mercantile Lineage*, 76, 128, 174. 关于 20 世纪早期海外迁移"加强了"广东分居家庭中的妻子的"性焦虑"，参见 Szonyi, "Mother, Sons and Lovers", 44。

28. 《九江儒林乡志》卷十八，第 12 页下栏～第 13 页上栏。

29. （顺德大良）《龙氏族谱》卷十二，第 7 页下栏～第 8 页上栏；《顺德县志》（1853 年），卷二十九，第 6 页上栏。有个相似的故事是关于一名龙山贞女的。同前书，卷二十九，第 13 页上栏。

30. 《高明县志》卷十三，第 90 页上栏。

31. Hsu, *Dreaming of Gold, Dreaming of Home*, 117.

32. 《九江儒林乡志》卷十八，第 15 页上栏。相似的事例可参见《顺德县志》（1853 年），卷二十七，第 5 页上栏。

33. Birge, *Women, Property, and Confucian Reaction in Sung and Yüan China*（960–1368），150–169。

34. （南海山南联表）《关氏族谱》，第 84~85 页。另一个事例参见（南海佛山）《霍氏族谱》卷四，第 54 页上栏。

35. （顺德龙江）《黄氏族谱》，无页码。

36. Szonyi, "Mother, Sons and Lovers", 45.

37. Mann, "Dowry Weath and Wifely Virture in Mid-Qing Gentry Households", 69–70.

38. 关于妇女再婚的刺激因素，参见 Wolf and Huang, *Marriage and Adoption in China*, 227。

39. （南海佛山）《霍氏族谱》，第 2 页；《霍氏家训通善录》，第 3 页上栏。

40. 对这一观念的批评，参见 Hsu, *Dreaming of Gold, Dreaming of Home*, 92–93, 99；关于 19 世纪新加坡和马来西亚的已婚华人男子，参见 Yen, "Class Structure and Social Mobility", 423–425。

41. 《内阁大库档案》，116239-001/ 嘉庆十三年二月十四日。

42. 同上书，110932-001/ 嘉庆十三年七月十四日。

43. 比如，1790 年发生在平南大乌圩的一个案件，见《刑科题本》，08068-014/ 乾隆 56 年。案件少有地提到了店主的妻子，这意味着案宗还是会收录女性证人的证词的，比如，一个 1808~1809 年发生在龙州的案件，见《刑科题本》，08816-007/ 嘉庆十四年六月二十九日。

44. 陈昙：《邝斋杂记》卷七，第 2 页上栏。

45. 关于台湾的情况，参见 Shepherd, *Statecraft and Political Economy on the Taiwan Frontier, 1600–1800*, 384–387；关于云南的情况，参见 Giersch, *Asian Borderlands*, 127, 189–190；关于新疆的情况，参见 Millward, *Beyond the Pass,* 205–208。

46. （南海）《石头霍氏族谱》卷一，第 40 页下栏 ~ 第 41 页上栏。关于另两个更早的例子，参见《南海深村蔡氏族谱》卷八，第 17 页下栏 ~ 第 18 页上栏、第 24 页下栏；（南海大同）《西边郭氏族谱》，无页码。

47. （南海）《三山邵氏族谱》，无页码。关于广东男子纳广西侍妾的其他例子，参见（顺德马齐）《陈氏族谱》卷五，第 45 页上栏；（南海平地）《黄氏族谱》卷二，第 2 页上栏 ~ 第 4 页下栏；以及（南海河清）《潘式典堂族谱》卷五，第 82 页上栏。

48. 参见 Ebrey, *The Inner Quarters,* 88–96; Mann, *Precious Records,* 60–62。

285

49. （南海）《石头霍氏族谱》卷五，第 10 页下栏 ~ 第 11 页上栏。这个宗族中的其他事例，参见卷六，第 16 页上栏 ~ 下栏；卷七，第 44 页上栏 ~ 下栏。

50. （南海山南联表）《关氏族谱》，第 1154~1155 页。关于 19 世纪早期另一个安葬在珠三角的广西侍妾，参见《南海深村蔡氏家谱》卷二，第 69 页上栏 ~ 下栏；卷十四，第 41 页上栏 ~ 下栏。

51. 参见 Ebrey, *The Inner Quarters,* 225; Ko, *Teachers of the Inner Chambers,* 92, 104–106。

52. （南海盐步）《南海蟾步房颜氏家谱》，无页码。《南海深村蔡氏家谱》卷二，第 69 页上栏 ~ 下栏；卷十四，第 41 页上栏 ~ 下栏。（南海）《石头霍氏族谱》卷六，第 16 页上栏 ~ 下栏；卷七，第 44 页上栏 ~ 下栏。（南海）《上园霍氏族谱》卷一，第 17 页下栏、25 页上栏；卷六，第 15 页下栏。（南海平地）《黄氏族谱》卷二，第 2 页上栏 ~ 第 4 页下栏。（南海山南联表）《关氏族谱》，第 1210 页、1444~1445 页。（顺德大良）《龙氏族谱》卷四，第 91 页上栏 ~ 下栏。

53. 有一次例外的情况发生在 1823 年，参见朱楀《粤东成案初编》卷二十三，第 61 页上栏 ~ 第 62 页上栏。

54. 《中国少数民族社会历史调查资料丛刊》修订编辑委员会编《广西少数民族地区碑文契约资料集》，第 132 页。

55. （南海）《上园霍氏族谱》卷一，第 17 页下栏、第 25 页上栏；卷六，第 15 页下栏。

56. （顺德马齐）《陈氏族谱》卷三，第 18 页上栏 ~ 下栏。

57. 《刑科题本》，07693-001/ 乾隆四十七年三月初四。

58. （顺德沙滘）《陈氏族谱》，第 2 页。相似的事例参见（南海雷岗）《劳氏族谱》卷一，第 43 页上栏。

59. （南海山南联表）《关氏族谱》，第 459~460、997、1055~1056、1127、1211~1212 页。

60. 同上书，第 1250 页。这名男子的曾祖父生于 1637 年（同上书，第 826 页）。

61. （南海盐步崗村）《冯氏族谱》，无页码。

62. Teng, *Taiwan's Imagined Geography,* 175–177.

63. 《南海九江乡志》卷一，第 29 页上栏 ~ 下栏；卷三，第 6 页下栏。

64. 《九江儒林乡志》卷三，第 17 页上栏。

65. Alger, "The Floating Community of the Min", 186–191.

66. Legge, Palmer, and Tstang, *Three Weeks on the West River of Canton*, 31–32; Colquhoun, *Across Chrysé*, 48, 90–91. 关于船员的规模，参见 Hurley, *The Tourist' Guide to Canton, the West River and Macao*, 60。

67. 王济：《君子堂日询手镜》，第 7 页下栏~第 8 页上栏；《南宁府志》（1538 年），第 186 页。

68. 徐弘祖：《徐霞客游记》，第 372 页。

69. 《邕宁县志》卷八，第 10 页。蒲庙的粤商是 1794 年修庙工程的资助者，见《重修五圣宫庙宇碑记》。

70. 钟文典：《广西近代圩镇研究》，第 97~98 页；吴小凤：《明代广西城市圩市建设研究》，第 99 页。

71. 《上林县志》卷六，第 5 页下栏。关于镇安的类似描述，参见《镇安府志》（1892 年），卷八，第 26 页下栏。

72. 《龙州纪略》上卷，第 14 页上栏。

73. 《刑科题本》，10507-004/ 道光五年六月初六。1828 年的一个案件收录了在横州经营客栈的一名女子的证词。

74. 苏时学：《宝墨楼诗》卷十三，第 14 页上栏。

75. 黎工伙等编《宁明耆旧诗集》（1934 年），第 98 页下栏 ~ 第 99 页下栏。

76. Henry, *Ling-Nam*, 114.

77. Colquhoun, *Across Chrysé*, 179–180, 295, 307.

78. Bourne, *Report by Mr. F.S.A Bourne of a Journey in South-West China*, 66.

79. Reid, *Southeast Asia in the Age of Commerce*, 1:163–165. 亦 可 参 见 Rudie, *Visible Women in East Coast Malay Society*, 尤其是 197, 202, 211; Leshkowich, *Essential Trade*, 48–76。

80. Wheeler, "Cross-Cultural Trade", 39.

81. 蔡廷兰：《海南杂著》，第 37 页。

82. Wolf and Huang, *Marriage and Adoption in China*, 96; Wolf, *Women and the Family in Rural Taiwan*, 192.

83. 《梧州府志》（1631 年），卷二，第 33 页上栏。

84. 同上书，卷二，第 34 页下栏 ~ 第 35 页上栏。

85. 《岑溪县志》，第 40 页。

86. 《岑溪县志》，第 194 页。

87. 关于广西中部的一些例子，参见《迁江县志》（1891 年），卷二，第 22 页上栏；《雒容县志》上卷，第 8 页；《上林县志》卷六，第 16 页上栏；《来宾县志》，第 201 页或第 205 页。

88. 《镇安府志》（1892 年），卷八，第 22 页上栏；赵翼：《瓯北诗钞》，第 227 页。一份 1836 年的史料记录了中国男子与越南女子之间的类似婚姻关系。蔡廷兰：《海南杂著》，第 38 页。

89. 《南海罗格孔氏家谱》卷六，第 35 页下栏；关于另一名北流县定居者的情况，参见同上书，卷六，第 43 页上栏。

90. 17 世纪的一名广东移民在藤县入赘的记录可见于（藤县埌南何氏）《（＿）祖考

286

姁诞長流水部》，无页码。

91.（平南大龙）《邹氏祖册宗支奕叶图》，第1页下栏、第4页下栏~第5页下栏。

92.《中国少数民族社会历史调查资料丛刊》修订编辑委员会编《广西少数民族地区碑文契约资料集》，第18~19页。

93. Wolf, *Women and the Family in Rural Taiwan*, 192–194；Wolf and Huang, *Marriage and Adoption in China*, 101–102。关于另一种观点，参见 McGough, "Deviant Marriage Pattern in Chinese Society", 172。

94. Sleeper-Smith, *Indian Women and French Men*, 4.

95. 关于"蛊"在珠三角被当作疾病的例子，参见《新会县志》（1841年），卷十一，第12页下栏~第13页上栏；《顺德县志》（1929年），卷二十一，第12页上栏。

96. 何梦瑶：《医碥》辛昌五序，第1页上栏；同上书，何梦瑶自序，第1页下栏~第2页上栏。

97. 同上书，卷二，第9页下栏~第90页上栏。

98. 王肯堂：《证治准绳》卷十八，第43页上栏、第43页上栏~第45页下栏。

99. 何梦瑶：《医碥》，赵临林序，第1页下栏~第2页上栏；同上书，编者序。

100.《大明会典》，第3450页；Jiang trans., *The Great Ming Code*（《大明律》），172；薛允升：《读例存疑》，第828页。

101. 朱橒：《粤东成案初编》卷六，第1页上栏~第8页下栏。

102.《清代官员履历》卷十一，第773页；《东莞县志》（1911年），卷六十七，第8页下栏；《平乐县志》卷四，第3页上栏。

103.《广西通志》（1599年），卷三十三，第2页下栏；卷四十二，第11页下栏。Shin, *The Making of the Chinese State*, 156–157.

104. 邝露：《赤雅》，第8~9页。关于邝露其人，可参见 Miles, "Strange Encounters on the Cantonese Frontier"。17世纪60年代的一位广西学政大量引用了邝露的描述，参见闵叙《粤叙》，第17页下栏；《广西通志》（1733年），卷五十七，第3页下栏。

287　105. 黄世杰提出，贫困和被边缘化的人群认为蛊可以让人获得财富和影响力。黄世杰：《蛊毒：财富和权力的幻觉》，第313~314页。

106. 屈大均：《广东新语》，第599~600页。沈惠芬提出，那些福建南部的"留守妻子"在可以到东南亚看望丈夫以及丈夫新娶的当地妻子时，常常担心新人会通过下降头或者在食物中下毒的方式伤害自己。Shen, *China's Left-Behind Wives*, 100.

107. Colquhoun, *Across Chrysê*, 183–188. 在柯乐洪的笔下，他把遇到那个广东老人的地方称为"Ha-ngan"。我认为这是"下颜"一词广东发音的罗马化，这个地方就是今天的雁江。

108. 龙州的这种店铺及其他地位相对低微的顾客群体证实了烟草专卖店里不止贩售高级烟丝。Benedict, *Golden-Silk Smoke*, 55–56.

109.《刑科题本》，1116–001/乾隆三十四年十月一日。这个案件同时出现在两本官修的案宗集中，梁亚寿在里面被含糊地形容为"侨居者"或者"客民"。

参见《刑案汇览》，第 1620 页;《驳案新编》卷十二，第 10 页上栏 ~ 第 11 页下栏。关于通奸的法律概念，参见 Sommer, *Sex, Law and Society in Late Imperial China*，尤其是第 33~36 页。赖惠敏和朱庆薇也通过奏本来研究 18 世纪的诱拐和私奔案例，她们发现很多客商会到乡下购买货物，这些人会留宿在那里的老百姓家里。赖惠敏、朱庆薇:《妇女、家庭与社会》，第 15 页。

110.《刑科题本》，1116-001/ 乾隆三十四年十月一日。关于"纵奸"，参见 Sommer, *Sex, Law and Society in Late Imperial China*, 223–230。

111.《刑科题本》，1746-001/ 乾隆五十一年十月十九日。

112.《番禺县志》卷五十一，第 15 页下栏;《广州府志》卷一百四十七，第 26 页下栏 ~ 第 27 页上栏。可对比 Van Krik, *Many Tender Ties,* 29。

113.《九江儒林乡志》卷一，第 21 页上栏。

114.《平乐府志》卷三十二，第 11 页下栏。

115. 关于 1907 年至 1918 年东南亚福建移民与他们妻子之间现存的书信，参见 Shen, *China's Left-Behind Wives*, 85–86。

116.（广州）《郭氏族谱》，无页码。

117.《内阁大库档案》，11014-004/ 嘉庆七年二月十四日。

118. 简朝亮:《读书堂集》卷七，第 30 页上栏。其他例子参见李光廷《宛湄书屋文钞》卷七，第 24 页上栏 ~ 下栏;《高明县志》卷十三，第 55 页下栏 ~ 第 56 页上栏;（南海河清）《潘式典堂族谱》卷四，第 11 页上栏、第 33 页上栏、第 34 页下栏。

119.《顺德县志》（1853 年），卷二十五，第 38 页上栏。

120.《南海县志》（1911 年），卷二十，第 6 页下栏 ~ 第 7 页下栏。另一个事例是关于廖士恒（音）的，他是一名南海商人的侄儿，这名商人之前在汉口经商，后来在佛山开了一间"西货行"。（南海）《廖维则堂家谱》卷一，第 76 页下栏;卷二，第 75 页下栏 ~ 第 76 页上栏;卷七，第 68 页下栏 ~ 第 70 页下栏、第 85 页、第 92 页。

121.《番禺县志》卷四十八，第 5 页上栏;何森:《隙亭剩草》，第 2 页下栏;何若瑶:《先世事略》，第 1 页上栏。

122. 何森:《隙亭剩草》，第 1 页上栏。

123.（南海）《学正黄氏家谱节本》卷十一，第 11 页上栏。

124.《新会县志》（1841 年），卷九，第 58 页下栏。

125.《南海县志》（1835 年 /1869 年），卷四十一，第 23 页下栏。

126.《顺德县志》（1853 年），卷二十九，第 32 页上栏。这种情况并非前所未有的，参见 Fong, *Herself an Author*, 95–98。

127. McKeown, *Chines Migrant Networks and Cultural Change*, 85.

128. "皇清耋寿显考关公讳起鹗字远凡府君之墓";（南海山南联表）《关氏族谱》，第 1119~1120 页。

129. 关于大致同一时代的上游经济交换背景下的类似婚姻联盟，参见 Sleeper-Smith, *Rethinking the Fur Trade*, 450–451。

130. 苏文擢:《黎简先生年谱》，第 1~12、37、93 页;黎简:《五百四峰堂诗抄》，

288

第 170、273 页；Faure, *Emperor and Ancestor*, 248。

131. 朱次琦：《朱九江（次琦）先生集》卷九，第 10 页上栏～第 11 页上栏；《南海九江朱氏族谱》卷五，第 85 页上栏；《南海氏族》卷二，第 4 页上栏～下栏；《九江儒林乡志》卷十五，第 5 页下栏～第 6 页上栏。关于另一名在越南有侍妾的九江商人，参见（南海九江）《关树德堂家谱》卷六，第 53 页上栏～第 54 页上栏；卷十七，第 36 页上栏～第 37 页下栏。

132. 《桂平吴氏族谱》卷二，第 4 页上栏；卷三，第 9 页上栏～第 11 页下栏；卷五，第 2 页上栏～第 6 页下栏。

133. （贵县）《林光远堂族谱》，第 47 页上栏～下栏；（南海）《石头霍氏族谱》卷四，第 117 页上栏；《苍梧县志》（1874 年），卷十六，第 44 页下栏；《北流县志》（1880 年），卷十九，第 10 页下栏。广东籍侍妾前往上游的潮流可以与 19 世纪成功的粤商在加州纳娶广东籍女子的现象相比较，虽然上游的广东男子有更多选择，他们可以娶当地女子。Sinn, *Pacific Crossing*, 239.

134. （新会）《唐氏族谱》，无页码。1788 年的戎墟粤东会馆碑记上可以看到几个冠唐姓的柳州商行。

135. 顺德和新会的地方志都称岑之豹是出自本地的进士。《顺德县志》（1674 年），卷六，第 2 页上栏～下栏；《西宁县志》（1718 年），卷六，第 1 页下栏。

136. 郁南建城岑氏族谱，无页码（这是一本没有标题的手稿影印本，一直记载至民国年间）。《顺德县志》（1853 年），卷二十五，第 31 页下栏；《顺德县志》（1929 年），卷十七，第 14 页下栏；《广东舆地全图·西宁县地图》；《西宁县志》（1830 年），卷二，第 4 页下栏；《（重）修文武殿碑记》；《郁南文史》卷七，第 40 页。

137. 例如，劳潼：《荷经堂文钞》下卷，第 37 页上栏～第 38 页上栏；劳潼：《先父君行略》，载《荷经堂诗钞》上卷，第 2 页上栏～第 3 页上栏。

138. 《桂平县志》卷三十八，第 3 页下栏。

139. 关于 18 世纪的例子，参见（顺德大良）《龙氏族谱》卷八，第 7 页上栏～下栏；关于 19 世纪的例子，参见（顺德马齐）《陈氏族谱》卷五，第 89 页下栏～第 90 页上栏。

140. （岑溪）《冼氏族谱》，第 4 页上栏。

141. “皇清显妣傅门麦氏老孺人之墓”。地点和名字的佐证参见《平南县志》（1835 年），卷四，第 6 页下栏。亦可参见（南海雷岗）《劳氏族谱》卷一，第 52 页下栏、第 66 页下栏。

142. 邝露：《赤雅》，第 3~4 页、第 9 页。

143. 陈昙：《邝斋杂记》卷六，第 12 页下栏。

144. 屈大均：《广东新语》，第 182 页。

145. 招健升：《自怡堂小草续集》卷二，第 29 页上栏。

146. 温汝能：《粤东诗海》卷九十七，第 6 页下栏～第 7 页上栏。

147. 钟惺编《名媛诗归》卷二十三，第 3 页上栏～第 4 页上栏。相关英译可见 Idema and Grant, *The Red Brush*, 277。

第五章 上游定居者与珠三角宗族

1. （贵县）《林光远堂族谱》，第 7 页下栏，第 35 页上栏～第 42 页上栏；"龙幸 　289　
宠锡"牌坊。

2. "皇清显妣翟母余氏孺人墓"。宝安是新安县的旧称，民国时期再次起用该
名。《新安县志》卷一，第 1 页下栏～第 3 页上栏，墓碑上的村名是赤岭村。
新安北部就有一个赤岭村，而翟氏称他们是东莞商人的后代；赤岭村在翟屋
村的附近。《广东舆地全图·东莞县地图》；《东莞县志》(1911 年)，卷三，
第 21 页上栏；考察笔记，2008 年 8 月 11 日于广西平乐县沙子镇。

3. 关于族谱作为福建海外迁移研究的资料来源，参见 Wang, "Migration in Two
Minnan Lineages in the Ming and Qing Periods", 183–213; Chia, "The Butcher,
the Baker, and the Carpenter", 509–534。

4. 在东安县城和附近的村落里，迁移传说的事例包括声称自己的移民祖先于
1576 年自福建南部迁入，于 1577～1578 年自新兴县（后来成了鹤山县的一
部分）迁入，以及于 1590～1591 年自四会县迁入。（云浮城）《邓氏宗谱暂
记》；《泷东云浮梁氏族谱》；《鹤山县志》卷四，第 24 页上栏～第 25 页上栏、
第 28 页上栏；《开平县志》卷一，第 13 页上栏；《云浮区姓族谱》，第 9 页
上栏。

5. 《西宁县志》(1592 年)，卷六，第 45 页上栏。

6. 《云浮县宋桂房叶族世代源流谱牒》，无页码。

7. 《西宁县志》(1830 年)，卷十一，第 16 页上栏。

8. （郁南庞寨）《庞氏族谱》，无页码。《西宁县志》(1937 年)，卷六，第 10
页上栏。

9. 鲍炜：《迁界与明清之际广东地方社会》，第 48～52 页、第 197 页。

10. 同上书，第 77 页，第 78～79 页。

11. 同上书，第 79 页；《顺德县志》(1853 年)，卷二十五，第 14 页上栏。

12. （新会）《林氏族谱》，无页码。

13. 例如，（顺德马齐）《陈氏族谱》卷二十，第 2 页上栏、第 3 页下栏、第 5 页
上栏。

14. 这个香山的村子叫濠洲村。平南武林下湾村陈氏族谱，无页码。感谢唐晓涛
分享了这份资料。

15. 古永继：《元明清时期广西地区的外来移民》，第 79 页。

16. Marks, *Tigers, Rice, Silk, and Silt*, 300–301; Rowe, *Saving the World*, 60–61.

17. Rowe, *Saving the World*, 60.

18. 《北流县志》(1880 年)，卷五，第 13 页上栏；《顺德县志》(1853 年)，卷
十一，第 50 页下栏～第 51 页上栏。

19. 《北流县志》(1880 年)，卷二十二，第 10 页下栏。

20. 同上书，卷十七，第 6 页上栏、第 821 页；《北流县志》(1937 年)，卷二，
第 6 页上栏。麦村有一个石制的旗杆基座留存至今，上面刻有"乾隆三十九

年举人"的字样，见"乾隆甲午科举人"石刻碑文。

21. 《北流县志》（1937年），卷二，第9页上栏；《北流木棉柯氏族谱》，第1页；考察笔记，2010年6月29日于木棉坡。

22. 《北流县志》（1880年），卷二十二，第11页上栏~下栏。

23. 《北流县志》（1937年），卷二，第9页上栏~下栏；《北流县志》（1880年），卷九"风俗"，第3页下栏，或第394页。木棉坡是吉京的郊区。

24. 《北流木棉柯氏族谱》，第10~11页。

25. Siu and Liu, "Lineage, Market, Pirate, and Dan", 295. 平南县和藤县都称袁崇焕是当地子弟。《北流木棉柯氏族谱》，第10~11页。留在上游的袁氏族人生活在一个靠近平南和藤县交界处的镇上。我采用了广西地方志中关于袁崇焕以平南户籍通过科举考试的说法。《广西通志》（1733年），卷七十四，第22页下栏；《藤县志》，第476页；《平南县志》卷十六，第4页上栏。

26. 《东莞县志》（1639年），第231、278页；《东莞县志》（1798年），卷二十七，第24页上栏~第36页下栏。

27. 陈氏一族在东莞的祖籍地是黄冲乡。六都是今天云安县的县城。云安南乡二片村陈氏族谱，无页码。

28. 《浔洲冼锋馆族谱》，无页码。冼氏一族生活在下湾镇附近的大岭。《桂平县志》卷八，第5页下栏。

29. 参见1816年的一宗案件，案中人是一个1755年从新会迁移到广东西部电白县的疍家人的孙子。朱櫵：《粤东成案初编》卷三十一，第16页上栏~下栏。

30. 《东江重订林氏宗祠族谱》，无页码；（南海雅瑶林氏）《昭兹堂族谱》，无页码；牧牛人：《家史》，无页码。

31. "宗祠训诫碑"。

32. 唐晓涛：《俍傜何在》，第3章，99~108页。《龙江乡志》卷一，第2页下栏、第14页上栏；卷二，第10页下栏。

33. "皇清登仕郎显考讳纯广黄府君之墓"；《重修宗祠缘由碑记》；《高要县志》卷三，第25页上栏；考察笔记，2011年8月5日于龙安以及2011年8月11日于高明黄边。

34. （隆安雁江洪造村梁氏）《宗支万代》卷三，第5~6页；"时光绪十五年岁次己丑九月初十日丑时新建谷旦"铭文；"皇清显祖考讳殿超妣班氏梁老之墓"；梁云果之墓，碑刻无称呼；《重修文武庙首事芳名碑记》；《己卯科十八省乡试同年全录》；《隆安县志》（1913年），卷四，第19页下栏；考察笔记，2021年6月13日。非常感谢陆烨（音）充当了我在雁江和洪造的向导。

35. 《广西通志》（1733年），卷一百二十四，第16页下栏。几位学者从《古代诗人咏广西》中引用了这几句话，写下了"广州声"一词。例如，古永继：《元明清时期广西地区的外来移民》，第78页，范玉春：《明代广西的军事移民》，第44页。这位诗人是南海生员徐荣（后来改名为徐荣），参见《粤西诗载》卷十七，第18页下栏；《北流县志》（1880年），卷二十一，第14页上栏~第15页下栏；陈伯陶：《胜朝粤东移民录》卷一，第2页下栏、第4页下栏。

36. Colquhoun, *Across Chrysé*, 17.

37. 例子可见于 2007 年 6 月 1 日于横县、2008 年 5 月 24 日于藤县濛江、2008 年 8 月 11 日于平乐沙子以及 2012 年 6 月 18 日于来宾大湾的考察笔记。

38. Marks, *Tigers, Rice, Silk, and Silt*, 286.

39. （南海）《新桂梁氏族谱》，"字号"，第 25 页上栏、第 30 页上栏；关于 18 世纪西隆和兴义之间的跨省流动，参见 Weinstein, *Empire and Identity in Guizhou*, 62–63。

40. 《广西通志》（1733 年），卷三十二，第 3 页下栏。

41. "皇清待赠显考王讳应榜之墓"；考察笔记，2008 年 8 月 11 日及 2012 年 7 月 4 日。

42. 考察笔记，2012 年 6 月 30 日于广西龙胜瓢里。

43. 考察笔记，2012 年 7 月 5 日。

44. 《邕宁县志》卷四十，第 23~26 页；考察笔记，2012 年 6 月 17 日于宾阳邹圩、2008 年 7 月 29 日于龙州瑶头乡、上金乡，2010 年 7 月 30 日于扬美镇智信村。关于扬美的更多信息，参见吕俊彪《财富与他者》，第 135~137 页。

45. 《上林县志》卷十二，第 16 页上栏～第 19 页下栏；《劳氏国标公子墓》，该墓于 1987 年重建，位于广西忻城北更塘太村后山。考察笔记，2010 年 7 月 9 日；梁广模：《上林氏族志》，第 28~29 页、第 67 页、第 128 页。最后一份史料的各个数据有一些差异，因为某个区里的北更劳姓人士的数量是 326 人，而另一个区则是 236 人（89+54+93）。我认为前一个数字有误。劳国标墓碑上的南海祖宅名称——黄鼎司小塘乡——实际上是劳氏在晚清时期安置下来的地方。《南海氏族》卷四，"黄鼎司"，第 4 页下栏。

46. 珠三角族谱的众多例子中，有一份番禺某宗族的族谱提到一名生活在 18、19 世纪之交的族人"在广西一土司界去世"。（番禺大岗）《侯氏族谱》，第 9 页上栏。

47. "皇清永康州茂才显曾祖考孟震曾公府君／妣黄氏考太孺人合葬之墓"；上映／湖润曾氏族谱，无页码。詹妮弗・托克（Jennifer Took）在对附近安平土司州的研究中指出，衙门的"师爷"通常由汉人担任。Took, *A Native Chieftain in Southwest China*, 105.

48. "皇清待诰显祖考尔贞／妣汤氏冯公／母老／大／安人之墓"；《各省选拔同年明经通谱：道光己酉科》（广西卷），第 16 页下栏。两个墓碑的碑文都提到了这位 1825 年拔贡的祖父。

49. 袁边村实际上有一个袁氏家族以及两个令人印象深刻的袁氏祠堂。不过我没能找到他们的族谱。考察笔记，2013 年 6 月 20 日于南海袁边村。

50. 这本族谱提到他们的移民祖先被任命为"太平府司李官"，我认为"司李官"即"司理官"。

51. （大新袁）《集义堂谱门》，无页码；《养利州志》（1694 年），广西壮族自治区图书馆藏，第 18 页上栏；考察笔记，2012 年 6 月 20 日于广西大新。

52. （大新袁）《集义堂谱门》，无页码。"皇清待赠硕德祖考庠士字肖莲袁二老府君大人之墓""皇清待赠宽厚温恭纯翁袁老大人之墓"。《清代缙绅录集成》

291

卷十六，第 477 页；卷十八，第 391 页。《清实录》卷七，第 14299 页。

53. 南海一支冼氏家族的族谱提到几个族人在 18 世纪晚期迁到了太平州的岜怀圩，这个地方的南边与养利接壤。（南海平洲）《西江冼氏族谱》卷二，第 24 页下栏；卷四，第 99 页下栏~第 100 页上栏、第 111 页上栏；《太平府志》卷七，第 1 页下栏。

54. 例如，（东莞）《张氏族谱》卷六"世良公派"，第 61 页下栏~第 62 页上栏。

55. （南海雷岗）《劳氏族谱》卷一，第 43 页上栏。我们不清楚这属于哪一种收继关系。劳姓老人把收继对象指定为孙子而不是儿子的做法表明了对同族收继中辈分顺序特点的某种强调。他也可以收继某个女儿的儿子，采取从姻亲家族收继后人这种不太符合规矩但又很常见的做法。Waltner, *Getting an Heir*, 24–25, 94–99.

56. 《南海鹤园陈氏族谱》卷二，第 1 页上栏~下栏。

292 57. （南海佛山）《霍氏族谱》卷九，第 11 页下栏~第 13 页上栏。关于黄萧养起义在佛山宗族社会形成中所起的作用，参见 Faure, *Emperor and Ancestor*, 79–83。

58. 《南海鹤园陈氏族谱》卷一，第 62 页上栏。陈永赐在诉状中使用了霍两春的表字"成章"，自己同样也用了表字"赞中"。这位调停人也是《金鱼堂陈氏族谱》1854 年版本的主编。（南海）《金鱼堂陈氏族谱》，第 398 页。

59. 《南海鹤园陈氏族谱》卷一，第 62 页下栏~第 63 页下栏。

60. 霍氏一族在 1848 年编写了一本族谱，霍两春是这项编纂工作的两名统筹人之一。为了支持这一事业，霍两春以个人名义捐助了三块蕃银，又以没有被载入族谱的长子名义捐了一块银圆。供奉九世祖隔塘公的宗祠捐了四块蕃银。（南海佛山）《霍氏族谱》卷二，第 1 页下栏、第 3 页下栏、第 11 页上栏；《佛山忠义乡志》（1926 年），卷九，第 24 页上栏。

61. 关于市场及社团型宗族，可参见 Faure, *Emperor and Ancestor*, 218–232；Watson, *Inequality Among Brothers*, 72–77。关于"沙田"的情况，参见 Faure, *Emperor and Ancestor*, chap. 11; Liu, "Lineage of the Sands: The Case of Shawan"。

62. 郭琦涛（研究徽州）和科大卫（研究珠三角）都注意到商业和宗族发展之间的密切联系。Guo, *Ritual Opera and Mercantile Lineage*, 54；Faure, *Emperor and Ancestor*, 11, 232.

63. 朱次琦：《朱九江（次琦）先生集》卷九，第 10 页上栏~第 11 页上栏。

64. 《九江儒林乡志》卷十五，第 5 页下栏~第 6 页上栏。

65. 《南海县志》（1835 年/1869 年），卷三十九，第 34 页下栏~第 35 页上栏。其他例子可参见（南海盐步高村）《冯氏族谱》，无页码；《东莞县志》（1911 年），卷六十六，第 5 页下栏~第 6 页上栏；（东莞）《张氏族谱》卷三"德宣公派"，第 19 页下栏；《佛山忠义乡志》（1926 年），卷十四"人物"，卷七第 7 页上栏，卷九第 19 页上栏；（南海平洲）《西江冼氏族谱》卷八，第 20 页下栏~第 22 页上栏。

66. 《高明县志》卷十二，第 20 页上栏~下栏；卷十三，第 55 页下栏。一位 18

世纪的高明子弟在广西担任过吏员，告老回乡后在高明建了一所宗祠。《高明县志》卷十二，第 20 页上栏～下栏；卷十三，第 55 页下栏。

67. 《本祠重建碑记》。

68. （南海山南联表）《关氏族谱》，第 1115~1116 页。

69. （南海山南联表）《关氏族谱》，第 588~589 页、第 1589 页。

70. 《本祠重建碑记》；（南海山南联表）《关氏族谱》，第 1119~1120 页、第 1333~1334 页；"皇清耋寿显考关公讳起鹗字远凡府君之墓"。

71. Baker, "Extended Kinship in the Traditional City", 499–518; Freedman, *Chinese Lineage and Society*, 20–21；黄海妍：《在城市与乡村之间：清代以来广州合族祠研究》。

72. 顺德县城大族龙氏的合族谱就是一个例子。（顺德大良）《龙氏族谱》。

73. （南海九江）《关树德堂家谱》，"凡例"，第 1 页下栏。关于明代一个休宁宗族所采取的类似排除手段，参见 Keith Hazelton, "Patrilines and the Development of Localized Lineages: The Wu of Hsiu-ning City, Hui-zhou, to 1528", in Ebrey and Watson, *Kinship Organization in Late Imperial China,* 147。

74. （南海雷岗）《劳氏族谱》卷一，第 43 页上栏。

75. （高明）《罗氏族谱》（1932 年），卷三，第 12 页上栏、第 13 页上栏、第 14 页下栏。一系列类似的例子可见于（南海）《庞氏族谱》卷八，第 22 页上栏、第 24 页上栏～下栏。

76. （南海佛山）《霍氏族谱》卷六，第 61 页上栏～下栏。

77. 同上书，卷二，第 32 页下栏。

78. 同上书，卷六，第 61 页上栏～第 64 页下栏。

79. 关于 1785 年的一次这种回访，参见顺德《仕版伍萃诚堂族谱》，无页码。

80. 《顺德大良竹园冯氏族谱》卷三，第 48 页上栏～第 51 页上栏。关于珠三角族谱编纂者如何勘误，参见一个清初移民从新会迁到平南县丹朱镇和武林镇的例子，《新会潮连芦鞭卢氏族谱》，"宗支谱"，第 7 页下栏～第 8 页下栏。

81. （南海盐步高村）《冯氏族谱》，无页码。1831 年版本的序言作者是 1817 年考取进士的梁序镛。

82. （南海盐步高村）《冯氏族谱》，无页码。

83. 同上。另见《邕宁县志》卷二十四，第 33 页；卷三十七，第 15 页。

84. （南海盐步高村）《冯氏族谱》，无页码。《邕宁县志》卷二十四，第 37 页、第 41~42 页；卷三十七，第 17 页。

85. （南海盐步高村）《冯氏族谱》，无页码。

86. 1904 年和 1932 年的高明罗氏族谱表明了这一点。（高明）《罗氏族谱》（1904 年），卷五，第 7 页上栏、第 27 页上栏；（高明）《罗氏族谱》（1932 年），卷二，第 3 页上栏、第 17 页上栏。《广西通志》（1733 年），卷五十九，第 22 页上栏；《清代官员履历》卷十三，第 115 页、第 121 页。

87. 其中一个例子是 1928 年新会几个李姓家族的宗谱，里面包括一张"迁居表"。（新会）《云步李氏宗谱》卷一，第 41 页下栏～第 63 页上栏。

88. 《南海甘蕉蒲氏家谱》，"家支谱"，第 3 页下栏、第 37 页上栏；"杂录"，第

293

8 页上栏。另见《重建粤东会馆碑记》，覃塘。

89. （东莞）《张氏族谱》卷二十四"宅里"，第 3 页上栏。

90. 同上书，卷十六"祖留公派"，第 56 页下栏～第 57 页下栏。

91. 同上书，第 56 页下栏～第 58 页上栏；卷二十六，第 45 页下栏。这三位岁贡中至少有一位出现在并不完整的永康地方志记录中。《同正县志》卷九，第 7 页下栏。

92. 这是一个"供器"。（东莞）《张氏族谱》卷十六"祖留公派"，第 57 页上栏。

93. 这是一部包括十个分支的族谱，族人们自称来自同一位祖先，此人曾生活在南海县的数个地方。

94. （南海）《庞氏族谱》卷十二，第 45 页上栏。

95. 另外两个例子是：1904 年高明罗氏族谱中的一个广西桂平分支，以及 1875 年佛山城外蔡氏族谱中的一个南宁分支。（高明）《罗氏族谱》（1904 年），卷五，第 61 页下栏～第 62 页下栏；《南海深村蔡氏家谱》卷十四，第 13 页上栏～下栏。值得注意的是，我没有找到西江流域以外地方的任何珠三角宗族分支。

96. （南海）《庞氏族谱》卷十二，第 45 页上栏。

97. 另一位同列于族谱中相近位置的第十四世族人生于 1528 年。（南海雷岗）《劳氏族谱》卷一，第 28 页上栏、第 30 页下栏。

98. 同上书，卷一，第 36 页下栏、第 47 页上栏、第 59 页下栏、第 75 页上栏～下栏；卷二，第 11 页上栏～下栏。

99. 同上书，卷二，第 11 页下栏。龙州的各种地方志只记录了劳赞猷是龙州官学的一名增生。《龙州纪略》下卷，第 7 页下栏；香炉上无名号的铭文，广西龙州北帝庙。

294　100. 郑献甫：《补学轩文集外编》卷四，第 11 页上栏～第 22 页上栏；《象州县志》，"纪人"，第 10 页上栏～下栏。

101. 吕俊彪：《财富与他者》，第 81~83 页、第 88~97 页、第 106~107 页、第 168 页。此处所说的邓氏家族没有出现在吕俊彪的书中。

102.（南宁扬美）《邓氏宗谱》，无页码。考察笔记，2012 年 6 月 19 日于广西南宁扬美。邓宰善在序言中提到扬美邓氏的远祖是邓福森。晚清的一本南海应税户籍登记簿把邓福森以及 345 名男子一起列为洞神堂邓氏的祖先。《南海氏族》卷四"黄鼎司"，第 36 页上栏～下栏。

103.《同正县志》卷九，第 6 页上栏、第 7 页下栏～第 8 页上栏。《邕宁县志》卷二十四，第 37~38 页；卷二十五，第 25、27、35、45~46 页。在清朝的人事档案里，1762 年的进士以及乳源知县邓宰龄是"永康人"，参见《清代官员履历》卷二十三，第 39~40 页。永康州在民国时期改名为同正县，现在属于扶绥县中东镇。

104.《同正县志》卷二，第 30 页上栏～下栏。

105. 广西省政府经济委员会编《广西各县商业概况》，第 1 页；《同正县志》卷三，第 4 页下栏。

106.（南宁扬美）《邓氏宗谱》，无页码。邓氏家族和下楞壮族女性通婚的这种模式要么在各个宗族中十分特殊，要么比后来扬美人意识到或者愿意承认的要更加普遍。参见吕俊彪《财富与他者》，第 64 页、第 121~123 页。

107. 无名碑，19 世纪早期。2011 年这块残碑位于广西扶绥县中东镇永康州老西门原址的地上。

108. 《鼎砌四方岭路碑记》。冼氏是另一个自称祖先为广东移民并且同时活跃在永康和扬美的家族。扶绥中东冼氏族谱，无页码；无名碑，19 世纪早期；《同正县志》卷八，第 6 页上栏。

109. 《桂平吴氏支谱》，序言。

110. 同上；同上书，卷五，第 2 页上栏 ~ 第 5 页上栏、第 13 页上栏 ~ 下栏、第 16 页上栏。

111. 《桂平县志》卷三十四，第 21 页上栏 ~ 下栏；《南海县志》（1872 年），卷九，第 1 页下栏、第 2 页下栏；《南海县志》（1911 年），卷十四，第 1 页上栏 ~ 第 4 页上栏。

112. 单国钺强调，即使在晚明时期，汉民也因为被怀有敌意的瑶民和壮民包围而深感困扰。Shin, *The Making of the Chinese State*, 108–112. 关于往广西移民的情况，可参见古永继《元明清时期广西地区的外来移民》，此书其实已经涵盖了全部外来宗族的祖籍。关于明代湖广和江西军队的调拨，参见范玉春《明代广西的军事移民》，第 113 页。

113. 潘姓是杨柳地区的四大姓之一，根据 2000 年的人口普查，这四大姓占据了当地一半人口，其中潘姓人数量最多，超过 4000 人。《云城文史》，第 31 页。

114. （云浮杨柳石巷）《潘氏宗祠光裕堂族谱》，无页码。

115. 在明代早期或者中期潘荣昌从河清迁往石巷之时，杨柳镇的郊区属于高要县。1577 年，这一地区脱离高要，被纳入新建置的东安县。《东安县志》（1740 年），卷一，第 38 页下栏；卷二，第 1 页下栏。我从窦德士（John Dardess）的《明代社会：14~17 世纪的江西泰和县》（*A Ming Society: T'aiho County, Kiangsi, Fourteenth to Seventeenth Centuries*）中借用了"侵占者"（interloping）一词，见同上书，第 121~122 页。

116. 无名碑，1836 年，潘氏宗祠（光裕堂），石巷村。

117. （南海河清）《潘式典堂族谱》卷五，第 2 页上栏。

118. （云浮杨柳石巷）《潘氏宗祠光裕堂族谱》，无页码。

119. McKeown, *Chines Migrant Networks and Cultural Change*, 74.

120. Freedman, *Chinese Lineage and Soiety*, 20. 即使他提出的"流寓宗族"（dispersed lineage）概念也涉及一些相当本地化的情况。裴达礼（H. D. R. Baker）提出了一个类似概念，即本地宗族由"处于同一聚居地或者一组相近聚居地的父系亲属"组成，参见 Baker, "Extended Kinship in the Traditional City", 500. 研究本地宗族的其他学者对宗族关系必须有所表现（Watson, "Chinese Kinship Reconsidered", 589–622）还是仅仅得到承认即可（Faure, "The Lineage as a Cultural Invention", 22）有不同的意见。宋怡明在关于福建北部宗族的研究中提出，拥有公产不是宗族本地化属性的必要条件。早期关于中国中部及北部"宗族"或者"世家"的研究仅仅扩充了基于中国东南地区研究的相当狭隘的

295

"宗族"概念。参见贺杰((Keith Hazleton)和韩书瑞(Susan Naquin)为伊沛霞和华琛主编的《帝制晚期中国的宗亲组织》(Ebrey and Watson, *Kinship Organization in Late Imperial China*)所撰写的章节。

121. 在一项关于 20 世纪中叶香港新界一个移出者社区宗族的首创性研究中,华琛(James Watson)形容宗族是一种"移民中介",因为同族关系可以为从介绍工作到安排出行的各种事务提供方便。Watson, *Emigration and the Chinese Lineage*, 100–101. 虽然我不像华琛了解新田村那样掌握了珠三角移出者社区的数据,但本书研究中的移出者社区不太可能像 20 世纪 60 年代的新田那样依赖移民的汇款。

122. Du Yongtao, *The Order of Places*, 133.

结语　回望惨淡之旅

1. 招健升:《自怡堂小草续集》,第 19 页上栏~下栏。

2. Schafer, *The Vermilion Bird*, 240–241.

3. 招健升:《自怡堂小草续集》卷二,第 19 页下栏。

4. 同上。

5. 招健升在诗中提到的是一所"祠",它更为人知的名字是"龙母庙"。

6. 考察笔记,2005 年 7 月 17 日于广东肇庆白沙龙母庙,2005 年 8 月 4 日于广西梧州龙母庙,以及 2007 年 6 月 25 日于广西藤县水东街龙母庙。

7. 招健升:《自怡堂小草续集》卷二,第 20 页下栏~第 21 页上栏。

8. 关于移民的遗体从加州经过香港运回广东这一得到高度认同的行为,参见 Sinn, *Pacific Crossing*, chap. 7.

9. Burbank and Cooper, *Empires in World History*, 13–14.

10. 关于流动与迁移的对比,参见 Markovits, Pouchepadass, and Subrahmanyam, *Society and Circulation*, 9。

11. Guy, *Qing Governors and Their Provinces*, 311.

12. 关于文化融合,参见 Lieberman, *Strange Parallels*, 18–19, 37。

13. Scott, *The Art of Not Being Governed*, 278.

14. Lieberman, *Strange Parallels*, 28, 38–39, 45.

15. Scott, *The Art of Not Being Governed*, 45.

16. 虽然施坚雅强调流域和周围山地的地形限制,但他承认迁移在区域融合中所起的作用。Skinner, "Mobility Strategies in Late Imperial China", 360.

17. Chen, "The Internal Origins of Chinese Emigration to California Reconsidered"; 班凯乐也认为开垦长江中部山地种植烟草的农民是"具有创业精神的移民", 参见 Benedict, *Golden-Silk Smoke: A History of Tobacco in China*, 60。我们可以比较鄢华阳(Robert Entenmann)关于 1660 年至 1720 年人们往四川的迁移是"开创性迁移"的总结,见 Entenmann, "Migration and Settlement in Sichuan", 179–180。

18. Szonyi, "Mother, Sons and Lovers", 45.

19. Canny, *Europe ans on the Move*, 264, 279.
20. *Kuhn, Chinese among Others,* 4, 16.
21. McKeown, *Chines Migrant Networks and Cultural Change*, 65.
22. 例如，九江就是一个同时向西江流域和古巴移民的重要移民社区，九江移民构成了哈瓦那的经济精英阶层，参见 López, *Chinese Cubans*, 169, 178。
23. Hsu, *Dreaming of Gold, Dreaming of Home*, 2.
24. Hsu, *Dreaming of Gold, Dreaming of Home*, 3.
25. 这和顾德曼（Bryna Goodman）在 19 世纪晚期上海旅居商人中发现的城市移民多重身份有相似之处，参见 Goodman, *Native Place, City, and Nation*, 46。

参考资料

本书使用的部分碑刻照片及相关数据库可参见"西江流域碑刻集：广府人的移民网络"网站：http://digital.wustl.edu/westriver。

馆藏档案

《吏科题本》，藏于北京市中国第一历史档案馆。
《内阁大库档案》，藏于台湾"中研院"傅斯年图书馆。
《刑科题本》，藏于北京市中国第一历史档案馆。
《朱批奏折》，藏于北京市中国第一历史档案馆。

碑刻铭文

《本祠重建碑记》，道光十年（1830），佛山市南海区塘涌村集萃关公祠。
《倡建医院碑记》，光绪二十七～二十八年（1901~1902），广西南宁粤东会馆。
"重建伏波……"，道光二十九年（1849），广西横县站圩郊外乌蛮滩伏波庙。
《重建会馆碑记》，乾隆三十五年（1770），广东罗定市罗定商会。
《重建粤东会馆碑记》，雍正三年（1725），广西平乐粤东会馆。
《重建粤东会馆碑记》，乾隆五十三年（1788），广西梧州龙圩。
《重建粤东会馆碑记》，道光二十二年（1842），广西贵港覃塘。
《重塑满堂神将碑记》，乾隆四十一年（1776），广西横县站圩郊外乌蛮滩伏波庙。
《重新鼎建百色粤东会馆碑记》，道光二十年／二十一年（1840/1841），广西百色粤东会馆。
《重修伏波庙碑记》，万历三十年（1602），广西横县站圩郊外乌蛮滩伏波庙。
《重修惠福堂碑记》，年代不可考，广西藤县赤水惠福堂。
《重修会馆碑记》，乾隆六十年（1795），广西平乐榕津粤东会馆。
《重修会馆并戏台碑记》，嘉庆二十年（1815），广西平乐粤东会馆。
《重修岭南会馆碑记》，康熙三十年（1691），云南文山剥隘粤东会馆。
"重修龙华寺大殿诸君乐助碑"，嘉庆七年（1802），广西桂平西山龙华寺。
"重修马伏波将军庙"，万历三十一年（1603），广西横县站圩郊外乌蛮滩伏波庙。
《（重）修文武殿碑记》残碑，年代不可考，广东云浮郁南百担文武庙。
《重修文武庙首事芳名碑记》，光绪十五年（1889），广西隆安雁江塘屯文武庙。
《重修五圣宫庙宇碑记》，乾隆五十九年（1794），广西邕宁蒲庙五圣宫。

《重修粤东会馆天后宫并鼎建戏台碑记》，乾隆三十六年（1771），广西平乐粤东会馆。

《重修真武庙碑记》，乾隆六十年（1795）广西来宾大湾北帝庙。

《重修宗祠缘由碑记》，道光十五年／十六年（1835/1836），广东高明黄边。

《创建列圣宫题名碑记》，康熙六十一年（1722），广西平南大安列圣宫

《鼎建后殿碑记》，乾隆二十一年（1756），广西横县站圩郊外乌蛮滩伏波庙。

"丁卯重修会馆碑"，嘉庆十二年（1807），广东罗定市罗定商会。

《鼎砌四方岭路碑记》，道光四年（1824），广西南宁扬美。

《奉督宪行藩宪永禁派抽阻扰接济碑记》，乾隆五十八年（1793），广西桂平金田三界庙。

"奉左江道靳大老爷宣化县正堂记录一次赵为税寄里户乞天俯采舆情给示勒石永照将以获相安事"，雍正元年（1723），广西南宁人民公园。

"富州正堂加一级记录二次沈为晓谕事"，乾隆四十四年（1779），云南文山富宁剥隘粤东会馆。

"广南府富州正堂加一级沈为恳恩给照以垂永久事"，乾隆二十三年（1758），云南文山富宁剥隘粤东会馆。

"皇明待赠显太祖考若川冯公府君，太祖妣冯门周太安人，世祖考两如冯公府君之墓"，乾隆二十二年（1757），广东云浮云安大庆冯氏宗祠。

"皇清待诰显祖考尔贞／妣汤氏曾公／母老／大／安人之墓"，乾坤二十六年（1761），广西天等县上映乡至靖西县湖润乡道中。

"皇清待赠宽厚温恭纯翁袁老大人之墓"，道光二十六年（1846），广西大新社隆。

"皇清待赠硕德祖考庠士子肖莲袁二老府君大人之墓"，道光二十四年（1844/1845），广西大新县宝贤村。

"皇清待赠显考王公讳应榜之墓"，光绪五年（1879），广西平乐沙子镇。

"皇清登仕郎显考讳纯广黄老府君之墓"，光绪十八年（1892），录于隆安黄氏族谱。

"皇清耋寿显考关公讳起鹗字远凡府君之墓"，道光元年（1821），广西鹿寨镇鹿鸣乡。

"皇清诰授中宪大夫湖北督粮道体斋陈公墓"，嘉庆十五年（1810）十二月卅一，广西武宣县台村陈氏宗祠。

"皇清显高祖讳月世潘氏梁老之（墓）"，道光十五年（1835），广西隆安雁江洪造村。

"皇清显妣傅门麦氏老孺人之墓"，光绪二十三年（1897），录于傅氏族谱修订本（傅德文（音）1999 年抄录），广西平南武林。

"皇清显妣翟母余氏孺人墓"，道光二十九～三十年（1849~1850），广西平乐沙子镇。

"皇清显考梁公讳升平之墓"，清代，贵州榕江广东山。

"皇清显祖考讳殿超妣班氏梁老之（墓）"，道光十五年（1835），广西隆安雁江洪造村。

"皇清永康州茂才显曾祖考孟震曾公府君／妣黄氏考太孺人合葬之墓"，乾隆

二十六～二十七年（1761~1762），广西靖西湖润。

《嘉庆乙丑重修列圣宫通墟喜助工金不敷商贾再将货利加捐银两题名碑记》，广西平南大安列圣宫。

《嘉庆乙丑年重修列圣宫增建后楼东西厅题名碑记》，三组碑文，嘉庆十四年／十五年（1809/1810），广西平南大安列圣宫。

"两广总督部堂郭为冒乞全恩怜准早济事"，乾隆五十八年（1793），广西桂平金田三界庙。

《两龙儒金堂碑记》，宣统三年（1911），广西百色粤东会馆。

梁云果碑，无题，光绪八年（1882），广西隆安雁江洪造村。

"龙幸宠锡"，广西贵港牌坊。

"沐恩南邑信士梁……"，嘉庆九年（1804），广西桂平金田三界庙对柱。

"乾隆甲午科举人"，广东顺德麦村。

"时光绪十五年岁次己丑九月初十日丑时新建谷旦"，广西隆安雁江镇洪造村梁氏宗祠梁上铭文。

"市镇诚……"，年代不可考，广西北流景苏楼。

"特调宣化县正堂加二级记录一次李为背批滋扰扣宪饬禁事"，乾隆五十四年（1789），广西南宁人民公园。

"同声堂"匾额，道光二十年（1840），广西百色粤东会馆。

炉身无题铭文，雍正四年（1726），广西龙州北帝庙。

无题碑文，19世纪初期，广西浮水县中东镇。

无题碑文，道光十六年（1836），广东云浮市云城区杨柳镇石巷村庞氏宗祠。

"霄壤同流"，乾隆七年（1742），广西横县站圩郊外乌蛮滩伏波庙。

"兴修武宣县学记"，雍正十年（1732），广西武宣文庙。

"与汉无极"匾额，道光二十一年（1841），广西百色粤东会馆。

《粤东会馆碑记》，道光二十五年（1845），广西象州象州县博物馆。

《粤东会馆甲申年创造坝头碑记》，乾隆二十九年（1764），广西梧州龙圩粤东会馆。

"正气扶伦"，道光二十一年（1841），广西百色粤东会馆。

"宗祠训诫碑"，嘉庆二十二年（1817），广西崇左驮卢蔡氏宗祠。

族谱

《北流木棉柯氏族谱》，1997。

（岑溪）《冼氏族谱》，1941。

（大新衙）《集义堂谱门》，晚清时期。

（东莞）《鳌台王氏族谱》，乾隆五十九年（1794）。

（东莞）《梁崇桂堂族谱》，嘉庆二十年（1815）。

（东莞）《翟氏族谱》，1920。

（东莞）《张氏族谱》，1922。

《东江重订林氏宗祠族谱》，稿本，2001年转抄。

《恩平冯氏族谱》，1949。

扶绥中东冼氏族谱，无标题稿本，年代不可考。

（高明）《罗氏族谱》，光绪三十年（1904）。

（高明）《罗氏族谱》，1932。

（广东）《余氏族谱》，光绪二十五年（1899）。

（广州）《郭氏族谱》，无标题稿本，标题由图书馆提供，光绪五年（1879），内容增补至 1919 年。

（贵县）《林光远堂族谱》，1930。

《桂平吴氏支谱》，光绪十三年／十四年（1887/1888）。

（柳江白沙）《胡氏宗支部》，基于早前族谱笔记的 1979 年抄本。

（隆安雁江洪造村梁氏）《宗支万代》，1938。

（南海）《方氏家谱》，光绪十六年（1890）。

（南海大同）《西边郭氏族谱》，同治十年（1871）。

（南海佛山）《霍氏族谱》，道光二十八年（1848）。

《南海甘蕉蒲氏家谱》，光绪三十三年（1907）。

南海横沙招氏族谱，无标题稿本，年代不可考。

（南海河清）《潘式典堂族谱》，同治六年（1867）/1924。

《南海鹤园陈氏族谱》，1919。

《南海鹤园冼氏家谱》，宣统二年（1910）。

《南海吉利下桥关树德堂家谱》，光绪十五年（1889），载《北京图书馆藏家谱丛刊·闽粤侨乡卷》第 29 册，北京：国家图书馆出版社。

《南海金鱼堂陈氏族谱》，光绪二十三年（1897）。

（南海）《金鱼堂陈氏族谱》，民国时期。

（南海九江）《关树德堂家谱》，光绪二十三年（1897）。

《南海九江朱氏家谱》，同治八年（1869）。

（南海雷岗）《劳氏族谱》，同治七年（1868）。

（南海）《廖维则堂家谱》，1930。

《南海罗格孔氏家谱》，1929。

（南海）《庞氏族谱》，1932。

（南海平地）《黄氏族谱》，光绪二十五年（1899）。

（南海平洲）《西江冼氏族谱》，1930。

（南海）《三山邵氏族谱》，1945。

（南海）《上园霍氏族谱》，同治七年（1868）。

（南海山南联表）《关氏族谱》，光绪十五年（1889）。

（南海沙头莫氏）《巨鹿显承堂重修家谱》，同治八年（1869）编修，同治十二年（1873）重印。

《南海深村蔡氏家谱》，光绪元年（1875）。

（南海）《石头霍氏族谱》，光绪二十八年（1902）。

（南海）《新桂梁氏族谱》，1929。

（南海西樵）《梁氏家谱》，光绪二十二年（1896）。

（南海）《学正黄氏家谱节本》，1911。

（南海盐步高村）《冯氏族谱》，1932。

（南海盐步）《南海蟾步房颜氏家谱》，年代不可考。

（南海盐步）《邵氏家乘》，民国时期。

（南海雅瑶林氏）《昭兹堂族谱》，道光二十二年（1842），民国时期增补。

（南宁）《冼氏族谱》，民国时期稿本，1986年影印版。

（南宁扬美）《邓氏宗谱》，1921，内容增补至1940年。

（番禺大岗）《侯氏族谱》，1933。

（平南大龙）《邹氏祖册宗支奕叶图》，稿本，光绪二十一年（1895）。

平南武林下湾村陈氏族谱，无标题稿本，年代不可考。

上映/湖润曾氏族谱，无标题稿本，晚清时期。

《泷东云浮梁氏族谱》，1920。

（顺德大良）《龙氏族谱》，1922。

《顺德大良竹园冯氏族谱》，光绪十三年（1887）。

（顺德龙江）《黄氏族谱》，光绪二十三年（1897）。

（顺德马齐）《陈氏族谱》，1923。

（顺德沙滘）《陈氏族谱》，道光二十八年（1848）。

（顺德）《仕版伍萃诚堂族谱》，光绪六年（1880）。

（顺德）《水藤堡沙边乡何厚本堂立族谱》，1923。

（顺德水藤）《邓永锡堂族谱》，1925。

（顺德）《文海林氏家谱》，同治八年（1869）。

《泗城岑氏家谱序》，载光绪十四年（1888）《西林岑氏族谱》。

（藤县埌南何氏）《（ ＿ ）祖考妣诞辰流水部》，稿本，1957。

（武宣台村）《陈氏族谱》，又名《武宣元隆公谱牒》，嘉庆十四年（1809）印本的1999年抄本。

《新会潮连芦鞭卢氏族谱》，1949。

（新会）《林氏族谱》，具体年代不可考（清代）。

（新会）《唐氏族谱》，道光十八年（1838），内容增补至1937年。

（新会）《云步李氏宗谱》，1928。

《浔洲冼锋馆族谱》，稿本，晚清时期。

《粤东简氏大同谱》，1928。

（郁南庞寨）《庞氏族谱》，稿本，2004年转抄。

郁南建城岑氏族谱，无标题稿本，民国时期。

云安南乡二片村陈氏族谱，无标题稿本，民国时期。

（云浮城）《邓氏宗谱暂记》，稿本，年代不可考。

《云浮区姓族谱》，1924/1936。

《云浮县宋桂房叶族世代源流谱牒》，稿本，年代不可考。

（云浮杨柳石巷）《潘氏宗祠光裕堂族谱》，1923/1924。

地方志

《百色厅志》，光绪十七年（1891）。

《北流县志》，光绪六年（1880）。

《北流县志》，1937。

《宾州志》，光绪十二年（1886）。

《博白县志》，道光十二年（1832）。

《博罗县志》，乾隆二十八年（1763）。

《苍梧县志》，同治十三年（1874）。

《苍梧县志》，1941。

《苍梧总督军门志》，万历九年（1581），北京：全国图书馆文献缩微复制中心，1991 重刊。

《岑溪县志》，乾隆四年（1739），1934 年重刊。

《潮阳县志》，光绪十年（1884）。

《茶山县志》，1935。

《澄海县志》，嘉庆二十年（1815）。

《德庆州志》，嘉靖十六年（1537）。

《东安县志》，乾隆五年（1740）。

《东安县志》，道光三年（1823），1934 年重刊。

《东莞县志》，崇祯十二年（1639），1995 年重刊。

《东莞县志》，嘉庆三年（1798）。

《东莞县志》，1911。

《封川县志》，道光十五年（1835），1935 年重刊。

《佛山忠义乡志》，道光十年（1830）。

《佛山忠义乡志》，1926。

《高明县志》，光绪二十年（1894）。

《高要县志》，道光六年 / 同治三年（1826/1863）。

《古州厅志》，光绪十四年（1888）。

《广东通志》，雍正九年（1731）。

《广东通志》，道光二年（1822）。

《广西通志》，万历二十七年（1599）。

《广西通志》，雍正十一年（1733）。

《广西通志》，嘉庆五年（1800）。

《广州府志》，光绪五年（1879）。

《贵县志》，光绪二十年（1894）。

《贵县志》，1934。

《桂平县志》，1920。

《横县志》，1943。

《鹤山县志》，乾隆十九年（1754）。

《化州志》，光绪十四年（1888）。

《晋江县志》，乾隆三十年（1765）。

《九江儒林乡志》，光绪九年（1883）。

《开平县志》，1933。

《来宾县志》，1936。

《两广盐法志》，光绪十年（1884）。

《荔波县志》，光绪元年（1875）。

《荔浦县志》，康熙四十八年（1709）。

《荔浦县志》，1914。

《灵山县志》，乾隆二十九年（1764）。

《临桂县志》嘉庆七年／光绪六年（1802/1880），藏于哈佛燕京图书馆。

《凌云县志》，1942。

《黎平府志》，光绪十八年（1892）。

《柳州府志》，乾隆二十九年（1764）。

《隆安县志》，1913。

《隆安县志》，1934。

《龙江乡志》，1926。

《龙津县志》，1946。

《龙山乡志》，嘉庆九年（1804）。

《龙山乡志》，1930。

《龙州纪略》，嘉庆九年（1803）。

《龙州县志》，1927。

《陆川县志》，1924。

《罗定州志》，康熙二十六年（1687）。

《雒容县志》，1934。

《南海九江乡志》，顺治十四年（1657），同治十二年（1874）印本。

《南海县志》，康熙三十年（1691）。

《南海县志》，道光十五年（1835），同治八年（1869）印本。

《南海县志》，同治十一年（1872）。

《南海县志》，1911。

《南宁府志》，嘉靖十七年（1538）。

《南宁府志》，嘉靖四十三年（1564）。

《南宁府志》，乾隆八年（1743）。

《宁明州志》，光绪九年（1883）。

《番禺县志》，同治十年（1871）。

《平乐府志》，嘉庆十年（1805），光绪三年（1877）印本。

《平乐县志》，光绪十年（1884）。

《平南县志》，道光十五年（1835）。

《迁江县志》，光绪十七年（1891）。

《迁江县志》，1935。

《庆远府志》，道光九年（1829）。

《容县志》，光绪二十三年（1897）。

《融县志》，1936。

《三江县志》，1946。

《上林县志》，1934。

《上思州志》，道光十四年（1834）。

《顺德县志》，康熙十三年（1674）。

《顺德县志》，咸丰三年（1853）。

《顺德县志》，1929。

《思恩县志》，1935。

《太平府志》，雍正四年（1726）。

《藤县志》，光绪三十四年（1908）。

《同正县志》，1933。

《武宣县志》，嘉庆十三年（1808）。

《梧州府志》，崇祯四年（1631）。

《梧州府志》，乾隆三十五年（1770）。

《西隆州志》，康熙十二年（1673），民国时期转抄本，信息增补至1921年，藏于广西壮族自治区图书馆。

《西宁县志》，万历二十年（1592）。

《西宁县志》，康熙五十七年（1718）。

《西宁县志》，道光十年（1830）。

《西宁县志》，1937。

《象州志》，同治十年（1871）。

《新安县志》，嘉庆二十四年（1819）。

《新会县志》，万历三十七年（1609）。

《新会县志》，康熙二十九年（1690）。

《新会县志》，乾隆六年（1741）。

《新会县志》，道光二十一年（1841）。

《新会乡土志》，光绪年间。

《兴业县志》，乾隆四十三年（1778）。

《兴义府志》，咸丰四年（1854）

《新宁州志》，光绪四年（1878）。

《浔州府志》，同治十三年（1874）。

《养利州志》，康熙三十三年（1694），藏于广西壮族自治区图书馆。

《养利州志》，康熙三十三年（1694），藏于芝加哥大学雷根斯坦图书馆。

《阳朔县志》，1936。

《义宁县志》，道光元年（1821）。

《永淳县志》，1924。

《永福县志》，道光八年~光绪七年（1828~1881）。

《邕宁县志》，1937。

《肇庆府志》，光绪二年（1876）。

《镇安府志》，乾隆二十一年（1756）。

《镇安府志》，光绪十八年（1892）。

中文书目

柏桦：《明代州县政治体制研究》，北京：中国社会科学出版社，2003。

鲍炜：《迁界与明清之际广东地方社会》，博士学位论文，中山大学，2003。

《丙午科十八省乡试同年录》，道光二十六年（1846）。

《驳案新编》，乾隆四十六年（1781）刊本；《法律丛书》第 5 辑 ~12 辑，台北：成文出版社，1968。

蔡廷兰：《海南杂著》，载《台湾文献丛刊》第 42 辑，台北：台湾银行经济研究室，1959。

陈伯陶：《胜朝粤东遗民录》，1916。

陈春声：《市场机制与社会变迁：18 世纪广东米价分析》，北京：中国人民大学出版社，［1992］2010。

陈晖：《广西交通问题》（重印本），载《民国西南边陲史料丛书》第 3 辑，北京：全国图书馆文献缩微复制中心，［1938］2006。

陈庆浩、王秋桂：《中国民间故事全集》，台北：远流出版实业股份有限公司，1989。

陈仁：《用拙斋诗文集》，手稿，桂林图书馆。

陈昙：《邝斋杂记》，道光九年（1829）刊本。

陈贤波：《土司政治与族群历史：明代以后贵州都柳江上游地区研究》，北京：生活·读书·新知三联书店，2011。

《大明会典》，万历五年（1577），台北：文海出版社，1964，重刊本。

《大明一统文武诸司衙门官制》，台北：台湾学生书局，1970。

《大清一统志》，载《四库全书》。

《道光甲午科直省同年录》，道光二十年（1840）。

邓淳：《岭南丛述》，道光十年（1830）刊本。

《恩科直省同年录：道光乙末》，道光十五年（1835）

范玉春：《明代广西的军事移民》，《中国边疆史地研究》1998 年第 2 期。

方苞：《方望溪全集》，台北：世界书局，1960。

法式善等：《清秘述闻三种》，载《清代史料笔记》，北京：中华书局，［1982 年］，1997。

《分省抚按缙绅便览》，崇祯年间，上海：上海古籍书店，1980，重刊本。

甘汝来：《甘庄恪公全集》，《四库未收书辑》第 8 辑第 25 册，北京：北京出版社，1997。

《各省乡试同年齿录：道光五年己酉科》（1825）

《各省选拔同年齿录：乾隆己酉科》（1789）

《各省选拔同年明经通谱：道光己酉科》（1849）

《各省选拔同年明经通谱：道光己酉科》（1826）

古永继：《元明清时期广西地区的外来移民》，《广西民族研究》第 72 期（2003）。

关仲乐：《桐油运销概况》，1936。

《广东舆地全图》，宣统元年（1909）。

广东省国土厅广东省地名委员会编《广东省县图集》，广州：广东省地图出版社，1989。

广东省社会科学院历史研究所中国古代史研究室编《明清佛山碑刻文献经济资料》，广州：广东人民出版社，1987。

广西民族研究所编《广西少数民族地区石刻碑文集》，南宁：广西人民出版社，1982。

广西少数民族社会历史调查组：《广西省大新县僮族调查资料》（内部资料），1951。

广西省统计局编《广西年鉴（1936年）》，《近代中国史料丛刊三编》第869~870辑，台北：文海出版社，1999。

广西省政府经济委员会编《广西各县商业概况》，约20世纪30年代。

广西壮族自治区通志馆编《太平天国革命在广西调查资料汇编》，南宁：广西壮族自治区人民出版社，1962。

郭棐：《粤大记》（重刊本），载《域外汉籍珍本文库》第1辑史部第2~3册，重庆：西南师范大学出版社；北京：人民出版社，2008。

何梦瑶：《菊芳园诗钞》，乾隆十七年（1752）刊本。

——.《医碥》，载《续修四库全书》子部第1025卷，上海：上海古籍出版社，1995~1999。

何若瑶：《先世事略》，附于何若瑶《海陀华馆诗集》，清代。

何森：《隙亭剩草》，附于何若瑶《海陀华馆诗集》，清代。

何邵：《楚庭偶存稿》，乾隆三十三年（1768）刊本。

何朝晖：《明代县政研究》，北京：北京大学出版社，2006。

侯宣杰：《清代以来广西城镇会馆分布考析》，《中国地方志》2005年第7期。

黄海妍：《在城市与乡村之间：清代以来广州合族祠研究》，北京：生活·读书·新知三联书店，2008。

黄家信：《壮族地区土司制度与改土归流研究》，合肥：合肥工业大学出版社，2007。

黄世杰：《蛊毒：财富和权力的幻觉：南方民族使用传统毒药与解药的人类学考察》，南宁：广西人民出版社，2004。

黄芝：《粤小记》，道光十二年（1832年）刊本。

霍韬：《渭厓文集》，乾隆五十五年（1790）刊本。

霍与瑕：《霍勉斋集》，光绪十二年（1886）刊本。

简朝亮：《读书堂集》，光绪二十九年（1903）刊本。

《甲午科十八省正副榜同年全录》，光绪二十年（1894）。

《己卯科十八省乡试同年全录》，光绪五年（1879）。

邝露：《赤雅》，载《丛书集成初编》第3121卷，上海：商务印书馆，1936。

赖定荣等主编《珠江航运史》，北京：人民交通出版社，1908。

赖惠敏、朱庆薇：《妇女、家庭与社会：雍乾时期拐逃案的分析》，《近代中国妇女史研究》2000年第8期。

劳潼:《冯潜斋先生年谱》(1911),载《北京图书馆藏珍本年谱丛书》,第 97 卷,北京:北京图书馆出版社,1999。

——.《荷经堂诗钞》,道光十七年(1837)刊本。

——.《荷经堂文钞》,道光十七年(1837)刊本。

劳孝舆:《阮斋诗文钞》,乾隆年间。

李殿苞:《言行录》,载《碧梧园凤冈集》,清代。

黎工伙等编《宁明耆旧诗辑》,1934。

李光廷:《宛湄书屋文钞》,光绪四年(1878)刊本。

李国祁、周天生、许弘义:《清代基层地方官人事嬗递现象之量化分析》,台北:台湾地区科学委员会,1975。

黎简:《五百四峰堂诗钞》,广州:中山大学出版社,2000。

黎如玮:《半村草堂文钞》,载《清代稿钞本》第 30 卷,广州:广东人民出版社,2007。

李彦章:《思恩府新编保甲事宜》,道光八年(1828)重刊本,载《中国古代地方法律文献》第 3 辑第 7 册,北京:社会科学文献出版社,2012。

李逸安译注《三字经·百家姓·千字文·弟子规》,北京:中华书局,2009。

梁广模:《上林氏族志》,上林:上林丛书编印所,1944。

刘志伟:《在国家与社会之间:明清广东里甲赋役制度研究》,广州:中山大学出版社,1997。

龙廷槐:《敬学轩文集》,道光二十二年(1842)刊本。

龙州县地方志编纂委员会编《龙州县志》,南宁:广西人民出版社,1993。

吕俊彪:《财富与他者:一个古镇的商品交换与族群关系》,北京:社会科学文献出版社,2009。

罗天尺:《五山志林》,载《岭南遗书》第 58~59 卷,道光至同治年间。

马福安:《止斋文钞》,载《启秀山房丛书》第 2 辑,光绪年间。

麦思杰:《从两通〈重建粤东会馆题名碑记〉看清代戎墟的商业》,《华南研究资料中心通讯》第 38 期(2005 年 1 月)。

闵叙:《粤叙》,载《四库全书存目丛书:史部》第 249 辑《说铃》,济南:齐鲁书社,1995~1997。

《明史》,北京:中华书局,2003。

《明实录》,台北:"中研院",1962~1966。

《明律集解附例》,台北:成文出版社,1969。

牧牛人:《家史》,手稿本,2004。

《南海氏族》,清代。

欧大任:《欧虞部集》,道光二十五年(1845)刊本。

区大相:《区海目诗集》,道光十年(1830)刊本。

区季鸾:《广东之典当业》(1934),载《中国典当业资料两种》,台北:学海出版社,1972。

潘敏德:《中国近代典当业之研究(1644~1937)》,台北:台湾师范大学历史研究所,1985。

庞嵩:《弼唐遗书》,光绪十八年(1892)刊本。

——《都阃朱公罗旁成功序》,《广东文征》第3辑,香港:香港中文大学出版社,1974。

钱实甫:《清代职官年表》,北京,中华书局,1980。

钱仪吉:《碑传集》,《近代中国史料丛刊》第921~930辑,台北:文海出版社,1973。

《黔南识略》,乾隆十四年(1749),增补至道光十年~二十年(1830~1840)。

《钦定大清会典事例(嘉庆朝)》,载《近代中国史料丛刊三编》第641~700辑,台北:文海出版社,1991。

《钦定续文献通考》,载《四库全书》。

《钦定学政全书》,载《近代中国史料丛刊》第293辑,台北:文海出版社,1968。

《清史稿》,北京:中华书局,2003。

《清实录》,台北:华联出版社,1964。

清华大学图书馆科技史暨古文献研究所编《清代缙绅录集成》,郑州:大象出版社,2008。

邱澎生:《当法律遇上经济——明清中国的商业法律》,台北:五南图书出版公司,2008。

屈大均:《广东新语》,北京:中华书局,2007。

——.《翁山文外》,北京:文物出版社,1982。

瞿九思:《万历武功录》,载《续修四库全书》第436辑,上海:上海古籍出版社,1995~1999。

瞿同祖:《清代地方政府》,范忠信、晏锋译,何鹏校,法律出版社,2011。

《史记》,北京:中华书局,1972。

苏时学:《宝墨楼诗》,同治十三年(1874)刊本。

苏文擢:《黎简先生年谱》,香港:香港中文大学,1973。

台北故宫博物院辑《宫中档乾隆朝奏折》,台北:故宫博物院出版社,1982~1988。

台北故宫博物院辑《宫中档雍正朝奏折》,台北:故宫博物院出版社,1977~1980。

谭棣华、曹腾騑、冼剑民:《广东碑刻集》,广州:广东高等教育出版社,2001。

唐晓涛:《俍傜何在:明清时期广西浔州府的族群变迁》,北京:民族出版社,2011。

王济:《君子堂日询手镜》,载《百部丛书集成》(集录汇编第163卷)第9辑,台北:艺文印书馆,1965~1970。

王肯堂:《证治准绳》,载《四库全书》。

王日根:《乡土之链:明清会馆与社会变迁》,天津:天津人民出版社,1996。

王日根、张学立:《清代科场冒籍与土客冲突》,《西北师范大学学报》第42卷第1期(2005年1月)。

王世贞:《弇山堂别集》,载《四库全书》。

王阳明:《王阳明全集》,台北:考正出版社,1972。

王钺:《星馀笔记》,载《四库全书存目丛书》史部第 249 辑,济南:齐鲁书社,1995~1997。

王志明:《雍正朝官僚制度研究》,上海:上海古籍出版社,2007。

王晫、张潮:《檀几丛书》第 2 辑,上海:上海古籍出版社,1992。

温汝适:《携雪斋集》,道光三年(1823)刊本。

温汝骥:《灵渊诗钞》,嘉庆二十三年(1818)刊本。

温汝能:《粤东诗海》,嘉庆十五年(1810 年)刊本。

《文渊阁四库全书》,香港:迪志文化出版有限公司,2006。

吴梯:《岱云编》,道光年间。

吴小凤:《明代广西城市圩市建设研究》,《广西民族研究》2004 年第 2 期。

吴智和:《明代的儒学教官》,台北:台湾学生书局,1991。

谢济世:《谢梅庄先生遗集》,光绪三十四年(1908)。

《刑案汇览》,道光十四年(1834)刊,光绪十二年(1886)重刊,载《法律丛书》第 13~23 辑,台北:成文出版社,1968。

许大龄:《清代捐纳制度》,北京:哈佛燕京学社,1950。

徐弘祖:《徐霞客游记》,上海:上海古籍出版社,1997。

徐延旭:《中越交界各隘卡略》(附《越南山川略》),光绪三年(1877)刊本,载《小方壶斋舆地丛钞》,上海:着易堂,1877。

薛允升:《读例存疑》,台北:成文出版社,1970,重刊本。

颜俊彦:《盟水斋存牍》,北京:中国政法大学出版社,2002。

杨恩寿:《坦园日记》,上海:上海古籍出版社,1983。

杨芳:《殿粤要纂》,万历三十年(1602)刊本,载《北京图书馆古籍珍本丛刊》第 41 辑,北京:书目文献出版社,1988。

杨正泰:《明代驿站考》,上海:上海古籍出版社,1994。

《雍正朝内阁六科史书·吏科》,广西:广西师范大学出版社,2002。

《雍正朱批谕旨》,台北:文海出版社,1965。

于成龙:《于清端公(成龙)政书》,载《近代中国史料丛刊续编》第 327~330 辑,台北:文海出版社,1975。

《粤西诗载》,载《四库全书》。

《郁南文史》。

《云城文史》第 15 辑,2001。

张杰:《清代科举家族》,北京:社会科学文献出版社,2003。

张穆:《铁桥集》,载《何氏至乐楼丛书》第 8 辑,台北:何氏至乐楼,1974。

张鹏展:《峤西诗钞》,道光二年(1822)刊本。

张维屏:《松心诗集》,载于《清代诗义集汇编》第 533 辑,上海:上海古籍出版社,2010。

张伟仁主编《明清档案》,台北:"中研院"历史语言研究所,1986~1995。

张相文:《南园丛稿》,载《近代中国史料丛刊续编》第 300 辑,台北:文海出版社,1968。

招健升：《自怡堂小草》，嘉庆二十年（1815）刊本。

——.《自怡堂小草续集》，19 世纪。

赵翼：《瓯北诗钞》，载《国学基本丛书十八种》，台北：台湾商务印书馆，1968。

郑献甫：《补学轩文集外编》，载《近代中国史料丛刊续编》第 215~216 辑，台北：文海出版社，1975。

《直省乡贡同年录：道光二十九年己酉科》，同治十二年（1873）。

钟文典：《广西近代圩镇研究》，桂林：广西师范大学出版社，1998。

钟惺编《名媛诗归》，天启元年至崇祯十七年（1621~1644）。

《中国第一历史档案馆藏清代官员履历档案全编》，上海：华东师范大学出版社，1997。

中国第一历史档案馆编《乾嘉时期科举冒籍史料》，《历史档案》2000 年第 4 期。

中国第一历史档案馆编《雍正朝汉文朱批奏折汇编》，南京：江苏古籍出版社，1990。

《中国明朝档案总汇》，桂林：广西师范大学出版社，2001。

《中国少数民族社会历史调查资料丛刊》修订编辑委员会编《广西少数民族地区碑文契约资料集》，北京：民族出版社，2009。

中国社会科学院近代史记研究所近代史资料编辑室编《太平天国文献史料集》，北京：中国社会科学出版社，1982。

朱宝炯、谢沛霖编《明清进士题名录索引》，载《近代中国史料丛刊续编》第 785~790 辑，台北：文海出版社，1981。

朱次琦：《朱九江（次琦）先生集》，载《近代中国史料丛刊》第 127 辑，台北：文海出版社，1967。

朱橒：《粤东成案初编》，道光十二年（1832）刊本。

英文文献

Alger, Grant A. "The Floating Community of the Min: River Transport, Society and the State in China, 1758–1889." Ph.D. diss., Johns Hopkins University, 2002.

Anderson, James. *The Rebel Den of Nung Tri Cao: Loyalty and Identity along the Sino-Vietnamese Frontier*. Seattle: University of Washington Press, 2007.

Baker, Hugh D. R. "Extended Kinship in the Traditional City." *In The City in Late Imperial China*, edited by G. William Skinner, 499–518. Stanford: Stanford University Press, 1977.

Ballantyne, Tony. *Between Colonialism and Diaspora: Sikh Cultural Formations in an Imperial World*. Durham: Duke University Press, 2006.

Belsky, Richard. *Localities at the Center: Native Place, Space, and Power in Late Imperial Beijing*. Cambridge, MA: Harvard University Asia Center, Harvard University, 2005.

Benedict, Carol. *Bubonic Plague in Nineteenth-Century China*. Stanford: Stanford University Press, 1996.

——.*Golden-Silk Smoke: A History of Tobacco in China, 1550–2010.* Berkeley: University of California Press, 2011.

Birge, Bettine. *Women, Property, and Confucian Reaction in Sung and Yüan China (960–1368).* New York: Cambridge University Press, 2002.

Bol, Peter K. "The 'Localist Turn' and 'Local Identity' in Later Imperial China." *Late Imperial China* 24.2 (December 2003): 1–50.

Bouinais, A. P. A. *The Lungchow Region: Its Frontier River, Roads, Towns and Marts.* China Maritime Customs, Special Series, 39. 1923.

Bourne, F. S. A. *Report by Mr. F. S. A. Bourne of a Journey in South-Western China.* London: Harrison and Sons, 1888.

Bray, Francesca. *Technology and Gender: Fabrics of Power in Late Imperial China.* Berkeley: University of California Press, 1997.

Brokaw, Cynthia J. *Commerce in Culture: The Sibao Book Trade in the Qing and Republican Periods.* Cambridge, MA: Harvard University Asia Center, Harvard University, 2007.

Brubaker, Rogers. "The 'Diaspora' Diaspora." *Ethnic and Racial Studies* 28.1 (January 2005): 1–19.

Burbank, Jane, and Frederick Cooper. *Empires in World History: Power and the Politics of Difference.* Prince ton: Prince ton University Press, 2010.

Canny, Nicholas, ed. *Europeans on the Move: Studies on Eu ro pean Migration, 1500–1800.* Oxford: Clarendon Press, 1994.

Chen Yong. "The Internal Origins of Chinese Emigration Reconsidered." *Western Historical Quarterly 28* (Winter 1997): 520–546.

Chia, Lucille. "The Butcher, the Baker, and the Carpenter: Chinese Sojourners in the Spanish Philippines and Their Impact on South Fujian (Sixteenth-Eighteenth Centuries)." *Journal of the Economic and Social History of the Orient* 49.4 (2006): 509–534.

Ch'ü T'ung-tsu, *Local Government in China under the Ch'ing.* Reprint. Cambridge, MA: Council on East Asian Studies, Harvard University, 1988.

Cohen, Myron L. *House United, House Divided: The Chinese Family in Taiwan.* New York: Columbia University Press, 1976.

Cohen, Robin. "Diasporas, the Nation-State, and Globalisation." In *Global History and Migrations,* edited by Wang Gungwu, 117–43. Boulder: Westview Press, 1997.

Cole, James H. *Shaohsing: Competition and Cooperation in Nineteenth-Century China.* Tucson: University of Arizona Press, 1986.

Colquhoun, Archibald R. *Across Chrysé: Being the Narrative of a Journey of Exploration through the South China Border Lands from Canton to Mandalay.* London: Sampson Low, Marston, Searle, and Rivington, 1883.

Cressey, George Babcock. *China's Geographic Foundations: A Survey of the Land and Its People.* New York: McGraw-Hill, 1934.

Crossley, Pamela Kyle, Helen F. Siu, and Donald S. Sutton, eds. *Empire at the Margins: Culture, Ethnicity and Frontier in Early Modern China.* Berkeley: University of California Press, 2006.

Curtin, Philip D. *Cross-Cultural Trade in World History.* New York: Cambridge University Press, 1984.

Cushman, Richard David. "Rebel Haunts and Lotus Huts: Problems in the Ethnohistory of the Yao." Ph.D. diss., Cornell University, 1970.

Dai Yingcong. "The Qing State, Merchants, and the Military Labor Force in the Jinchuan Campaigns." *Late Imperial China 22.2* (December 2001): 35–90.

———. *The Sichuan Frontier and Tibet: Imperial Strategy in the Early Qing.* Seattle: University of Washington Press, 2009.

Dardess, John W. *A Ming Society: T'ai-ho County, Kiangsi, Fourteenth to Seventeenth Centuries.* Berkeley: University of California Press, 1996.

Dodgen, Randall A. *Controlling the Dragon: Confucian Engineers and the Yellow River in Late Imperial China.* Honolulu: University of Hawaii Press, 2001.

Du Yongtao. *The Order of Places: Translocal Practices of the Huizhou Merchants in Late Imperial China.* Leiden: Brill, 2015.

Ebrey, Patricia Buckley. *The Inner Quarters: Marriage and the Lives of Chinese Women in the Sung Period.* Berkeley: University of California Press, 1993.

Ebrey, Patricia Buckley, and James L. Watson, eds. *Kinship Or ga ni za tion in Late Imperial China, 1000–1940.* Berkeley: University of California Press, 1986.

Elman, Benjamin A. *A Cultural History of Civil Examinations in Late Imperial China.* Berkeley: University of California Press, 2000.

Entenmann, Robert. "Migration and Settlement in Sichuan, 1644–1796." Ph.D.diss., Harvard University, 1982.

Falzon, Mark-Anthony, ed. *Multi-sited Ethnography: Theory, Praxis, and Locality in Contemporary Research.* Burlington, VT: Ashgate, 2009.

Faure, David. *Emperor and Ancestor: State and Lineage in South China.* Stanford: Stanford University Press, 2007.

———. "The Lineage as a Cultural Invention: The Case of the Pearl River Delta." *Modern China* 15.1 (January 1989): 4–36.

———. "The Tusi That Never Was: Find an Ancestor, Connect to the State." In *Chieftains into Ancestors: Imperial Expansion and Indigenous Society in Southwest China,* edited by David Faure and Ho Ts'ui-p'ing, 171–186. Vancouver: UBC Press, 2013.

———. "The Yao Wars in the Mid-Ming and Their Impact on Yao Ethnicity." In Crossley, Siu, and Sutton, *Empire at the Margins,* 171–89.

Finnane, Antonia. *Speaking of Yangzhou: A Chinese City, 1550–1850*: Cambridge, MA: Harvard University Asia Center, Harvard University, 2004.

Fong, Grace S. *Herself an Author: Gender, Agency, and Writing in Late Imperial*

China. Honolulu: University of Hawaii Press, 2008.

Freedman, Maurice. *Chinese Lineage and Society: Fukien and Kwangtung*. Revised edition. London: Athlone Press, 1971

Giersch, C. Patterson. *Asian Borderlands: The Transformation of Qing China's Yunnan frontier*. Cambridge, MA: Harvard University Press, 2006.

Goodman, Bryna. *Native Place, City, and Nation: Regional Networks and Identities in Shanghai, 1853–1937*. Berkeley: University of California Press, 1995.

Guo Qitao. *Ritual Opera and Mercantile Lineage: The Confucian Transformation of Popular Culture in Late Imperial Huizhou*. Stanford: Stanford University Press, 2005.

Guy, R. Kent. *Qing Governors and Their Provinces: The Evolution of Territorial Administration in China, 1644–1796*. Seattle: University of Washington Press, 2010.

Harms, Robert W. *River of Wealth, River of Sorrow: The Central Zaire Basin in the Era of the Slave and Ivory Trade, 1500–1891*. New Haven: Yale University Press, 1981.

Haslam, S. M. *The Riverscape and the River*. New York: Cambridge University Press, 2008.

Hechter, Michael. *Internal Colonialism: The Celtic Fringe in British National Development, 1536–1966*. London: Routledge & Kegan Paul, 1975.

Henry, B. C. *Ling-Nam; or, Interior Views of Southern China, Including Explorations in the Hitherto Untraversed Island of Hainan*. London: S. W. Partridge, 1886.

Herman, John E. *Amid the Clouds and Mist: China's Colonization of Guizhou, 1200–1700*. Cambridge, MA: Harvard University Asia Center, Harvard University, 2007.

——. "Collaboration and Re sis tance on the Southwest Frontier: Early 18th Century Qing Expansion on Two Fronts." *Late Imperial China* 35.1 (June 2014): 77–112.

——. "Empire in the Southwest: Early Qing Reforms to the Native Chieftain System." *Journal of Asian Studies* 56.1 (February 1997): 47–74.

Ho Ping-ti, *The Ladder of Success in Imperial China*. New York: Columbia University Press, 1962.

Hsu, Madeline Y. *Dreaming of Gold, Dreaming of Home: Transnationalism and Migration between the United States and South China, 1882–1943*. Stanford: Stanford University Press, 2000.

Hurley, R. C. *The Tourists' Guide to Canton, the West River and Macao*. Hong Kong: Noronha, 1895.

Idema, Wilt, and Beata Grant, ed. *The Red Brush: Writing Women of Imperial China*. Cambridge, MA: Harvard University Asia Center, Harvard University, 2004.

Imperial Maritime Customs. "Salt: Production and Taxation." Customs paper no.81. Shanghai: Statistical Department of the Inspectorate General of Customs,1906.

Inspectorate General of Chinese Imperial Customs. *Decennial Reports*. 1882–1991,1892–1901. Shanghai: Statistical Department of the Inspectorate General of Customs.

JiangYonglin, trans. *The Great Ming Code: Da Ming lü*. Seattle: University of

Washington Press, 2005.

Johnson, David. "The City-God Cults in T'ang and Sung China." *Harvard Journal of Asiatic Studies* 45.2 (1985): 363–457.

Kaske, Elisabeth. "The Price of an Office: Venality, the Individual and the State in19th Century China." In *Metals, Monies, and Markets in Early Modern Socie ties:Monies, Markets, and Finance in China and East Asia,* edited by Thomas Hirzel and Nanny Kim, 281–308. Berlin: LIT Verlag Münster, 2008.

Ko, Dorothy. *Teachers of the Inner Chambers: Women and Culture in Seventeenth Century China.* Stanford: Stanford University Press, 1994.

Kuhn, Philip A. *Chinese among Others: Emigration in Modern Times.* Lanham: Rowman & Littlefi eld, 2008.

——.*Soulstealers: The Chinese Sorcery Scare of 1768.* Cambridge, MA: Harvard University Press, 1990.

Lee, James. "Migration and Expansion in Chinese History." In *Human Migration: Patterns and Policies*, ed. William H. McNeill and Ruth S. Adams, 20–47. Bloomington: Indiana University Press, 1978.

Legge, James, trans. *The Chinese Classics.* 5 vols. Taipei: Southern Materials Center,1985.

Legge, James, John Linton Palmer, and Tsang Kwei-hwan. *Three Weeks on the West River of Canton: Compiled from the Journals of Rev. Dr. Legge, Dr. Palmer, and Mr. Tsang Kwei-hwan.* Hong Kong: De Souza, 1866.

Leonard, Jane Kate. *Controlling from Afar: The Daoguang Emperor's Management of the Grand Canal Crisis, 1824–1826.* Ann Arbor: Center for Chinese Studies, 1996.

Leong, Sow-theng. *Migration and Ethnicity in Chinese History: Hakkas, Pengmin, and Their Neighbors.* Stanford: Stanford University Press, 1997.

Leshkowich, Ann Marie. *Essential Trade: Viet nam ese Women in a Changing Marketplace.* Honolulu: University of Hawaii Press, 2014.

Li Guotong. "Reopening the Fujian Coast, 1600–1800: Gender Relations, Family Strategies, and Ethnic Identities in a Maritime World." Ph.D. diss., University of California, Davis, 2007.

Li Tana. "Between Mountains and the Sea: Trades in Early Nineteenth-Century Northern Vietnam." *Journal of Viet nam ese Studies* 7.2 (2012): 67–86.

Lieberman, Victor. *Strange Parallels: Southeast Asia in Global Context, c. 800–1830.* Vol. 1, *Integration on the Mainland.* New York: Cambridge University Press, 2003.

Liu Zhiwei. "Lineage of the Sands: The Case of Shawan." In *Down to Earth: The Territorial Bond in South China,* edited by David Faure and Helen F. Siu, 21–43. Stanford: Stanford University Press, 1995.

López, Kathleen. *Chinese Cubans: A Transnational History.* Chapel Hill: University of North Carolina Press, 2013.

Lovegrove, H. "Junks of the Canton River and West River System." *Mariner's Mirror*

18.3 (July 1932): 241–53.

Lu Weijing. *True to Her Word: The Faithful Maiden Cult in Late Imperial China.* Stanford: Stanford University Press, 2008.

Lufrano, Richard John. *Honorable Merchants: Commerce and Self-Cultivation in Late Imperial China.* Honolulu: University of Hawaii Press, 1997.

Mann, Susan. "Dowry Wealth and Wifely Virtue in Mid-Qing Gentry Households." *Late Imperial China 29.*1 (June 2008): 64–76.

——. *Local Merchants and the Chinese Bureaucracy, 1750–1950.* Stanford: Stanford University Press, 1987.

——.*Precious Rec ords: Women in China's Long Eigh teenth Century.* Stanford: Stanford University Press, 1997.

——. " Widows in the Kinship, Class, and Community Structures of Qing Dynasty China." *Journal of Asian Studies* 46.1 (February 1987): 37–56.

Marcus, George E. "Ethnography in/of the World System: The Emergence of Multi-Sited Ethnography." *Annual Review of Anthropology* 24 (1995): 95–117.

Markovits, Claude, Jacques Pouchepadass, and Sanjay Subrahmanyam, eds. *Society and Circulation: Mobile People and Itinerant Cultures in South Asia, 1750–1950.* New York: Anthem Press, 2003.

Marks, Robert B. *Tigers, Rice, Silk, and Silt: Environment and Economy in Late Imperial South China.* New York: Cambridge University Press, 1998.

Mazumdar, Sucheta. "What Happened to the Women? Chinese and Indian Male Migration to the United States in Global Perspective." In *Asian/Pacific Islander American Women: A Historical Anthology*, edited by Shirley Hune and Gail M. Nomura, 58–74. New York: New York University Press, 2003.

McGough, James. "Deviant Marriage Patterns in Chinese Society." In *Normal and Abnormal Behavior in Chinese Culture,* edited by Arthur Kleinman and Tsung-yi Lin, 171–201. Boston: D. Reidel Publishing, 1981.

McKeown, Adam. *Chinese Mi grant Networks and Cultural Change: Peru, Chicago, Hawaii, 1900–1936.* Chicago: University of Chicago Press, 2001.

Metzger, Thomas A. *The Internal Organization of Ch'ing Bureaucracy: Legal, Normative, and Communication Aspects.* Cambridge, MA: Harvard University Press, 1973.

Miles, Steven B. "Imperial Discourse, Regional Elite, and Local Landscape on the South China Frontier, 1577–1722." *Journal of Early Modern History* 12 (2008): 99–136.

——. *The Sea of Learning: Mobility and Identity in Nineteenth-Century Guangzhou.* Cambridge, MA: Harvard University Asia Center, Harvard University, 2006.

——. "Strange Encounters on the Cantonese Frontier: Region and Gender in Kuang Lu's (1604–1650) *Chiya*." *Nan Nü: Men, Women and Gender in China.* 8.1 (2006): 115–55.

Millward, James A. *Beyond the Pass: Economy, Ethnicity, and Empire in Qing Central Asia, 1759–1864*. Stanford: Stanford University Press, 1998.

Morse, Hosea Ballou. *The Trade and Administration of the Chinese Empire*. London: Longman's, Green, 1908.

Moser, Leo J. *The Chinese Mosaic: The Peoples and Provinces of China*. Boulder: Westview Press, 1985.

Ng Chin-keong. *Trade and Society: The Amoy Network on the China Coast, 1683–1735*. Singapore: Singapore University Press, 1983.

Nimick, Thomas G. *Local Administration in Ming China: The Changing Roles of Magistrates, Prefects, and Provincial Offi cials*. Minneapolis: Society for Ming Studies, 2008.

——. "The Placement of Local Magistrates in Ming China." *Late Imperial China* 20.2 (December 1999): 35–60.

Ocko, Jonathan K. "I'll Take It All the Way to Beijing: Capital Appeals in the Qing." *Journal of Asian Studies* 47.2 (May 1988): 291–315.

Parsons, James B. "The Ming Dynasty Bureaucracy: Aspects of Background Forces." In *Chinese Government in Ming Times: Seven Studies*, edited by Charles O. Hucker, 175–231. New York: Columbia University Press, 1969.

Perdue, Peter C. "Empire and Nation in Comparative Perspective: Frontier Administration in Eighteenth-Century China." *Journal of Early Modern History*, 5.4 (2001): 282–304.

——. "Insiders and Outsiders: The Xiangtan Riot of 1819 and Collective Action in Hunan." *Modern China* 12.2 (April 1986): 166–201.

Pomeranz, Kenneth. " 'Traditional' Chinese Business Forms Revisited: Family, Firm, and Financing in the History of the Yutang Com pany of Jining, 1779–1956." *Late Imperial China* 18.1 (June 1997): 1–38.

Reed, Bradley W. *Talons and Teeth: County Clerks and Runners in the Qing Dynasty*. Stanford: Stanford University Press, 2000.

Reid, Anthony. *Southeast Asia in the Age of Commerce*. Vol. 1, *The Lands below the Winds*. New Haven: Yale University Press, 1988.

Report of the Mission to China of the Blackburn Chamber of Commerce, 1896–1897. Blackburn, UK: North-East Lancashire Press, 1898.

Ricks, Christopher, ed. *Tennyson: A Selected Edition*. Harlow, UK: Pearson Education, 2007.

Rowe, William T. *Hankow: Commerce and Society in a Chinese City, 1796–1889*. Stanford: Stanford University Press, 1984.

——. *Saving the World: Chen Hongmou and Elite Consciousness in Eighteenth-Century China*. Stanford: Stanford University Press, 2001.

Rudie, Ingrid. *Visible Women in East Coast Malay Society: On the Reproduction of Gender in Ceremonial, School and Market*. Oslo: Scandinavian University Press, 1994.

Sands, Barbara, and Ramon H. Myers. "The Spatial Approach to Chinese History: A Test." *Journal of Asian Studies* 45.4 (August 1986): 721–43.

Schafer, Edward H. *The Vermilion Bird: T'ang Images of the South.* Berkeley: University of California Press, 1967.

Schneewind, Sarah. *Community Schools and the State in Ming China.* Stanford: Stanford University Press, 2006.

Scott, James C. *The Art of Not Being Governed: An Anarchist History of Upland Southeast Asia.* New Haven: Yale University Press, 2009.

Shen Huifen. *China's Left-Behind Wives: Families of Mi grants from Fujian to Southeast Asia, 1930s–1950s.* Honolulu: University of Hawaii Press, 2012.

Shepherd, John Robert. *Statecraft and Po liti cal Economy on the Taiwan Frontier, 1600–1800.* Stanford: Stanford University Press, 1993.

Shin, Leo K. "The Last Campaigns of Wang Yangming." *T'oung Pao, 2nd ser.,* 92.1–3 (2006): 101–28.

——.*The Making of the Chinese State: Ethnicity and Expansion on the Ming Borderlands.* New York: Cambridge University Press, 2006.

Sinn, Elizabeth. *Pacifi c Crossing: California Gold, Chinese Migration, and the Making of Hong Kong.* Hong Kong: Hong Kong University Press, 2013.

Siu, Helen F., and Liu Zhiwei. "Lineage, Market, Pirate, and Dan: Ethnicity in the Pearl River Delta of South China." In Crossley, Siu, and Sutton, *Empire at the Margins,* 285–310.

Siu, Lok C. D. *Memories of a Future Home: Diasporic Citizenship of Chinese in Panama.* Stanford: Stanford University Press, 2006.

Skinner, G. William. "Mobility Strategies in Late Imperial China: A Regional Systems Analysis." In *Regional Analy sis*, vol. 1, *Economic Systems*, edited by Carol A.Smith, 327–64. New York: Academic Press, 1976.

——. "Regional Urbanization in Nineteenth-Century China." In *The City in Late Imperial China*, edited by G. William Skinner, 211–49. Stanford: Stanford University Press, 1977.

Sleeper-Smith, Susan. *Indian Women and French Men: Rethinking Cultural Encounter in the Western Great Lakes.* Amherst: University of Mas sa chu setts Press, 2001.

——. ed. *Rethinking the Fur Trade: Cultures of Exchange in an Atlantic World.* Lincoln: University of Nebraska Press, 2009.

Sommer, Matthew H. *Sex, Law, and Society in Late Imperial China.* Stanford: Stanford University Press, 2000.

Struve, Lynn A. *The Southern Ming, 1644–1662.* New Haven: Yale University Press, 1984.

Szonyi, Michael. " Mothers, Sons and Lovers: Fidelity and Frugality in the Overseas Chinese Divided Family before 1949." *Journal of Chinese Overseas* 1.1 (May 2005): 43–64.

———. *Practicing Kinship: Lineage and Descent in Late Imperial China.* Stanford: Stanford University Press, 2002.

Taylor, Keith Weller. *The Birth of Vietnam,* Berkeley: University of California Press, 1983.

Teng, Emma Jinhua. *Taiwan's Imagined Geography: Chinese Colonial Travel Writing and Pictures, 1683–1895.* Cambridge, MA: Harvard University Asia Center, Harvard University, 2004.

Ter Haar, B. J. "The Genesis and Spread of Temple Cults in Fukien." In *Development and Decline of Fukien Province in the 17th and 18th Centuries*, edited by E. B. Vermeer, 349–396. Leiden: E. J. Brill, 1990.

Theiss, Janet M. *Disgraceful Matters: The Politics of Chastity in Eighteenth-Century China.* Berkeley: University of California Press, 2004.

Thomas, R. D. *A Trip on the West River.* Canton: China Baptist Publication Society, 1903.

Took, Jennifer. *A Native Chieftaincy in Southwest China: Franchising a Tai Chieftaincy under the Tusi System in Late Imperial China.* Leiden: E. J. Brill, 2005.

Van Kirk, Sylvia. *Many Tender Ties: Women in Fur-Trade Society, 1670–1870.* Norman: University of Oklahoma Press, 1980.

Van Schendel, Willem. "Geographies of Knowing, Geographies of Ignorance: Jumping Scale in Southeast Asia." *Environment and Planning D: Society and Space 20* (2002): 647–68.

Van Slyke, Lyman P. *Yangtze: Nature, History, and the River.* Reading, MA: Addison-Wesley, 1988.

Waltner, Ann. *Getting an Heir: Adoption and the Construction of Kinship in Late Imperial China.* Honolulu: University of Hawaii Press, 1990.

———. " Widows and Remarriage in Ming and Early Qing China." In *Women in China: Current Directions in Historical Scholarship*, edited by Richard W. Guisso and Stanley Johannesen, 129–146. Youngstown: Philo Press, 1981.

Wang Gungwu. "Sojourning: The Chinese Experience in Southeast Asia." In *Sojourners and Settlers: Histories of Southeast Asia and the Chinese*, edited by Anthony Reid, 1–15. Honolulu: University of Hawaii Press, 2001.

Wang Lianmao. "Migration in Two Minnan Lineages in the Ming and Qing Periods." In *Chinese Historical Microdemography*, edited by Stevan Harrell, 183–213. Stanford: Stanford University Press, 1995.

Watson, James L. "Chinese Kinship Reconsidered: Anthropological Perspectives on Historical Research." *China Quarterly* 92 (December 1982): 589–622.

———. *Emigration and the Chinese Lineage: The Mans in Hong Kong and London.* Berkeley: University of California Press, 1975.

Watson, Rubie S. *Inequality among Brothers: Class and Kinship in South China.* New York: Cambridge University Press, 1985.

Watt, John R. *The District Magistrate in Late Imperial China.* New York: Columbia

University Press, 1972.

Weinstein, Jodi L. *Empire and Identity in Guizhou: Local Re sis tance to Qing Expansion.* Seattle: University of Washington Press, 2014.

Wheeler, Charles J. "Cross-Cultural Trade and Trans-Regional Networks in thePort of Hoi An: Maritime Vietnam in the Early Modern Era." Ph.D. diss., Yale University, 2001.

Whelan, T. S. *The Pawnshop in China. Ann Arbor: Center for Chinese Studies*, University of Michigan, 1979.

White, Richard. *The Middle Ground: Indians, Empires, and Republics in the Great Lakes Region, 1650–1815.* Cambridge: Cambridge University Press, 1991.

Williams, S. Wells. *The Chinese Commercial Guide.* 1863. Reprint. Taipei: Ch'eng-wen Publishing, 1966.

Wilton, E. C. "Yun-nan and the West River of China." *Geo graphi cal Journal* 49.6 (June 1917): 418–36.

Wolf, Arthur P., and Huang Chieh-shan. *Marriage and Adoption in China, 1854–1945.* Stanford: Stanford University Press, 1980.

Wolf, Margery. *Women and the Family in Rural Taiwan.* Stanford: Stanford University Press, 1972.

Worcester, G. R. G. *Sail and Sweep in China: The History and Development of the Chinese Junk as Illustrated by the Collection of Junk Models in the Science Museum.* London: Her Majesty's Stationery Offi ce, 1966.

——. "Six Craft of Kwangtung." *The Mari ner's Mirror* 45.2 (May 1959): 130–44.

Yen Ching-Hwang. "Class Structure and Social Mobility in the Chinese Community in Singapore and Malaya, 1800–1911." *Modern Asian Studies* 21.3 (1987): 417–45.

Zeitlin, Judith. "Spirit Writing and Performance in the Work of You Tong (1618–1704)." *T'oung Pao* (1998): 102–35.

Zelin, Madeleine. "The Firm in Early Modern China." *Journal of Economic Behavior and Organization* 71 (2009): 623–37.

Zhang, Lawrence Lok Cheung. "Power for a Price: Offi ce Purchase, Elite Families, and Status Maintenance in Qing China." Ph.D. diss., Harvard University, 2010.

Zurndorfer, Harriet T. *Change and Continuity in Chinese Local History: The Development of Hui-chou Prefecture, 800 to 1800.* Leiden: E. J. Brill, 1989.

日文文献

稲田清一「『西米東運』考—清代の両広関係をめぐって—」『東方学』71:90-105。

三浦満「明代の府州県学の構造とその性格」、多賀秋五郎編著『近世アジア教育史研究』、東京：文理書院、1966：465-559。

西川喜久子「珠江デルタの地域社会—新会県のばあい—」『東洋文化研究所紀要』124 (1994): 189-290。

索 引

（索引页码为本书页边码）

图表页码为斜体。

adoption, 164, 167, 179, 217, 221, 291n55

Baise Independent Subprefecture, *3*, 20, 57, 186
Bao Wei, 202–3
Beiliu County, 51, 66, 104, 109, 180, 197, 205–6
Boai, *3*, 20, 57, 109, 131, 258n52
Brubaker, Rogers, 5
Burbank, Jane, 8–9
businesses: breaking partnerships, 121; family firms, 110; kinship ties, 111–12; native place ties, 120–21, 148; partnerships, 111, 121, 168; tax shops, 137; women in the marketplace, 175–78. *See also* pawnshops

Cantonese, 4–5; dialect, 4, 21, 211, 255n5
Cen Zhibao, 194–95
Cenxi County, *31*, 63–64, 196
Chashan, 16, *17*, 90
chaste widows, 69, 164, 167–68, 189
Chen Chunsheng, 141

Chen Daming, 140, 145, 279n80
Chen Tan, 159–60
Chen Yong, 242
Chia, Lucille, 14
Chongshan County, *31*, 56, 222, 225
circulation, 8, 239–40
civil service examination system, 24, 70–71; appended registration, 91–93; "flown-over" and "transferred" students, 96, 98; local registration, 91–93; merchant registration, 86; and social mobility, 227, 230, 236
clerks, 66, 136, 167, 214
coffins, return of, 1–2, 19, 120, 189
Cohen, Myron, 162
concubines: upriver women, 171–75, 190–91; delta women, 192–93
conversion from native to regular administration, 30, 39, 55–56, 93, 240–41
Cooper, Frederick, 8–9

Dai Yingcong, 133
Daliang, 16, *17*, 18, 69, 167, 222

Dan (Boat People), 176, 207–8
Dawan, 116–18, 120, 130
Dawu, 53, 118–19, 137
descent claims: Cantonese 201–3, 208–14, 217, 228, 231; contested, 232–34; and Han Chinese ethnicity, 201, 236; Shandong, 212, 228, 159n2
diaspora, 5–6, 14, 255n7; competing merchant diasporas, 212; diasporic elite, 190–93; and frontier, 10–11; overseas, 14, 242–43
Dongan County, 31, 47–49, 109, 202, 207, 232–34; and migration for examinations, 69, 73–77
Dongguan County, 16, 17, 18, 69, 165, 207, 224–25
Dongjiang, 208
Du Yongtao, 235

emigrant communities, 16–20, 105, 207, 226, 242–43
empire, 7–12, 54, 240–41. See also state, expansion; native chieftains
ethnic tensions, 108, 154–55, 180–81
expectant officials, 62

faithful maidens, 166–67
Fang Xianfu, 261n40
Faure, David, 43
Feng Chengxiu, 125–26
Feng Hu, 55–56, 65, 85, 222
Feng Shijun, 126, 223
Fengchuan County, 80, 172, 174
Foshan, 16, 17, 20, 137, 146, 170, 173, 217, 222; donors from, 131; "Mini Foshan," 125; Northern Emperor Temple, 117
fraudulent registration, 72, 86–87, 91–92, 94, 98–103, 273n114, 274n129
frontier, 10, 241; expertise, 42, 50; and gender, 13, 163, 175, 177; opening (kaipi), 48–49, 57, 67; posts, 59; southwestern, 6–10, 240
Fu Honglie, 52–53

gaitu guiliu. See conversion from native to regular administration
Gaoming County, 16, 17, 185–86, 196, 209, 221; clerks and subofficials, 66, 136, 167, 198, 219
gender. See frontier, gender
Gongcheng County, 31, 56
Guangxi, 1–2, 4; gender relations, 159–60; migration for examinations, 80–85 passim, 93–95, 103–7; official service in, 32–43, 51, 54–55; rice trade, 141–42; settlement patterns, 204, 211–12
Guangzhou, 3, 4, 16, 17, 20, 135, 137
Gui County, 137, 192, 200
Guilin, 20; elites, 95–97
Guiping County, 137–39, 148, 192, 207, 225–26, 230–31
gu poison, 181–84, 197
Gu Yongji, 204
Guyi, 1–2, 3, 150, 166, 174
Guzhou Independent Subprefecture, 31, 57–58, 133–35, 265n106

Hakka, 11, 86, 89, 206, 270n56
Hankou, 7, 111, 287n120
He Mengyao, 62–65, 85, 179, 181
He Weibai, 41, 49
Herman, John, 11
hindering the intake of grain, 141, 143
Hsu, Madeline, 13, 162, 164, 168, 243
Huaiyuan County, 146
Huang Chengzu, 38–39, 45, 261n33
huiguan, 119–20, 123, 212, 276n38; Eryi huiguan (Nanning), 122; Lingnan huiguan (Boai), 151. See also Yuedong huiguan
Husband-Awaiting Stone (Wangfu shi), 159–60, 161, 183, 197
Huo Tao, 39–41
Huo Yuxia, 38, 41–43, 166, 171, 262n58, 268n23; and Xining County, 48, 73–75, 133; and Xinning Department, 45–47, 72–73, 133;

Hurun Stockade, 56, 101–2, 152, 213–14, *215*

Inada Seiichi, 143
internal colonialism, 10, 141, 256n16

Jilun Native Department, 151, 172, 223
Jin Hong, 55–56, 60, 63, 97–100, 152, 204
Jiujiang, 16, *17*, 175–76, 188, 221, 296n22; chaste widows, 167–68; donors from, 119; and Guangxi officials, 29–30, 33, 37, 51; merchants from, 153, 187, 191, 218–19; migration for examinations, 75, 95, 105–6

Ke Jiang, 89
Kuang Lu, 88, 182–83, 197
Kuhn, Philip, 13, 162, 243

Laibin County, *31*, 116, 225
Lee, James, 14
Li Jian, 191
Li Kefan, 146
Li Keqiong, 146, 148–49, 219
Li Shizhen, 146, 219
Liang Sen, 144–45
Liao Qing, 111
Lieberman, Victor, 240–41
Lin Shijing, 200
lineages: diasporic, 200–201; localized, 220–21, 295n120; and migration, 217–20, 234–35
Lingyang Gorge, *3*, 16, *17*, 19, 159–60, 237
Lipu County, 109
Liu Guandong, 59–62
Liu Han, 41–42, 46
Liu Zhiwei, 207
Liuzhou Prefecture, 150, 188, 194
Long Tinghuai, 16, 18–19
Longan County, *31*, 33, 59–60, 62, 209–10

Longjiang, 16, 66, 76, 168–69, 188, 209; and Guangxi officials, 33, 54; migration for examinations, 101–2, 105–6
Longshan, 16, 89–90, 104, 111–12, 166
Longzhou Department, 19, 55, 177, 226, 270n48; Cantonese merchants in, 108, 112, 125, 153–54, 170, 184–85
Lü Jianbiao, 228
Lu Shiqi, 95–96
Lufrano, Richard, 147
Luo Bingzhang, 126
Luo Wenjun, 126
Luoding Department, 48–49, 75, 112, 130, 204
Luorong County, 190, 220

magistrates, 32–33, 54–55, 264n94
Man-Detaining Grotto (Liuren dong), 159–60, *161*, 176, 183, 197
Mann, Susan, 163, 169
maoji. See fraudulent registration
Marks, Robert, 141, 204
McKeown, Adam, 190, 234, 243
merchants. *See under* Jiujiang, Longzhou Department, Nanhai County, salt; state, and merchants; Xinhui County
Miao Region, 57, 150
miasmas, 43, 69–70, 148; miasmic posts, 58–62, 64
migration, 4; chain, 15, 102, 105; entrepreneurial, 19; and examinations, 82–85; as family strategy, 83, 167, 169, 242; female, 196; and genealogies, 220–27, 234; Kangxi-era, 196; and kinship, 169; and lineages, 13–14, 217–20; long-term factors, 206–10; male migration, 12–13, 162–65; overseas, 14, 242–43, 257n39; permanent settlement, 47, 52–53, 77, 173, 193–97, 202–10, 213, 221–26, 228; and trade, 208; Vietnam, 152, 219; waves, 202–6
Millward, James, 133

Ming-Qing transition, 50–54, 95; and coastal removal, 203–4
mobility: geographical, 226, 230–36 passim; social, 227, 231, 236
moneylending, 144–47, 151
muyou. See private secretaries

Nanhai County, 16, 18, 180, 188, 190–92; descent claims, 208, 210, 212–14, 227–34 passim; donors from, 131; lineages, 219–20, 224–25; merchants from, 109, 114, 120, 137, 147, 151, 173–74; migration for examinations, 78, 79, 83, 86
Nanning, 20, 32, 45–46, 59, 191, 223
native chieftains, 8, 29, 36–37, 41, 43, 180, 272n83; and Cantonese migrants, 150–51, 213–14, 216
Nimick, Thomas, 34, 263n65
Ningming Department, *31*, 152–53, 177

Ortai, 55–57
Ou Mengxian, 92–93
Ouyang Lincai, 135–36

Pang Song, 37, 41–43, 74, 76, 202–3, 268n14
Pang Yikui, 42–43, 262n48
Panyu County, 16, 188, 200
Parsons, James, 32
pawnshops, 137, 146–49, 281n113
Pearl River delta, 16
Perdue, Peter, 139
Pingle Prefecture/County, 109, 165, 182
Pingnan County, 148, 180, 196, 204, 207
primary wives: delta women, 166, 174–75, 190–91; upriver women, 173–74
private secretaries, 65–66
protests: against migrant students, 92, 95–100, 270n56; against rice export, 141–43. *See also* hindering the intake of grain
Pumiao, 176–77

Qianjiang County, 120, 139–48 passim
Qintang, 124, 224
Qu Dajun, 42–43, 133, 159, 183, 197
Quanzhou Department, 96–97

Reid, Anthony, 178
remarriage, 164–65, 173, 192
remittances, 170, 187–88
rice trade, 58, 126–27, 140–45, 191
riverscape, 15, 21, 211
Rong County, *31*, 36–37, 66
Rongxu, 117, 121
Rowe, William, 204

salt, 34, 58, 114, 116–17, 275n21; customs, 239; depots, 127; merchants, 281n113
Scott, James, 8; on Zomia, 12, 21, 241, 258n53
Shanglin County, 177, 212–13
Shangsi Department, 39, 94
Shazi, 147, 150, 200, 278n64
Shin, Leo, 10, 49
Shunde County, *17*, 18, 116, 122, 174, 182, 191, 204; migration for examinations, 78, 80, 194
Sicheng Prefecture, 29–30, *31*, 55, 131
Sien County, *31*, 64–65
Siming Native Prefecture, 37–39
Siu, Helen, 207
split families, 13, 160, 162, 166, 173, 187–90 passim, 198–99
star anise, 150
state: agents, 9, 11, 24, 30, 49, 67; building, 8; expansion, 10, 12, 25, 54, 110, 132–33, 241–42; laws on illicit sex, 185; and merchants, 138, 142–45; and migration, 204–5, 240; Ming state, 34, 36, 38–39, 43, 47, 93; policies, 9, 70–71, 76, 121, 141, 243; Qing state, 54, 57–59, 61, 90, 94, 204–5; yamen staff, 136, 143
subcounty officials, 36, 60, 66
successor wives, 172

surnames, changing, 76–77
Szonyi, Michael, 162, 243

Taiping Prefecture, 44–46, 59–60, 97–99, 225
Tang Dengyun, 139, 144–45
Tang Xiaotao, 209
teachers, migrant, 87–90
temples, 113–19, 121, 126; Arrayed Sages Palace, 118–19, 137; Dragon Mother Temple, 238; Empress of Heaven Temple, 130; Northern Emperor Temple, 116–18; Three Realms Temple, 143; Wave Queller's Temple, 113–16
Teng County, 63, 113, 177
Teng, Emma, 175
ter Haar, Barend, 117
Three Feudatories, Rebellion, 51–53, 131
Tianzhou Native Department, 40–41, 131
timber trade, 34, 133, 150
tung oil trade, 133, 135, 150
Tuolu, 208
tusi. See native chieftains

uxorilocal marriage, 178–81, 196

Vietnam, 150, 152–54, 178, 188–91 passim, 218, 243

Wang Kentang, 181
Wang Lianmao, 14
Wang Yangming, 40–41
Wei Changji, 98, 100
Wen Rugua, 126–27
Wen Runeng, 198
West River, 3, 7, 19, 22; West River basin, 15
Wu Cailue, 136–39, 192–93, 230
Wu Min, 106, 144
Wu Zuchang, 136, 230–31
Wuman Rapids, 113, 116
Wuxuan County, 84, 89, 105

Wuzhou, 1, 20, 114, 133, 179, 188, 211; and migration for examinations, 104–5; official service in 34–36, 42, 66; permanent settlement, 174
Wuzhou military supply fund (Wu xiang), 37, 261n23

iangshan County, 204
Xiangzhou, 187, 227
Xiayan, 183, 210
Xie Jishi, 95–100
Xilin County, 59, 61, 95, 131, 173, 186
Xilong Department, 94, 101, 103–4
Xincheng Native County, 170
Xingye County, 51
Xingyi Prefecture, 212, 269n42
Xinhui County, 17, 18, 62, 189, 193–94, 196, 258n48; merchants from, 121, 131, 184, 188; migration for examinations, 77–78, 83, 92–93
Xining County, 31, 47–49, 133, 166, 194–95, 202–4; and migration for examinations, 73–77, 91–93
Xinning County (Guangdong), 164, 168, 243–44
Xinning Department (Guangxi), 31, 44–47, 60, 72–73, 133, 216, 268n7
Xinxu, 113, 143
Xiqiao Mountain, 16, 17, 20, 172
Xu Hongzu, 176

Yang Chaozeng, 59–61, 100
Yangli Department, 42, 45, 94, 214, 215, 216
Yangmei, 215, 228–30
Yao, 37, 40, 43, 134, 182, 209; Luopang, 47–48
Yining County, 63, 266n123
Yongkang Department, 96, 213–14, 215, 225, 228–30
Yongzheng emperor, 58, 90, 204
youxue, 88, 214, 271n62
Yuan Changzuo, 48, 73
Yuan Chonghuan, 207, 289n25

Yuedong huiguan, 119, 121; Baise, 122, 126, 131; Guiping, 134, 137; Jiangkou, 126, 134; leadership, 122, 124–25; Longan, 209; Longzhou, 125; Nanning, 122, 125; official patronage, 125–27, 135–139; Piaoli, 212; Pingle, 130–31, 135–36, 147; Qianjiang, 126, 139–40, 145; Qintang, 124, 224; Rongxu, 125–30, 137, 276n35, 288n134; Shazi, 212; Xialei, 277n51; Xiangzhou, 124
Yulin Department, 146

Zeng Bing, 39, 46
Zengcheng County, 90
Zhang Mu, 88
Zhao Jiansheng, 1–4, 7, 15–16, 197–98, 237–39
Zhaoping County, 262n53
Zhen'an Prefecture, 55, 98–101, 179, 189
Zheng Yunduan, 198
Zhu Tinggui, 153, 191, 218
Zhuang, 37, 65, 177–78, 182, 185

图书在版编目（CIP）数据

上游之旅：人口流动与明清的华南经略／（美）麦
哲维（Steven B. Miles）著；韦斯琳译.--北京： 社
会科学文献出版社，2023.11
　书名原文：Upriver Journeys：Diaspora and
Empire in Southern China，1570-1850
　ISBN 978-7-5228-2044-6

　Ⅰ.①上…　Ⅱ.①麦…②韦…　Ⅲ.①移民-历史-
中国-明清时代　Ⅳ.①D691.2

中国国家版本馆 CIP 数据核字（2023）第 121534 号

上游之旅
人口流动与明清的华南经略

著　　者／〔美〕麦哲维（Steven B. Miles）
译　　者／韦斯琳

出 版 人／冀祥德
责任编辑／沈　艺
责任印制／王京美

出　　版／社会科学文献出版社·甲骨文工作室（分社）（010）59366527
　　　　　地址：北京市北三环中路甲 29 号院华龙大厦　邮编：100029
　　　　　网址：www.ssap.com.cn
发　　行／社会科学文献出版社（010）59367028
印　　装／三河市东方印刷有限公司

规　　格／开　本：889mm×1194mm　1/32
　　　　　印　张：10　字　数：231 千字
版　　次／2023 年 11 月第 1 版　2023 年 11 月第 1 次印刷
书　　号／ISBN 978-7-5228-2044-6
著作权合同
登 记 号／图字 01-2019-2590 号
定　　价／72.00 元

读者服务电话：4008918866